Miriam Winkler

PABLOS GROSSE REISE

VERLAG AM
SIPBACH

Miriam Winkler
PABLOS GROSSE REISE

Herausgegeben von: Verlag am Sipbach (Imprint von Verlag am Rande)
© Verlag am Sipbach
A-4621 Sipbachzell
T: 0043 664 7503 7100
www.verlag-am-sipbach.at

ISBN: 978-3-903259-39-3

4. Auflage Oktober 2022

Druck: Totem, www.totem.com.pl/de
Coverfoto: Miriam Winkler
Autorinnenfoto: Sandra Galm
Alle Fotos (wenn nicht anders angegeben): Miriam Winkler
Coverfoto: Miriam Winkler

Miriam Winkler

PABLOS
GROSSE REISE

VERLAG AM
SIPBACH

Für Pablo,
Ralph,
meine Familie
und all meine lieben Verstorbenen in der geistigen Welt

Inhalt

Foto: Ausschnitt aus einem Foto von Uwe Grün

Vorwort
Medium Annette Meng

Lieber Pablo, es ist mir eine große Ehre, dass du genau mich ge-
wählt hast, das Vorwort für dein Buch schreiben zu dürfen.

Ich danke dir für dein unendliches Vertrauen in mich und dafür,
dass du genau mich als Medium ausgesucht hast. Eigentlich ist
deine Mama wegen eines Aura Readings zu mir gekommen. Deine
Präsenz war hier jedoch schon so stark, dass ich direkt zu einem
Jenseitskontakt umgeschwenkt bin. Aufgrund dieser Erfahrung hat
deine Mama auch den Rest der Familie zu mir geschickt.

Mir wurde es von deiner Familie nicht leicht gemacht. Unter „falschen" Namen und ein anderes Mal unter falschen „Angaben" der
Person (da waren der Freund eines Klienten und dessen Nachbarin
sowie dein Onkel und deine Tante bei mir) wurden Termine bei mir
vereinbart. Aber jedes Mal habe ich dich wiedererkannt und deine
Familie somit immer mehr von deiner Präsenz überzeugen können.

Du wusstest jedes Mal, dass – egal wie „schwer" man es mir macht –
ich dich erkenne und der Kanal für dich und deine Familie bin,
durch den die Heilung für sie fließen durfte. Du wusstest, was ich
kann, und hast so viel in mir gesehen, und ich danke dir aus der
Tiefe meines Herzens für dein Vertrauen und deinen Glauben an
mich. Du hast mir so viel Heilung damit geschenkt, „du großer kleiner Held im Himmel". Für mich bist du nicht gestorben, für mich
fängt dein „Leben" erst richtig an. Es ist so wunderschön, zu sehen,
wie liebevoll und mit wie viel Energie du deine Familie weiterhin
begleitest und ihnen immer wieder zeigst: „Hey, ich bin da!" Und
so wunderschön, beobachten zu dürfen, wie du deine Eltern voller

Liebe durch den Prozess der Trauer begleitest. Deine Liebe zu ihnen, die ich in den Kontakten spüren darf, berührt mein Herz jedes Mal aufs Neue.

Wir wissen beide – du und ich, lieber Pablo –, wie viele Aufgaben du noch hast. Und eine davon ist dieses wundervolle Buch, das so viel Heilung in diese Welt bringen wird. Eine andere Aufgabe, die du gemeinsam mit deinen Eltern hast, ist es, anderen Eltern zu zeigen: Trauer kann auch anders sein, denn die Kinder sind da, auch wenn sie einen Schritt voraus ins Jenseits gegangen sind.

Seit Mittwoch (heute ist Sonntag) stehst du jetzt wieder ganz präsent neben mir und sagst: „Annette, es wird Zeit für die Zeilen! Mein Werk soll endlich vollendet werden!" Und so sitze ich da und schreibe ganz ehrfürchtig diesen Text. Ich sehe jetzt schon bildlich vor mir, wie viele Eltern, Großeltern, Onkel, Tanten, Menschen, die einen geliebten Menschen oder eben ein Kind verloren haben, diese Zeilen lesen werden und miterleben dürfen, dass es ein Leben nach dem Tod gibt. Wie viel Heilung durch deine Zeilen damit in diese Welt fließen darf, so wunderschön.

Oft werde ich von Menschen gefragt, ob es nicht schwer ist, als Medium zu arbeiten und so jeden Tag mit dem Thema Tod konfrontiert zu sein. Und jedes Mal lächle ich und sage: Nein, ich darf jeden Tag in der bedingungslosen Liebe der geistigen Welt sitzen und die Leichtigkeit der geistigen Welt erleben. Aus weltlicher und menschlicher Sicht ist das Schlimmste, was im Leben passieren kann, ein Kind zu verlieren ... Aber als Medium kann ich nur sagen: Ich liebe diese Kontakte zu vorausgegangenen Kindern, denn sie sind in den Begegnungen so voller Leichtigkeit und ermutigen ihre Eltern, so sehr und voller Liebe zu sehen bzw. zu spüren, dass sie noch da sind. Und vor allem, dass sie ihre Eltern auch wieder lachen sehen möchten, denn ihnen geht es gut und deshalb haben sie immer den großen Wunsch, dass es ihren Eltern auch wieder gut gehen möge.

Lieber Pablo, mehr gibt es nicht zu schreiben, denn alles andere hast du bereits durch deine Mama in diesem Buch geschrieben. Danke für dein Sein und deine Liebe. Für mich bist du längst ein Teil meiner Seelenfamilie, „du kleiner großer Mann". Ich freue mich auf alles, was wir gemeinsam noch erleben dürfen.

In Liebe
das pinke Medium mit Herz Annette

PS: Liebe Miriam, danke, dass du so mutig warst und erst einmal ohne mein Wissen die Kontakte so fein säuberlich abgetippt hast. Du hast mir zusammen mit Pablo eines meiner größten Geschenke gemacht und meine Seele zutiefst berührt. Danke, dass ich dich und deine Familie so eng begleiten und jedes Mal das Wunder des Jenseits miterleben darf.

Es ist auch so schön, zu sehen, wie dein Mann und du Pablo spürt und ihn immer noch aktiv an eurer Seite habt. Das wird so vielen Menschen Mut machen, ihr Kind, das bereits vorausgegangen ist, wieder in ihr Leben einziehen zu lassen.

Ich bin so voller Respekt vor dir und deiner Familie und davor, wie ihr mit der Situation umgeht, und ich habe viel mit dir und deinen Lieben lernen dürfen. Einfach nur DANKE!

PPS: Pablo ist jetzt noch einmal sehr präsent und wünscht noch folgende Zeilen in meinem Vorwort.

Für alle Zweifler:

Die Wissenschaft hat bewiesen, dass wir Menschen aus 100 Prozent Energie bestehen. Die Wissenschaft hat auch bewiesen, dass Energie sich niemals auflöst, sondern nur verändert. Pablo ist dieser wissenschaftliche Ansatz sehr wichtig, denn das ist auch für den Verstand der Beweis für ein Leben nach dem Tod.

Einleitung

Auf der Ebene des menschlichen Verstandes werde ich wahrscheinlich nie nachvollziehen und verstehen können, warum ich mir in diesem Leben das »Verlustthema« ausgesucht habe. Wo ist da bitte der Sinn dahinter? Es fühlt sich ungerecht und unfair an, sein eigenes Kind, das immer glücklich, zufrieden und gesund war, durch einen tragischen Unfall hier im irdischen Leben zu verlieren.

Ich kann an diesem Schicksal nichts ändern, den Unfall nicht rückgängig machen. Was passiert ist, ist passiert. Aber: Ich kann aus der Opferrolle heraus; das Schicksal, den Schmerz sowie die Trauer annehmen und akzeptieren. Der unglaubliche Verlustschmerz wird mich eventuell bis zu meinem eigenen letzten Atemzug begleiten. Allerdings möchte ich unter ihm und der Trauer nicht mein restliches Leben lang leiden müssen. Ich möchte mich nicht mit dem »Leid« identifizieren. Vielleicht kann ich die Energie des Schmerzes in »Wachstum« umwandeln? Wachstum meiner eigenen Seele. Einen Versuch ist es definitiv wert.

Die Suche nach dem Sinn habe ich aufgegeben. Vielleicht bekomme ich in diesem Leben die Erleuchtung – oder eben erst dann, wenn auch ich ins Jenseits zurückkehren darf. Ich gebe meinem Leben einen Vertrauensvorschuss und glaube daran, dass dieser Verlust eine wichtige Lernerfahrung für mich ist. Ich öffne mich dem Gedanken, dass das Leben nur für mich da ist, mich unterstützt und niemals gegen mich ist.

Von meinem Weg der Trauerverarbeitung möchte ich in diesem Buch erzählen. Ein Weg, der nicht in das westliche Bild der Gesellschaft passt und der nicht dem typischen Schema der fünf Trauer-

phasen (Leugnen, Zorn, Verhandeln, Depression, Akzeptanz) entspricht. Er zeigt einen Perspektivenwechsel auf, raus aus den alten
Denkstrukturen, Glaubenssätzen und Verhaltensmustern.

Unter anderem war das Schreiben ein wichtiger Bestandteil meines
persönlichen Trauerprozesses. Die Buchstaben Zeile für Zeile zu
tippen, all die Erinnerungen der letzten gemeinsamen acht Jahre
mit Pablo noch einmal zu durchleben, mir meines wahren Ge-
fühlszustands bewusst zu werden, wirkte befreiend und zugleich
heilend. Doch viel mehr als mein Weg der Trauerverarbeitung erzählt dieses Buch die einzigartige, unverwechselbare, heldenhafte
Lebensgeschichte von Pablo.

Inspiriert, dieses Buch zu schreiben, wurde ich von ihm, meinem
Sohn Pablo. Ich habe lange überlegt, ob ich hierfür »gut genug« bin,
ob ich seiner »außergewöhnlichen Persönlichkeit« mit meinem Un-
wissen als Autorin gerecht werden kann. Aber er gab nicht auf. Sein
Durchhaltevermögen und sein starker Wille setzten sich, wie schon
zu seiner Lebenszeit, durch. Immer wieder gab er mir aus dem Jenseits eindeutig zu verstehen, dass ich nun endlich anfangen solle zu
schreiben. Wie er das anstellte, kannst du in diesem Buch lesen.
Ja, auch mein viel zu eng geschnürtes Verstandskorsett konnte
zu Beginn von Pablos Nachtodzeichen ein »jenseitiges Leben« nur
schwer begreifen. Meine geprägten Denkstrukturen brachen auf
und eine neue Erfahrungswelt öffnete sich mir.

Man sieht nur mit dem Herzen gut,
das Wesentliche ist für die Augen unsichtbar.
Antoine de Saint-Exupéry[1]

Mit dieser Geschichte möchte Pablo zeigen, dass das Leben nicht mit dem Tod endet. Ja, Pablos Körper ist gestorben. Seine Seele jedoch lebt weiter, begleitet und unterstützt uns Tag für Tag. Vielleicht ist dieses Buch auch eine Liebeserklärung an mich, an mein »Sein«, das Spiel des Lebens – an mein Leben!

Schwangerschaft

Losung und Lehrtext 01. August 2010
Es ist kein Fels, wie unser Gott ist. (1. Samuel 2,2)
Wir haben einen starken Trost als einen sicheren und festen Anker unserer Seele, Jesus. (Hebräer 6,18 f.)[2]

Im August verbrachten wir – mein Mann Ralph und ich – unseren ersten Wanderurlaub gemeinsam mit unserem Hund Anton in Meran in Südtirol. Wir wollten eine neue Art von Urlaub austesten. Bisher ließen wir uns immer faul am Meer die Sonne auf den Bauch scheinen. Unsere Wahl fiel für den Aktivurlaub auf das im Villenviertel mitten in Meran liegende Fünf-Sterne-Hotel Ansitz Plantitscherhof. Tagsüber wanderten wir auf den wunderschönen Waalwegen vorbei an grünen Wäldern, bunten Wiesen und duftenden Apfelplantagen. Abends ließen wir uns im Restaurant mit einem 5-Gänge-Menü und hauseigenen Weinen verwöhnen.

So auch am 1. August. Am frühen Nachmittag kamen wir von einer ausgiebigen Ausflugstour zurück und ruhten uns vor dem Abendessen auf unserem Hotelzimmer aus. Zu diesem Zeitpunkt nahm ich bereits seit einem halben Jahr keine Pille mehr. Ich hatte mich bewusst gegen die weitere Einnahme von synthetischen Hormonen entschieden. Ein digitales Basalthermometer zur Messung der morgendlichen Basaltemperatur – ein Eisprungrechner – sollte zukünftig meine fruchtbaren Tage auswerten. Ralph vertraute diesem Wundergerät nicht. Er bevorzugte immer ohne Ausnahme die doppelte Verhütungsstrategie: Eisprungrechner und Kondom. Egal welche Zyklusphase das Gerät auswertete, ein Kondom war Pflicht. Bevor Ralph und ich zum Abendessen gingen, kamen wir unseren ehelichen Leidenschaften nach.

Während wir im wunderschönen Hotelgarten unter freiem Himmel auf unseren 1. Gang des Abendessens warteten, schaute mir Ralph mit einem Weinglas in der Hand tief in meine Augen.

»Miriam, was ist los?«, wollte er wissen.

»Es ist passiert, ich bin schwanger!«

»Ja, du hast recht, ich kann es an deinem Blick erkennen!«

Wir verbrachten unsere weiteren Urlaubstage in den Südtiroler Alpen. Den berühmten Sissi-Weg, der zum Schloss Trauttmansdorff führt, konnten wir leider nicht mehr kennenlernen. Meine Harnröhre brannte. Jeder, der schon einmal eine Blasenentzündung hatte, weiß, was ich meine. Die 560 Kilometer lange Heimfahrt gestaltete sich für mich etwas schwierig. Meine Blase, Harnröhre sowie die Schleimhäute schlugen Alarm. Meine absoluten Schwachstellen seit meinen Zwanzigern. Für den Notfall im Urlaub hatte ich vorgesorgt. Tabletten, die meine Blase entspannen sollten, sowie ein Notfallantibiotikum gehörten standardmäßig zu meiner Reiseapotheke. Allerdings waren die Entspannungstabletten in diesem Urlaub nicht mehr verfügbar. Während Ralph und ich genüsslich beim 5-Gänge-Menü saßen, musste Anton auf unserem Hotelzimmer bleiben. In dieser Zeit vertilgte er – vielleicht aus Zorn – meine Tabletten. Als wir vom Abendessen zurückkamen, lag eine leere Blisterverpackung auf dem Hotelbett. Reichte nicht, dass er meine Tabletten gefressen hatte – auf unserem Bett war er wohl während unserer Abwesenheit auch gelegen. Gott sei Dank vertrug Anton die Tabletten gut und er zeigte keine Nebenwirkungen. Wir hatten schon Angst, dass er in der Nacht inkontinent sein könnte und das ganze Hotelzimmer vollpinkelte.

Meine Periode kündigte sich wie gewöhnlich an. Spannungen in der Brust, Ziehen im Unterleib. Durch mein superschlaues Gerät wusste ich genau, wann meine Menstruation fällig war. Doch sie setzte trotz der typischen Symptome am erwarteten Tag nicht ein.

Nach dem zweiten überfälligen Tag kaufte ich mir während eines Einkaufsbummels spontan einen Schwangerschaftstest. Er sollte in meinem Urin das Schwangerschaftshormon hCG überprüfen. Sobald sich eine befruchtete Eizelle in die Gebärmutter einnistet, bildet der Körper dieses Hormon. So »geduldig«, wie ich bin, dachte ich mir: Wenn ich schon einen Test gekauft habe, dann kann ich ihn auch gleich hinter mich bringen. Ich suchte im Einkaufszentrum die Damentoilette auf und las die Anwendungsempfehlung des Schwangerschaftstests durch. Nicht schwer: Teststreifen aus der Verpackung holen, Mittelstrahl nehmen, auswerten lassen. Ist kein hCG nachweisbar, ist lediglich ein Strich auf dem Teststreifen zu sehen. Den Vermerk, dass der Morgenurin für diesen Test bevorzugt zu nehmen ist, überlas ich großzügig. Ich konnte einen Strich im Ergebnisfeld erkennen. Ein zweiter Strich zeigte sich nicht. Mein Gefühl bestätigte jedoch dieses Ergebnis nicht. Also kaufte ich mir nochmals einen Test. Aber dieses Mal einen Premium (oder auch idiotensicher), der das Testergebnis als Schriftzug, »schwanger« oder »nicht schwanger«, anzeigt. Diesen machte ich vorschriftsgemäß am nächsten Morgen mit meinem Morgenurin bei uns zu Hause. Zwei Minuten dauerte die Auswertung der Urinprobe. Gefühlt die längsten zwei Minuten in meinem bisherigen Leben. Als das Ergebnis klar abzulesen war, ging ich ins Schlafzimmer, weckte Ralph aus seinen Träumen und legte mich zu ihm ins Bett.
»Ralph, ich bin schwanger!«
Keine Ahnung, wie lange wir schweigend nebeneinander im Bett lagen. Keiner sagte ein Wort. Irgendwann klingelte der Wecker, wir mussten aufstehen. Ralph arbeitete wieder, ich hatte noch Urlaub. Er schaute sich das Ergebnis auf dem Test an und durchbrach die Funkstille mit nur zwei Wörtern:
»Und jetzt?«
»Keine Ahnung. Und jetzt?! Ich war noch nie schwanger!«
Ralph ging zu seiner Arbeit und ich vereinbarte bei einem Frauen-

arzt einen Termin für den nächsten Morgen. Dort machte ich einen erneuten hCG-Test. Wieder ein Test, der das Ergebnis mit erkennbarem Streifen darstellte. Die Arzthelferin nahm mir Blut ab und überprüfte meinen Puls. Danach hatte ich eine Ultraschalluntersuchung beim Arzt. Dieser konnte zu diesem frühen Zeitpunkt über das Ultraschallgerät noch keine Schwangerschaft feststellen. Der Urintest blieb unklar. Das hCG-Hormon konnte nicht eindeutig nachgewiesen werden. Das überraschte mich nach meiner Erfahrung mit dem Streifentest wenig. Die Arzthelferin meinte: »Mit viel Fantasie kann ich einen rosa Streifen erkennen.« Ich klärte den Arzt über mein Bauchgefühl auf, ich war mir zu einhundert Prozent sicher. »Egal was Ihr Streifentest anzeigt, ich bin schwanger!«, sagte ich voller Überzeugung.

Intuitiv wusste ich das und mein zweiter Schwangerschaftstest hatte es eindeutig bewiesen. Ärzte belächeln normalerweise das Bauchgefühl ihrer Patienten. Sie arbeiten lieber nach klaren Daten und Fakten. Mein Blutergebnis sollte Klarheit bringen, welches ich am nächsten Morgen telefonisch erfragen konnte. Ralph und ich waren zu diesem Zeitpunkt noch bei guter Laune. Es hieß: noch mal einen Tag abwarten. Keiner von uns fragte »Was wäre, wenn?«. Wir waren uns bewusst, dass wir gemeinsam zum »Kinderthema« eine klare Entscheidung getroffen hatten. Ralph und ich hatten ein Jahr zuvor nach drei Jahren Beziehung an einem sonnigen Freitag im Mai geheiratet, vor nicht mehr als 16 Familienmitgliedern im Theater in Baden-Baden. Ralph war damals im Einzelhandel selbstständig und ich arbeitete bei einem Autokonzern und stand am Anfang meiner Trainerlaufbahn. Unsere Entscheidung fiel auf »pro Karriere – kontra Familiengründung«. Unter anderem aufgrund dieser Aussage von Ralph: »Ich überlebe das nicht, wenn dir oder unserem Kind etwas zustößt!« Ich respektierte Ralphs Ängste sowie seine Einstellung. Damals verspürte ich keinen Wunsch nach einem eigenen Kind.

Wir führten ein glückliches, harmonisches Leben und gingen beide einer sinnvollen, befriedigenden Arbeit nach.

Am nächsten Morgen konnte ich ab 10 Uhr in der Frauenarztpraxis anrufen. Pünktlich auf die Minute klingelte ich durch. Die Arzthelferin teilte mir am Telefon mit, dass mein Blutergebnis positiv sei. Das bedeutete, ich war schwanger. Obwohl ich es geahnt hatte, warf mich dieser Anruf – die Bestätigung meiner Schwangerschaft – völlig aus der Bahn. Ich spürte keine Freude, ich war geschockt. Verdreckt von der Gartenarbeit kam Ralph freudestrahlend in unsere Wohnung. Ich saß gedankenverloren auf der schwarzen Ledercouch im Wohnzimmer und starrte vor mich hin. Hatte er vergessen, dass ich beim Frauenarzt anrufen wollte?
»Ralph, ich bin schwanger, der Bluttest ist positiv!«, platzte es aus mir heraus.
Sprachlosigkeit.
»Und jetzt?«, wollte er wissen.
Kam diese Frage tatsächlich wieder? Die hatten wir doch schon einmal.
»Ein Kind passt nicht in unseren Lebensplan! Wir müssen uns Gedanken machen, wie wir fortfahren wollen. Ich möchte kein Kind!«

Mit dieser Aussage ging er zur Arbeit und ließ mich mit meinen verwirrenden Gedanken zurück. Wo ist hier die Gerechtigkeit? Viele Frauen wünschen sich nichts sehnlicher als ein Baby. Sie planen dieses Ereignis, arbeiten darauf hin und werden trotz hormoneller Therapien und künstlicher Befruchtung nicht schwanger. Wir wollten kein Kind, ich wurde ungeplant schwanger. Entschied für uns das Schicksal, der Zufall oder das Gesetz der Natur? Ich bin der Meinung, dass es Lebensereignisse gibt, die wir selbst nicht in der Hand haben.

Ich vereinbarte einen weiteren Kontrolltermin beim Frauenarzt, der zwei Wochen später stattfinden sollte. Ja, ich informierte mich auch über das Internet zum Thema »Schwangerschaftsabbruch«. Jedoch verspürte ich sofort eine tiefe Abneigung: »Auf keinen Fall werde ich unser Baby abtreiben. Ich werde diesem Kind sein Leben schenken.« Als Ralph am Abend von der Arbeit nach Hause kam, teilte ich ihm meine Entscheidung mit. Überraschenderweise befürwortete er meinen Beschluss. Am 31. August 2010 um 9 Uhr war es dann so weit. Wir sollten zum ersten Mal das Herz unseres Kindes schlagen hören und auf dem Ultraschall sehen können. Ralph ging zu dieser Untersuchung mit. Unsere größte Angst war es, dass zwei Herzen schlagen könnten. Während der Untersuchung fragten wir beide, ob tatsächlich auch nur dieses eine Herz zu sehen sei. »Zwillinge sind der Horror. Schaut, hier ist die Gebärmutter, da ist die Fruchthöhle und hier schlägt das Herz eures Kindes. Ich kann wirklich nur ein Herz sehen!«, beruhigte uns der Frauenarzt.

Diese Untersuchung, die erste Begegnung mit unserem Kind, löste unsere Ängste und Zweifel in Luft auf und machte Platz für positive Gefühle: Freude und Glück. Das kleine Herz auf dem Ultraschall zu sehen war ein wunderschöner Augenblick, ein Ereignis, das ich mein ganzes Leben lang nicht vergessen werde. Das erste Bindungsgefühl zu diesem Winzling entstand.

Am gleichen Tag sollten auch meine Eltern erfahren, dass sie Oma und Opa werden. Da bei uns im Dorf das 25-jährige Mühlenfest bevorstand und ich zum Wasserkistenschleppen verdonnert wurde, mussten wir meinen Eltern sehr früh meine Schwangerschaft mitteilen. Der Arzt druckte uns mehrere Ultraschallbilder von unserem Kind aus. Wir kauften eine Karte, klebten das Bild vom Würmchen darauf und luden meine Eltern zum Abendessen ein. Nach dem Essen überreichten wir ihnen unsere »Würmchenkarte«. Papa verstand sofort die Botschaft. Mama brauchte etwas länger. Als sie kapierte, dass sie Oma werden würde, entglitten ihr die Gesichtszüge. Sie fragte uns vorwurfsvoll:»Ist das euer Ernst?« In unserer Familie war es kein Geheimnis, dass Ralph und ich uns für die Kinderlosigkeit entschieden hatten. Schock und Überraschung zeigten sich zeitgleich in ihrem Gesicht.

Wollten Ralph und ich aus Angst vor schmerzhaften Gefühlen kein Kind bekommen? Die Vermeidungsstrategie anwenden? Die Rechnung hatten wir ohne unseren Sohn aufgestellt. Er kam aus Liebe zu uns. Vielleicht damit Ralph und ich unsere eigenen Grenzen überwinden und weit über unsere Komfortzone hinausgehen durften. Wir müssen durch ein Kind verstärkt ins Fühlen kommen. Eine Lernaufgabe für unsere Seele. Darum geht es doch im Leben.

Vier Tage später sollten es dann auch meine Schwiegereltern auf einer Familienfeier erfahren. Auch für sie hatten wir eine »Würmchenkarte« vorbereitet. Bei ihnen erwarteten wir die gleiche »Schockreaktion«, die meine Mama gezeigt hatte. Aber auch hier wurden wir wieder völlig überrascht. Sie reagierten anders als erwartet und freuten sich riesig über diese Neuigkeit.

Am 16. September 2010 stand die nächste Untersuchung beim Frauenarzt an. Aus unserem Fünf-Millimeter-Würmchen war ein drei Zentimeter großer Wurm geworden.

Einen Tag davor fand die Beerdigung meiner Oma statt. Sie wurde stolze 96 Jahre alt. Friedlich durfte sie aufgrund von Altersschwäche im Altersheim ins Jenseits hinübertreten. Ich hatte mich Tage zuvor von ihr verabschiedet, während sie vom Pfarrer ihre letzte Ölung bekam. Ganz ehrlich, ich fand diese Veranstaltung schrecklich. Oma lag krächzend in ihrem Bett und ihre Hand zitterte ängstlich dem Pfarrer entgegen, der gerade das »Vaterunser« betete und ihr ihre Stirn salbte. Das Reden fiel Oma sehr schwer und ich konnte leider ihre gesprochenen Wörter nicht mehr verstehen. Allerdings spürte ich ihre Angst und ihre Unruhe. Ich kniete mich zu ihr ans Bett und flüsterte ihr zu: »Oma, dein Wunsch geht in Erfüllung. Ich bin schwanger!« Oma hatte sich von mir einen Urenkel gewünscht. Regelmäßig musste ich ihr bei meinen Samstagsputztagen erklären, dass sie genügend Enkel, Urenkel und bereits auch Ururenkel hatte. Mit meiner Argumentation gab sie sich allerdings nie zufrieden.

Oma wollte bei ihrem letzten Atemzug allein sein. Es sollte keiner aus der Familie zusehen, wenn sie ihre Reise über die Regenbogenbrücke antrat. Meine Mama war an diesem Tag bei ihr und bei Opa. Sie verließ nur kurz das Schlafzimmer, in dem Oma in ihrem Bett lag, da eine Pflegerin des Altersheims an der Wohnungstür geklopft hatte. Als Mama zwei Minuten später wieder ins Schlafzimmer kam, war Oma bereits auf ihrem Weg ins Jenseits. Ich fragte mich lange, warum Oma genau diesen Moment genutzt hatte. Warum wollte sie ihre Reise ins Jenseits allein antreten? Konnte sie nicht loslassen, solange jemand aus der Familie bei ihr war?

Opa litt seit Omas Übertritt an seinem nervösen Magen. Seine Nerven spielten ihr eigenes Spiel. Er musste ins Krankenhaus eingeliefert werden. Am Tag der Beerdigung seiner Frau holte ich ihn gemeinsam mit meinem Papa aus dem Krankenhaus ab. So konnte auch er seine Frau, mit der er 64 Jahre verheiratet war, auf ihrem letzten irdischen Weg begleiten.

Bis zu diesem Zeitpunkt ging es mir super. Keine körperlichen oder emotionalen Erscheinungen aufgrund meiner Schwangerschaft. Aber die typischen Symptome ließen nicht mehr lange auf sich warten. Von einem Tag auf den anderen setzte eine Dauerübelkeit ein. Am frühen Morgen war sie am heftigsten. Zusätzlich ergriff ein Schlappheitsgefühl meinen Körper. Die Übelkeit steigerte sich im Laufe der ersten vier Schwangerschaftsmonate bis zum Erbrechen. Einige Stellen und Plätze musste ich auf dem Weg zur Arbeit mit meinem Erbrochenen kennzeichnen. Selbst der Parkplatz meines Arbeitgebers blieb nicht verschont. Trotz allem Übel konnte ich noch meinen ganzen Verpflichtungen gerecht werden: 35-Stunden-Arbeitswoche, einmal die Woche Fritz' Wohnung von Staub und Schmutz befreien sowie Anton weiterhin zu seinen wöchentlichen Hundeschulbesuchen ausführen.

Am 7. Oktober stand die nächste Untersuchung beim Frauenarzt an. Binnen drei Wochen war der Wurm von drei auf sechs Zentimeter Länge gewachsen. Ralph und ich hatten die Entscheidung getroffen, wissen zu wollen, ob unser Baby auch tatsächlich gesund ist. Wir ließen eine Nackenfaltenmessung durchführen. Dies ist eine spezielle Ultraschalluntersuchung. Sie misst die Nackenfalte – Flüssigkeitsansammlung zwischen der Haut und dem Weichteilegewebe im Nacken des Babys. Diese Messung hilft, ein Risiko für bestimmte genetische Störungen oder Erkrankungen des Babys abschätzen zu können. Allerdings reicht diese allein nicht aus, um eine Wahrscheinlichkeitsberechnung durchzuführen. Zeitgleich wurde die Nasenbreite von unserem Baby gemessen und mir wurde zusätzlich Blut abgenommen. Die Ultraschalluntersuchung verlief super, die gemessenen Werte der Nackenfalte sowie der Nasenbreite waren gut und lagen im Normbereich. Jetzt mussten wir nur noch mein Blutergebnis abwarten. Eine Woche später saßen Ralph und ich wieder beim Frauenarzt. Meine Blutwerte, die ich im Laufe der Woche telefonisch erfragte, waren nicht zufriedenstellend. Der Arzt erklärte uns die Blutergebnisse sowie mein persönliches Risiko. Die Chance, dass unser Baby gesund war, lag bei 1:326. Laut Arzt ein bedenklicher Wert. Um Gewissheit haben zu können, vereinbarte mein Frauenarzt einen weiteren Untersuchungstermin in der Frauenklinik in Heidelberg, wo wir dann zwei Tage später morgens um 9 Uhr anrückten. Der Chefarzt der Frauenklinik begrüßte uns herzlich und informierte sich über die bisherigen Befunde. Er erklärte uns, dass er gerne eine Fruchtwasseruntersuchung (Amniozentese) vornehmen würde. Ralph und ich waren geschockt. Wir hatten im Vorfeld keine Gedanken an diese Art einer Untersuchung verschwendet. Ich sollte mir ohne Narkose eine riesige Nadel durch meine Bauchdecke und die Gebärmutterwand bis in die Fruchtblase zu meinem Baby rammen lassen? Ich sollte das Risiko einer Fehlgeburt durch diese Amniozentese in Kauf nehmen? Der Arzt schickte uns für eine Bedenkzeit zum gegenüberliegenden Café. Wir wollten damals kein Kind mit einem Down-Syndrom zur Welt bringen. Heute habe ich hierzu eine andere Einstellung. Haben diese außergewöhnlichen Kinder nicht auch ein Recht auf ein Leben? Jedes Kind ist ein Geschenk des Himmels. Was blieb uns damals anderes übrig als die Durchführung der Fruchtwasseruntersuchung? Wer »hopp« sagt, muss auch »top« sagen, war dazu die Aussage meines Frauenarztes. Wir gingen mit unserer Entscheidung, die Untersuchung durchführen zu lassen, in die Frauenklinik zurück. Eine Stunde später war ich für die Punktion vorbereitet. Bewaffnet – in der rechten Hand eine Hohlnadel, in der linken Hand das Ultraschallgerät – startete der Arzt den Eingriff. Wir konnten die Nadel sehr genau auf der überdimensionalen Leinwand, die vor mir an der Wand hing, beobachten. Der Arzt entnahm erfolgreich circa 20 Millimeter Fruchtwasser aus meiner Fruchtblase. Anschließend durften wir nach Hause und ich musste mich für den Rest des Tages ausruhen und ihn liegend auf der Couch verbringen.

Zwei Wochen später konnte ich meine Untersuchungsergebnisse telefonisch in Heidelberg erfragen. Mir wurde mitgeteilt, dass unser Baby völlig gesund sei. Einen positiven Nebeneffekt hatte diese

Amniozentese dennoch. Das Geschlecht unseres Babys konnte klar bestimmt werden. Wie bereits vermutet – mal wieder das Bauchgefühl –, sollte es ein Junge werden. Ab Beginn meiner Schwangerschaft hatte ich die Eingebung, dass unser Baby ein Junge ist. Endlich konnten wir uns entspannen. Die kurzzeitigen Ängste und Sorgen um unser Kind waren verflogen. Sofort rief ich Ralph bei seiner Arbeit an, um ihm die super Nachricht mitzuteilen. Für das Telefonat ging ich auf die Toilette. Auch eine Begleiterscheinung der Schwangerschaft. Ich musste ständig Pipi. Als ich telefonierte und versuchte, meine Hose wieder anzuziehen, sah ich Tropfen auf dem Fliesenboden der Toilette. Erschrocken schaute ich nach, wo diese so plötzlich herkamen. Das konnte doch nicht sein, wir erhielten die positive Rückmeldung, dass unser Junge gesund ist, und ich verlor mein Fruchtwasser? Das ist übrigens eines der vielen weiteren Risiken dieser Untersuchung. Ralph meinte: »Miriam, darüber macht man keine Witze. Willst du mich jetzt auf den Arm nehmen?«

Er bemerkte, dass ich leicht in Panik geraten war. Nach genauerer Ursachenforschung, woher diese Tropfen auf dem Boden kamen, stellte ich fest, dass die Bänder meiner langen Strickjacke ins Klo gerutscht waren und sich mit Urin getränkt hatten. Man kann sich tatsächlich über vollgepinkelte Bändsel freuen. Hauptsache, die Fruchtblase ist dicht. Trotz des positiven Ergebnisses hatten uns die Ärzte empfohlen, in der 22. Schwangerschaftswoche ein ausführliches Organscreening (Feinultraschall) durchführen zu lassen. Die Untersuchung fand am 7. Dezember in Heidelberg statt. Dieses Mal begleitete mich meine Mama. Die Ultraschallbefunde waren »top« und wir gönnten uns danach einen Stadtbummel durch Heidelberg. Wie und wann informiere ich meinen Chef über meine Schwangerschaft? Dieses Gespräch bereitete mir Bauchschmerzen, da ich auch in der Arbeit offen über meine Entscheidung für die Karriere und gegen eine Familienplanung gesprochen hatte. Nach der Fruchtwasseruntersuchung sollte es so weit sein. Mein Chef reagierte verständnisvoll. Hoch erfreut über meine Schwangerschaft nahm er mir sofort das schlechte Gewissen. Recht schnell verkündete er mir seine spontane Idee, wie wir meine Mutter- und Elternzeit überbrücken könnten. Ich hatte geplant, bis Ende Februar zu arbeiten. Danach folgten Urlaub, Stundenabbau, Mutterschutz und ein Jahr Elternzeit. Ab dem Tag der Empfängnis musste ich lernen, dass wir das Leben nicht immer planen können. Es kommt oft anders, als man denkt. Mein Sohnemann lag recht früh in der Schwangerschaft bereit für seine Geburt. Bereits bei der Routineuntersuchung am 27. Dezember wurde ich »arbeitsunfähig« geschrieben. Meine Planungen gingen somit nicht auf. Ich durfte definitiv bis zur Entbindung nicht mehr arbeiten gehen. Auch mit meinen sportlichen Aktivitäten und meinem Freizeitstress sollte ich kürzertreten. Warum all diese massiven Einschränkungen? Ist eine Schwangerschaft eine Krankheit? Am 24. Januar musste ich zur nächsten Routineuntersuchung. Mein Frauenarzt war nicht über die Untersuchungsergebnisse erfreut und fragte mich, ob ich mich nicht an seine Anweisungen gehalten hätte. Doch, hatte ich. Fast. Ja, ich ging nicht mehr zur Arbeit, aber Spaziergänge mit Anton und meine wöchentlichen Schwimmbadbesuche ließ ich mir nicht so schnell nehmen. Doch auch das war ab sofort tabu.

Nach der nächsten Untersuchung durfte ich nach Hause fahren, meine Tasche packen und umgehend ins Krankenhaus Mosbach einchecken. Ralph brachte mich dorthin und verließ mich recht schnell. Er musste zur Arbeit – wenigstens einer von uns, der seinem Alltag nachgehen konnte. In der Klinik bekam ich für unseren Sohn, der mittlerweile den Spitznamen „Oscar" bekommen hatte, die Lungenreife-Behandlung (RDS-Prophylaxe). Das Kortison, welches die Reifung der Lunge beschleunigen soll, wurde mir über die Armvene zugeführt. Ich hätte diesem Assistenzarzt mitten in sein hübsches Gesicht schlagen können. Mindestens fünf Versuche, mir eine Kanüle zu setzen, startete er, bis er dann vernünftigerweise eine Schwester zu Hilfe rief, die es auf Anhieb schaffte. Nach der Lungenreife-Behandlung musste ich noch 48 Stunden zur Beobachtung im Krankenhaus bleiben. Das mir zugeteilte Zimmer durfte ich mit einer Dame teilen, die frisch entbunden und selbstverständlich ihr Neugeborenes mit auf dem Zimmer hatte. Zu dieser Zeit war das Krankenhaus auf der Gynäkologie in Mosbach überbelegt. Für mich hieß das: keine einzige Nacht mit erholsamem Schlaf. Das Neugeborene schrie – die Mutter war davon völlig überfordert. Leider bekam ich während meiner Tage im Krankenhaus nur wenig Besuch. Ralph musste morgens unseren Anton versorgen, dann zur Arbeit und sich nach Feierabend wieder um unseren Hund kümmern. Meine Eltern waren zu einem Kurztrip in die Rhön verreist. Ich selbst langweilte mich im Krankenhaus. Ich hatte nicht viel zu tun, außer dass ich regelmäßig zum Ultraschall und zum CTG (Kardiotokografie) musste, welches die Herztöne des Babys und die Wehentätigkeit aufzeichnet.

Am dritten Tag durfte ich mittags nach Hause. Das nächste Problem stand an. Ralph konnte mich nicht abholen, da er bis 19 Uhr im Laden sein musste. Der Kurztrip meiner Eltern war an diesem Tag zwar beendet, aber sie entschieden sich, der Einladung ihres Sohnes zu Kaffee und Kuchen sowie zum Abendessen nachzukommen. Schließlich lag der Zwischenstopp auf dem Heimweg von der Rhön. Meine Schwägerin Melanie, die zu diesem Zeitpunkt selbst schwanger war, aber noch im Arbeitsleben stand, holte mich glücklicherweise mittags aus dem Krankenhaus ab. Sie arbeitete in Buchen in einem Schuhladen, der mittwochmittags geschlossen hatte. Melanie erwies sich als gute Seele. Die Arme, sie durfte sich während unserer Heimfahrt meinen angestauten Frust anhören.

Der Routineuntersuchungsmarathon ging weiter und parallel dazu startete mein Geburtsvorbereitungskurs. Auch durfte ich zu meinen Akupunkturterminen ins Krankenhaus nach Mosbach. Die geburtsvorbereitende Akupunktur sollte laut Studie „Oscars Geburt" erleichtern und den Geburtsvorgang um bis zu zwei Stunden beschleunigen. Weiterhin musste ich mich bis Anfang April schonen und sollte keine anstrengenden Tätigkeiten ausüben. Am 21. April – wieder Routineuntersuchung – diskutierte ich mit meinem Frauenarzt über die Einleitung der Geburt nach Ostern. Das war der letzte Check vor der Entbindung. Da die Osterfeiertage anstanden, er während dieser Zeit geschlossen hatte und ich laut seinen Berechnungen bereits über dem Entbindungstermin lag, sollte ich ab sofort täglich zur Untersuchung ins Krankenhaus Mosbach. Dort war ich dann am Karfreitag und am Ostersamstag.

In meinem Mutterpass zählte ich 27 Vorsorgeuntersuchungstermine. Ist das nicht der Wahnsinn? Muss das tatsächlich sein? Okay, wir waren selbst schuld. Wir wollten kein genetisch krankes Kind. So schnell ist man als Schwangere in der ewigen Untersuchungsschleife. Der Fahrplan der Checks gleicht einem Busfahrplan. Kontrolltermine genauestens festgelegt, Ängste und Sorgen zwangsläufig durch die vielen Diagnostiken und Bemerkungen der Ärzte geschürt. Ganz abgesehen von den Nebenwirkungen und Risiken der Untersuchungen und den verabreichten Medikamenten für das ungeborene Kind. Der Stempel »Risikoschwangerschaft« in meinem Mutterpass, eine emotionale Belastung. Ich jedoch konnte die Panikmache der Ärzte nie nachvollziehen und Gott sei Dank ließ ich mich nicht von ihren Diagnosen und Wahrscheinlichkeitsstatistiken beunruhigen. Ich fühlte anders. Ich spürte ein Urvertrauen. Unser Kind wollte in unser Leben. Medien sagen, dass Kinder sich ihre Eltern aussuchen. Ich wusste ganz genau, dass unser Kind gesund ist und kein Frühchen werden wird. Ich wusste sogar, an welchem Tag unser Kind das Licht der Welt erblicken wird. Die eigene innere Stimme ist ein sehr guter Ratgeber.

Man lernt nur durch eigene Erfahrungen und eigenes Erleben. Ich würde mich auf keinen Fall mehr diesen ganzen Ultraschalluntersuchungen und anderen diversen vorgeburtlichen Zusatzleistungen und Untersuchungen aussetzen. Ich glaube, dadurch wird zum größten Teil unnötige Angst und Unsicherheit verbreitet und somit werden wir zwangsläufig von den Ärzten fremdbestimmt! Hat eine schwangere Frau nicht schon genug mit ihrer kompletten Stoffwechseländerung und den veränderten Hormonen zu tun? Übertragen sich die negativen Emotionen und die Angst nicht auch auf das ungeborene Kind im Mutterleib? Wir brauchen die Schulmedizin, jedoch sollten wir unsere Verantwortung nicht komplett dem modernen medizinischen Modell übertragen.

Geburt

Ostersonntag bedeutet im Christentum die Auferstehung von Jesus, dem Sohn Gottes. Es ist einer der höchsten Feiertage im Christentum.

Am Ostersonntag, 24. April 2011, um 7 Uhr 15 kam unser Sohn Pablo im Krankenhaus Mosbach auf die Welt.

Losung und Lehrtext 24. April 2011
Ich traue auf den HERRN. (Psalm 11,1)
Wir wissen, dass er, der den Herrn Jesus auferweckt hat, wird uns auch auferwecken[sic]. (2. Korinther 4,14)[3]

Es gibt Momente im Leben, die werden wir nie vergessen. Einer dieser Momente war Pablos Geburt. Genau genommen der Moment, als ich ihn das erste Mal in meinen Armen hielt. Seine Geburt startete durch einen Blasensprung am 23. April 2011 um die Mittagszeit im Garten bei uns zu Hause. Es war ein untypischer Apriltag. Die Sonne schien – der Himmel war strahlend blau. Zuvor waren meine Mama und ich noch für die Osterfeiertage in einem Supermarkt einkaufen. In einer Gärtnerei holten wir einen Blumenstrauß für das Grab meiner Oma. Sie durfte am nächsten Tag ihren ersten Geburtstag im Jenseits feiern. Am Morgen war ich zur Routinekontrolle im Mosbacher Krankenhaus, wie mein Frauenarzt es ja angeordnet hatte. Laut ihm sollte unser Baby am 19. April auf die Welt kommen.

Tage zuvor verhandelte ich mit ihm über eine Einleitung der Geburt. Er meinte: »Verrückt, dass wir uns jetzt Gedanken über eine Einleitung machen müssen. Wenn ich nach den Osterfeiertagen zurück bin und Ihr Baby noch nicht auf der Welt ist, sollten wir über die Möglichkeiten einer Geburtseinleitung sprechen!« Ich blieb entspannt und erklärte ihm, dass unser Baby am 24. April auf die Welt kommen werde. Erstaunt über meine Aussage schaute er mich fragend an: »Frau Winkler, was ist denn mit Ihnen los? Ich habe noch nie eine so relaxte Schwangere, wie Sie es sind, erlebt!« Ich vertraute meiner weiblichen Intuition – meinem Bauchgefühl. Der Gynäkologe sorgte sich bereits sehr früh in meiner Schwangerschaft. Unser Baby könne womöglich ein »Frühchen« werden. Und jetzt überschritt ich nach seiner Berechnung den voraussichtlichen Entbindungstermin.

Im Mutterpass ist ein Feld namens »berechneter Entbindungstermin« enthalten. Worin unterscheiden sich die Wörter Geburtstermin und Entbindungstermin? »Entbindung« bedeutet laut Internet die »Entbindung von Mutter und Kind«. Die Geburt ist der Austreibungsvorgang des Kindes aus dem Mutterleib. Das Baby entscheidet, wann sein individueller Weg in die Welt losgeht, wann es fertig und bereit ist, das Abenteuer »Leben« zu erfahren. Eine natürliche Geburt verläuft ohne äußeres Eingreifen. Bedeutet Entbindung nicht das Gegenteil von Bindung? Wird bei einer Entbindung der von der Natur eingerichtete, natürliche Geburtsprozess gestört? Warum muss eine schwangere Frau ihre Verantwortung über Schwangerschaft und Geburt an die Ärzte abgeben? Warum versuchen diese alles zu kontrollieren?

Die Ärztin im Mosbacher Krankenhaus verabschiedete mich mit den Worten: »Wir sehen uns heute wieder!«
Ich war skeptisch und äußerte meine Zweifel: »Nein, kann nicht sein, ich fühle mich super. Keine Anzeichen von Wehen!«
Doch sie sollte recht behalten. Auch wenn Pablo am 24. April 2011 auf die Welt kam, ging die Geburt bereits am 23. April 2011 los.

Nach unseren Ostereinkäufen genossen wir das schöne Wetter im Garten. Fritz war wie immer Punkt 12 Uhr zu Kaffee und Süßstückchen gekommen. Ausnahmsweise überzog er seine Mittagspause. Unsere Nachbarin gesellte sich zu unserem »Kaffeekränzchen« dazu und fragte mich: »Miriam, geht's dir gut? Dein Gesicht sieht so anders aus. Heute setzen bestimmt die Wehen ein!« Komisch, zuerst die Aussage der Ärztin am Morgen, dass wir uns heute wiedersehen werden, und dann die Aussage meiner Nachbarin. Ich aber fühlte mich super. Keine Anzeichen von Wehen.

Kaum waren meine Gedanken darüber verflogen, spürte ich eine leichte, warme Nässe zwischen meinen Beinen. Was jetzt? Die Nachbarin und Fritz waren beide noch da, ich konnte schlecht nachschauen, was los ist. In Gedanken schickte ich die beiden nach Hause, und als sie endlich den Kaffeeklatsch beendet hatten, hob ich meinen langen schwarzen Rock. Meine Eltern sahen mich verwirrt an. »Mama, bring mir bitte das Telefon. Ich muss Ralph anrufen. Es geht los!«

Ralph war in der Arbeit und schloss nach meinem Anruf sein Geschäft zwei Stunden vor Ladenschluss. Papa holte meine Tasche und sobald Ralph zu Hause war, fuhren wir ins Krankenhaus. Bei einer der vielen Vorsorgeuntersuchungen waren bei mir Streptokokken diagnostiziert worden – Bakterien, die sich während der Geburt auf das Baby übertragen und eine Blutvergiftung, Lungenentzündung oder Hirnhautentzündung auslösen können. Deshalb sollte ich bei einem Blasensprung unverzüglich ins Krankenhaus kommen. Die Hebamme untersuchte mich und legte das CTG an. Dieses zeigte jedoch keine Wehentätigkeit auf und sie verordnete uns einen Spaziergang. Laufen soll die Wehentätigkeit fördern. Wir fanden das super. Das Wetter war großartig. Wir entschieden uns für einen Rundgang durch das neben dem Krankenhaus gelegene Neubau-

gebiet. Eine Stunde später trafen wir zur nächsten CTG-Aufzeich-
nung ein. Die Hebamme war ziemlich verärgert, als sie erfuhr, dass
wir das Krankenhausgelände verlassen hatten. Aber sie hatte es uns
schließlich nicht verboten. Wir bezogen unser Familienzimmer
und aßen zu Abend. Um 20 Uhr waren immer noch keine Wehen
zu spüren und auch das CTG zeichnete keine Wehentätigkeit auf.
Zwischenzeitlich fand auf der Station ein Schichtwechsel der Mitarbeiter statt und wir wurden von einer anderen Hebamme, die
wesentlich freundlicher und mitfühlender erschien, betreut. Um
21 Uhr entschloss sich die Hebamme, einen Wehentropf – Infusion,
welche das Hormon Oxytocin enthält – anzuschließen. Er sollte
die Wehentätigkeit fördern und beschleunigen. Über diese Maß-
nahme hatte ich mir im Vorfeld keine Gedanken gemacht und mich
somit auch nicht über deren Auswirkung informiert. Puh, der erste
Tropfen dieser Infusion war in meiner Vene und ich bekam unverzüglich einen Schweißausbruch. Die Wehen setzten unkontrolliert
von null auf hundert ein. Unsere Hebamme hatte die super Idee,
mich in die Badewanne zu setzen. »Ich soll in die Badewanne, wo
ich doch schon schwitze wie ein Schwein?« Dennoch fand sie ihre
Idee genial und bereitete alles vor. Durch den Wehentropf versagte
mein Kreislauf und ich musste auf dem Weg zur Wanne von Ralph
und der Hebamme gestützt werden. Ich saß maximal fünf Minuten
im Wasser, als ich Ralph aufforderte: »Ralph, hol mich sofort aus
dieser Badewanne raus! Sonst kotze ich in das Wasser rein!«

Nachdem gegen 23 Uhr die Schmerzen nicht weiter zu ertragen
waren, entschied ich mich für eine PDA (Periduralanästhesie), ein
Narkoseverfahren. Die Hebamme war von meiner Forderung nicht
überzeugt. »Frau Winkler, die Geburt geht bald los! Sie schaffen das
ohne PDA!«, sagte sie zu mir. Ralph sprang für mich ein und erklärte ihr freundlich, aber bestimmt, dass wir diesen Spruch schon
seit Januar hörten; und wenn ich eine PDA forderte, dann seien die

Schmerzen tatsächlich unerträglich. Daraufhin rief sie die Ärztin, die mir eine Spritze mit Betäubungsmittel nahe dem Rückenmark in meinen Rücken jagte. Nach meiner Erfahrung und Einschätzung war diese eine Anfängerin. Die PDA wirkte nur rechtsseitig. Da die Schmerzen links nach wie vor heftig zu spüren waren, musste ich jeden Wehenschub veratmen. So verging die ganze Nacht. Ralph schlief zwischendurch auf seinem Stuhl ein und gegen Morgen hatte auch mich die Müdigkeit im Griff. Nach jedem Wehenschub nickte ich kurz ein. Meine Erschöpfung beunruhigte die Hebamme und gegen 5 Uhr 30 stellte sie die Dosierung des Wehentropfs nach oben. Um 6 Uhr 30 rief sie erneut die Ärztin, die wohl eine 24-Stunden-Schicht abarbeiten musste. Die Hebamme fragte mich, ob ich abschätzen könne, wann die Wehen auf ihrem Höhepunkt seien. Sie ordnete mir an, dann nach vorne zu gehen und zu pressen. Ralph sollte mich am Rücken unterstützen. Nach gefühlt 20 Pressversuchen ließ meine Kraft nach und ich fragte erschöpft, ob zwischen meinen Beinen noch nichts zu sehen sei. Ralph lächelte: »Doch, man sieht schon seine schwarzen Haare, fass mal hin.« Ich hatte fast keine Kraft mehr. Aber ich folgte seinem Rat und berührte zum ersten Mal Pablos schöne, lange, dunkle Haare.

Um 7 Uhr 15 war es dann endlich mit aller Unterstützung geschafft. Die Ärztin drückte ihren Ellenbogen in meinen Bauch, die Hebamme schnitt in meinen Damm und Pablo flutschte seelenruhig aus mir heraus. Zum Glück war wenigstens einer entspannt. Ralph schnitt die Nabelschnur durch und schaute sich die Plazenta an. Klein Pablo durfte sich an meine nackte Brust kuscheln. »Bonding« – wirkt wie ein emotionaler Sekundenkleber, die Bindung zwischen Pablo und mir sollte vertieft werden. Sofort suchte mein Sohn instinktiv meine Brustwarze, während ich ehrfürchtig seine winzigen Finger betrachtete. Da die Hebamme einen Dammschnitt gemacht hatte, musste die Wunde genäht werden und Pablo wurde in dieser

Zeit gemessen, gewogen, gesäubert und angezogen. Das gefiel ihm überhaupt nicht. Wie konnte die Hebamme ihn einfach von meiner Brust wegnehmen? Er protestierte lautstark. Ralph folgte den beiden zum Wickeltisch und sprach mit Pablo. Als er seine Stimme wahrnahm, hörte er sofort zu schreien auf und ließ die Routinearbeit der Hebamme über sich ergehen. Die Hebamme verkündete stolz: »Pablo ist 50 cm groß, wiegt 3540 Gramm und hat einen Kopfumfang von 36,5 cm!«

Angezogen und gebürstet durfte mein neugeborener Sohn wieder zurück in meine Arme. Die Hebamme machte ein Bild von uns beiden und überreichte die Glückwünsche der Klinik.

Da werden Hände sein, die dich tragen, und Arme, in denen du sicher bist, und Menschen, die dir ohne Fragen zeigen, dass du willkommen bist. Khalil Gibran[4]

Danach verabschiedete sie sich in ihren Feierabend, den sie wegen uns verschoben hatte. Sie wollte unbedingt unseren Sohn in die Welt begleiten. Wir verweilten noch eine Zeitlang im Kreißsaal. Ralph informierte unsere Eltern über die Geburt von Pablo. Meine Eltern dachten, es wäre ein Scherz, als Ralph sagte, dass Pablo um 7 Uhr 15 auf die Welt gekommen war. Sie hatten nicht damit gerechnet, dass die Geburt so lange dauern würde. Im Kreißsaal nebenan ging eine weitere Entbindung los. Die Frau schrie sehr laut. Zuerst konnte ich das nicht nachvollziehen: »Ich habe wieder Energie und Kraft für die nächste Geburt, warum schreit die denn so?« Dann verstand ich, dass jede Geburt individuell ist und jede Frau, die ein Kind zur Welt bringt, mit ihren eigenen Vorstellungen und Werten den Geburtsvorgang anders erlebt, fühlt und erfährt. Schmunzelnd sagte ich zu Ralph: »Ich könnte jetzt erneut ein Baby gebären!« Ralph grinste über meinen Humor.

Dann ging unsere Fahrt ins Familienzimmer los. Da ich wegen der PDA noch nicht laufen durfte, wurde ich gemeinsam mit Pablo in einem Krankenbett vom Kreißsaal auf die Station geschoben. Dort angekommen versuchten wir, uns ein bisschen von den letzten 24 anstrengenden, schlaflosen, ereignisreichen Stunden zu erholen. Doch die Ruhe hielt nicht lange und schon kamen die ersten Besucher. Meine Eltern wollten ihren Enkelsohn begrüßen: »Oscar«, den wir jetzt allerdings mit seinem richtigen Namen »Pablo« ansprachen. Pablo ist ein spanischer Name und bedeutet »der Kleine«. Voller Stolz schaukelten sie ihren Enkelsohn in den Armen und ließen sich als glückliche Großeltern gemeinsam mit ihm fotografieren. Sie blieben nicht lange, da mein Papa am nächsten Tag Geburtstag hatte und zwei Tage später zu seiner dreiwöchigen, heiß geliebten Kur fuhr. Mittags bekamen wir noch Besuch von meinem Bruder Niki und seiner Familie.

Zwischenzeitlich versuchte ich immer wieder, Pablo zu stillen, aber der Milcheinschuss setzte nicht ein. Die Stationsschwester organisierte eine elektrische Milchpumpe. Regelmäßig schloss ich die »Melkmaschine« an. Doch mehr als drei bis vier Tropfen bekam auch das Höllengerät nicht aus meiner Brust heraus. Diese wurden Pablo mit dem Finger verabreicht.

Am Abend klopfte es an unserer Zimmertüre und unsere Hebamme von der Nachtschicht, die Pablo auf die Welt begleitet hatte, kam herein. »Hallo Familie Winkler, ich wollte nachsehen, wie es Ihnen und Pablo geht. Normalerweise komme ich nicht auf die Station, mein Arbeitsplatz ist im Kreißsaal. Aber ich muss mir unbedingt noch mal euren kleinen Pablo anschauen. Ich habe diesen Blick, den er gleich nach der Geburt hatte, noch nie in meinem Berufsleben gesehen. Er hat mich nicht mit den Augen eines Neugeborenen angeschaut. In ihm lag eine tiefgründige Klarheit! So kann kein

Neugeborenes schauen!« Wir drückten ihr Pablo in die Arme und unterhielten uns noch kurz über belanglose Themen. Dann musste sie auch schon los. Ihre Pflicht rief und es warteten auch an diesem Tag neue Erdankömmlinge auf ihre Unterstützung. Wir schoben ihre Äußerung recht schnell zur Seite und dachten nicht weiter darüber nach. Ich glaube, alle Eltern finden ihr neugeborenes Kind einzigartig und bezeichnen es als das »wunderschönste« von allen Babys. Außerdem beschäftigte uns ein anderes Thema. Mein Milcheinschuss blieb noch immer aus. Pablo wurde hungriger und unbequemer. Meine zehn Tropfen Milch konnten seinen Hunger definitiv nicht stillen. Mittlerweile wurde er nicht mehr mit der Milch auf dem Finger gefüttert. Die Schwester und Ralph gingen zur Spritze über, mit der sie ihm meine abgepumpte Muttermilch in seinen Mund träufelten. Ich legte weiterhin fleißig die Melkmaschine an.

Dann kam der nächste Morgen. Wieso habe ich plötzlich so unerträgliche Rückenschmerzen? Vom Zeitpunkt der PDA bis zur Geburt lag ich acht Stunden lang auf dem Rücken. War das die Ursache? Vielleicht löste auch die ungewohnte Matratze meine Rückenschmerzen aus, zu Hause schliefen wir in einem Wasserbett! Dennoch musste ich dringend auf die Toilette und versuchte, mich aus dem Bett zu schwingen. Doch der dumpfe Schmerz in meinem Rücken hinderte mich daran. Mit großer Mühe konnte ich am Haltegriff, der doch eigentlich nur für ältere Menschen angebracht ist – dachte ich zumindest bis dahin –, meinen Oberkörper etwas aufrichten. Meine zwei Herren schliefen seelenruhig tief und fest neben mir und bekamen von meinen verzweifelten Versuchen aufzustehen nichts mit. Als der Blasendruck immer größer wurde, musste ich mich entscheiden. Entweder Ralph wecken oder Pipi einfach laufen lassen. Ich entschied mich für Variante eins: Ralph aufwecken.

»Miriam, was ist denn los?«, fragte er mich mit verschlafener Stimme.
»Ich muss mal auf die Toilette!«
»Und warum gehst du dann nicht?«
Blöde Frage! Meine Emotionen gingen mit mir durch. Mir kamen die Tränen. Was war das jetzt? Seit wann war ich so sensibel? Ich erinnerte mich, dass eine Bekannte nach der Geburt in eine tiefe Depression geraten war. Hatte ich womöglich eine Wochenbettdepression? Das stand dann tatsächlich in meinem Mutterpass: »Anhalt für eine Wochenbettdepression«. Typisch Ärzte! Wusste gar nicht, dass Rückenschmerzen ein Symptom einer Wochenbettdepression sein können. Laut Google schon. Schlafstörungen, unerklärliche Schmerzen, häufiges Weinen. Die Liste ist unzählig lang und auch die Meinungen der Ärzte variieren. Rückenschmerzen und Tränen passten jedoch sehr gut ins Klischee und in ihre Bewertungsskala. So schnell war ich als Depressive eingeordnet. Ist es die Erschöpfung der anstrengenden Geburt? Sind es die Schmerzen? Oder weil ich hilflos bin? Ralph verstand erst mal Bahnhof. Er hatte keine Ahnung, was mit mir los war, und versuchte mich zu trösten. Es dauerte einen Moment, bis ich ihm erklären konnte, dass er mich nicht trösten, sondern mir einfach helfen sollte, aus dem Bett zu kommen. Ich musste pinkeln.

Diese Rückenschmerzen hielten den ganzen Tag an. Ich war nicht in der Lage, Pablo zu wickeln oder ihn ins Untersuchungszimmer zur U2-Untersuchung zu tragen. Am Nachmittag schickte ich Ralph ins Schwesternzimmer, um mir Schmerztabletten zu besorgen. Als Stillende oder zumindest versuchende Stillende (der angepriesene Milcheinschuss ließ nach wie vor auf sich warten) darf man schließlich nicht einfach so auf eigenen Wunsch Schmerztabletten einnehmen. Die Schwester wollte wissen, warum ich Schmerztabletten forderte. Sie war gnädig und gestand mir eine halbe Tablette zu. Einer Depressiven helfen schließlich keine Schmerztabletten. Ich verspürte eine leichte Linderung. Am nächsten Morgen, unser Abreisetag, waren die Rückenschmerzen allerdings wieder unerträglich. Da ich sowieso noch zur Entlassungsuntersuchung musste, rief die Schwester zu dieser Untersuchung eine Oberärztin hinzu. Die Frauenärztin schaute nach meiner Dammnarbe und die Oberärztin führte eine Ultraschalluntersuchung meiner Nieren durch. Siehe da: Aus einer Depression wurde ein rechtsseitiger Nierenstau. Der Urin konnte nicht in ausreichender Menge abfließen und staute sich zurück ins Nierenbecken. Laut Aussage der Ärztin alles kein Problem. Sie gab mir meine Entlassungspapiere und drückte mir einen Vorrat Schmerztabletten in die Hand. »Halten Sie Ihre Nieren warm, und gegen die Schmerzen nehmen Sie die Schmerztabletten!«

Wir packten unsere Utensilien zusammen und freuten uns auf unser Zuhause. Anton war neugierig. Ein anderer Duft in unserer Wohnung. Ein neues Familienmitglied. Pablo machte unsere Familie komplett. Wir durften uns ab jetzt – dem Schicksal sei Dank – in der bisher größten Verantwortung in unserem Leben beweisen. Der Elternschaft. Anton beschnupperte interessiert den Maxi-Cosi, in dem Pablo eingekuschelt in einer Decke lag.

Nierenstau

Meine Hebamme kam am gleichen Tag bei uns zu Hause vorbei. Sie wollte sich über den Geburtsverlauf erkundigen und nach Pablo schauen. Gekrümmt vor Schmerzen begrüßte ich sie am Nachmittag in unserer Wohnung. Fragend schaute sie mich an: »Miriam, was ist mit dir los?« Es folgten meine Erklärung und die Diagnose der Ärztin, die bei meiner Entlassungsuntersuchung im Krankenhaus gestellt worden war. »Du hast eine ganz seltsame Hautfarbe. Du musst sofort zu einem Urologen. Wo ist Ralph?«

Ralph bekam von ihr den Auftrag, alle Urologen im Umkreis anzurufen und ihnen meine Situation zu schildern. Er versuchte unser Glück bei diversen Urologen in Mosbach. Von einem Terminvorschlag in zwei bis drei Wochen bis zur Überweisung ins Krankenhaus Eberbach war alles dabei. Nur kein sofortiger Untersuchungstermin. Er probierte es weiter und rief bei einer urologischen Gemeinschaftspraxis in Buchen an. Diese bestellte mich unverzüglich für eine Untersuchung ein. Melanie, die gute Seele, fuhr mich nach Buchen. Es dauerte nicht lange, und ich wurde aufgerufen. Ein sympathischer, freundlicher Arzt erwartete mich. Ich schilderte die Entbindung und die anschließend auftretenden Beschwerden. Auch die Diagnose der Ärztin verheimlichte ich ihm nicht. Der Urologe hörte aufmerksam zu und bat mich aufzustehen. Er klopfte vorsichtig und zart mit seinem Finger gegen meine rechte Niere. Gefühlt rammte er mir ein Messer in meine Flanke. Vor Schmerz schossen mir umgehend Tränen in die Augen. Peinlich berührt sagte ich: »Entschuldigung, normalerweise bin ich keine Heulsuse!«

Für eine Sonografie (Ultraschalluntersuchung) meiner Niere musste ich mich auf eine Behandlungsliege legen. Das gestaltete sich mit diesen höllischen Schmerzen sehr schwierig. Der Urologe zeigte mir auf dem Bildschirm den angestauten Urin in meinem Nierenbecken und fragte:

»Frau Winkler, wie sind Sie heute zu mir gekommen?«

»Meine Schwägerin hat mich gefahren, sie wartet im Wartezimmer auf mich.«

»Okay, sehr gut. Ihre Schwägerin fährt heute ohne Sie nach Hause. Ich werde Sie gleich operieren. Wir sehen uns in 30 Minuten im Krankenhaus im Operationssaal. Sie gehen umgehend zum Narkoseraum. Ich rufe dort an und werde Sie anmelden!«

Das war ein riesiger Schock. Melanie fuhr ohne mich nach Hause und ich rief bei Ralph an, um ihm von meiner Notoperation zu berichten. Eine Nacht sollte ich im Krankenhaus bleiben. Die erste Nacht ohne meinen neugeborenen Sohn. Ralph war auf sich alleine gestellt und musste Pablo ohne mich versorgen.

Zwei Anästhesisten bereiteten mich für die bevorstehende Operation vor. Der Jüngere von ihnen versuchte mich mit witzigen Geschichten aufzuheitern, während sie mich äußerst genau auf dem Stuhl positionierten. Meine Beine mussten in einem vorgegebenen Winkel in eine Halterung eingespannt und festgezurrt werden. Ich folgte brav und ohne Widerspruch ihren Anweisungen. Zum Glück durfte ich das schicke Krankenhauskleidchen anbehalten. Ich fragte mich, ob es in diesem Krankenhaus eigentlich nur männliches Personal gab. Eine Frau wäre mir bedeutend lieber gewesen. Dann war es so weit. Während ein Anästhesist mitfühlend meine Hand hielt, sollte ich von zehn rückwärts zählen. An Nummer acht konnte ich mich noch erinnern. Dann erwachte ich im Aufwachraum.

Der Urologe setzte mir bei dieser Operation über eine Blasenspiegelung eine Harnleiterschiene ein. Das dünne Röhrchen, welches vom Nierenbecken bis zur Harnblase reichte, sollte meinen Urin im Nierenbecken drainieren und den Abtransport des Urins über den Harnleiter in die Harnblase sicherstellen. Spät in der Nacht schoben sie mich im Krankenhausbett vom Aufwachraum in mein Zimmer. Früh am darauffolgenden Morgen besuchte mich mein behandelnder Arzt. Da er an diesem Wochenende an einem Kongress teilnahm, durfte ich nach der Visite nach Hause. Ich musste ihm allerdings mein Versprechen geben, dass ich gleich am folgenden Montagmorgen zur Nachkontrolle in seine Praxis kommen würde. Ich hielt mich selbstverständlich an unsere Abmachung. Meine Befindlichkeitsschilderungen bedeuteten zusammen mit dem Befund der erneut durchgeführten Sonografie nichts Gutes. Ich musste wieder operiert werden. Die Harnleiterschiene erfüllte nicht den erhofften Zweck. Der Urin staute sich nach wie vor in meinem Nierenbecken. Mit einem sorgenvollen Blick sagte der Urologe: »Frau Winkler, Sie weisen sich morgen selbst als ›Notfall‹ in der Notaufnahme im Krankenhaus ein. Mein OP-Terminplan ist voll. Ich kann Sie nur operieren, wenn Sie als Notfall kommen. Gegen Mittag erwarte ich Sie im Krankenhaus!«

Dieses Mal wollte ich zumindest eine Zahnbürste und einen Jogginganzug mit ins Krankenhaus nehmen. Ich packte am nächsten Morgen meine Utensilien zusammen und genoss den Vormittag mit Ralph und Pablo. Melanie sollte mich mittags gemeinsam mit meiner Mama ins Krankenhaus fahren. Bis dahin blieb mir noch genügend Kuschelzeit mit meinem Sohn, als plötzlich das Telefon klingelte. »Krankenhaus Buchen. Frau Winkler, wo sind Sie denn? Wie erwarten Sie bereits im Krankenhaus. Wir konnten den OP-Plan abändern und haben Sie dazwischengeschoben!«

Vorbei mit der Ruhe – Hektik brach aus. Ich musste sofort losfahren. Der Urologe wartete im Behandlungszimmer auf mich. Kaum war ich dort eingetroffen, legte er mir für die Narkose eine Kanüle in die Vene meiner Hand. Im Anschluss durfte ich meine Tasche in ein freies Dreibettzimmer bringen und schon ging es Richtung Operationssaal los. Die bereits eingebrachte Harnleiterschiene wurde entfernt und eine neue Schiene eingesetzt.

Am nächsten Morgen weckten mich die Schwestern sehr früh für ihre Kontroll- und Routineuntersuchungen. Fieber messen, Puls- und Blutdruck messen. Auch mein Arzt kam an diesem Morgen sehr früh zur Visite. Ich freute mich schon auf meine Entlassungspapiere. Mit ernster Miene erklärte er mir, dass ich nicht nach Hause dürfe: »Sie haben Fieber, wir können und dürfen Sie leider nicht entlassen!« Die beiden freien Betten wurden aus meinem Zimmer geschoben. Der Arzt stellte mir ein Einzelzimmer zur Verfügung – obwohl ich ein gewöhnlicher Kassenpatient bin. »Frau Winkler, vielleicht möchten Sie Ihr Baby gerne bei sich haben!« Das war eine sehr nette Geste. Doch Ralph und ich beschlossen, dass Pablo zu Hause bleiben sollte. Ich wollte ihn nicht den Krankenhauskeimen aussetzen. Gestillt hatte ich zu diesem Zeitpunkt noch nicht. Vor meiner Operation bekam er meine abgepumpte Milch über eine Flasche, und da diese seinen Hunger nicht stillen konnte, mussten wir ohnehin mit industriell hergestellter Babynahrung zufüttern. Wir waren der Meinung, dass er unter diesen Voraussetzungen besser zu Hause bei Ralph und meiner Mama aufgehoben ist. Die Schwester der Gynäkologie brachte mir eine elektrische Milchpumpe. Mittlerweile hatte ich durch mein regelmäßiges fleißiges Melken einen leichten Milchfluss. Damit ich keinen Milchstau bekam, pumpte ich die Milch weiterhin ab. Ich glaube jetzt zu wissen, wie sich eine Milchkuh bei ihren täglichen Gängen zur Robotermelkmaschine fühlen muss. Wegen der Narkose, der Schmerzmedikamente sowie des Antibiotikums, das ich einnehmen musste, wollten wir Pablo meine abgepumpte Milch nicht geben. Ich schüttete sie in den Abfluss des Waschbeckens.

So verging Tag für Tag im Krankenhaus: Untersuchung, Visite, vier bis fünf Mal am Tag Milchpumpen, Frühstück, Mittagessen, Abendessen. Ab und zu bekam ich auch Besuch. Allerdings nicht wirklich viel. Ralph und meine Mama kümmerten sich hingebungsvoll um Pablo und Anton. Papa verweilte für eine Kur im Schwarzwald-Baar-Kreis, Melanie war hochschwanger. Jeder hoffte und dachte, dass ich am Folgetag nach Hause dürfte. Jedoch hatte das Fieber seinen eigenen Plan. Vier Tage lang, von Dienstag bis Freitag, bekam ich immer wieder Fieberschübe. Am Samstag war ich den ersten Morgen fieberfrei. Mein Urologe setzte sich zu mir aufs Bett, nahm demütig meine Hand und legte sie in seine Hände: »Frau Winkler, Gott sei Dank! Ich glaubte nicht mehr daran, dass wir diese Kuh vom Eis bekommen. Ich wundere mich, warum Ihr Körper noch keine lebensbedrohliche Blutvergiftung entwickelt hatte. Durch die starken Schwellungen war es mir fast unmöglich, die Harnleiterschiene korrekt einzusetzen. Ich entlasse Sie heute auf meine Verantwortung. Ich weiß, wie sehr Sie Ihren Sohn vermissen.«

So durfte ich nach fast einer Woche das Krankenhaus verlassen. Die Harnleiterschiene wurde mir sechs Wochen später ambulant in der Praxis meines Urologen ohne Schmerz- und Betäubungsmittel entfernt. Meine Niere trug trotz viel zu später Behandlung keine Folgeschäden davon. Wir fragten uns im Nachgang nicht, was passiert ware, wenn meine Hebamme nicht so schnell reagiert hätte. Aber ich hatte keine Lust, den Vorfall zu analysieren. Ich war dankbar und glücklich, dass ich endlich – schmerzfrei – Zeit mit meinem Sohn verbringen konnte.

Gell, mich gibt's nur ein einziges Mal auf der ganzen Welt!

Die ersten Jahre mit Pablo waren bestimmt von unzähligen schlaflosen Nächten. Viele Stunden lang bestaunten wir in der Nacht den glitzernden Sternenhimmel. Definierten einzelne Sterne: »Das ist ›Oma Erna‹ und das ist bestimmt ›Torsten‹, mein verstorbener Bruder.« Torsten kam drei Jahre vor mir auf diese Welt. Er durfte hier nur zwei Tage verbringen, bevor er wieder ins Jenseits ging. Er hatte eine Hirnblutung, die die Ärzte nicht stoppen konnten. Wenn Pablo für das Bestaunen des Universums zu rastlos war, dann liefen wir mit ihm auf dem Arm durch Wohnzimmer und Esszimmer, hörten dabei Countrymusik von »Johnny Cash« und hofften, dass er einschlafen würde. Bei »I Walk the Line« war die Trefferquote am höchsten, dass er einschlief. Doch sobald wir ihn vorsichtig ins Bett legten, wachte er öfter wieder auf, als dass er weiterschlief.

Was hätten wir ohne unseren »Pucksack« gemacht? In einigen Ratgebern wird diese Wickelmethode für Neugeborene empfohlen. Sie soll eine schlaffördernde und beruhigende Wirkung bei Babys auslösen. Unsere Hebamme empfahl uns sehr früh, dieses Wundermittel einzusetzen. Meine Mama setzte diesen Sack mit einem Gefängnis gleich. Sie flüchtete jedes Mal, wenn wir Pablo puckten Immer wenn er total außer sich war, steckten wir seine Beine in den Sack und wickelten seine Arme und seine Schulter darin ein. Zugegeben, diese Methode sah ein bisschen makaber aus. Aber die Grenzsetzung seiner Arme und Beine beruhigte ihn tatsächlich. Jedoch nicht immer. Dann mussten wir die nächste Stufe zünden. Diese fanden wir auch in diversen Elternratgebern. Eingewickelt im blau-weiß gestreiften Pucksack legten wir Pablo quer auf unsere Beine, hielten sein Köpfchen vorsichtig fest und schaukelten ihn in einer rhythmischen Bewegung hin und her. Wenn diese Stufe noch immer nicht ausreichte, musste die dritte Stufe greifen. Wir schalteten die Dunstabzugshaube in der Küche an. Dieses Geräusch, die rhythmischen Schaukelbewegungen, der Pucksack sowie ein Schnuller in seinem Mund ließen ihn dann tatsächlich zur Ruhe kommen. Bis heute haben wir den Pucksack als Andenken an diese Zeit bei uns zu Hause. Ablegen in seinen Laufstall empfand er als Höchststrafe. Er forderte immer Körperkontakt ein. Selbst in der Nacht. Sein ganzes Leben lang – bis einschließlich in seiner letzten Nacht – war ihm der Körperkontakt mit mir wichtig. Unser Bett mit seinen zwei Metern Breite verfügt über ausreichend Platz für drei Personen. Ich jedoch hatte in keiner Nacht Platz für mich. Gefühlt lag Pablo immer mit tausend Kuscheltieren und seinem ganzen Körper auf mir. Ausweichmanöver (wie Wegrutschen) schien er sofort zu spüren und rutschte, dicht an meinen Körper gedrängt, nach. Unzählige Versuche, ihn an sein eigenes Bett zu gewöhnen, waren nicht von Erfolg gekrönt. Irgendwann gaben wir mit einem Scherz auf: »Spätestens wenn er seine erste Freundin mit nach Hause bringt, wird er freiwillig in sein eigenes Bett gehen!« Ralph stimmte meiner Aussage zu. Auch Spazierfahrten in seinem neuen, schwarzen Sportkinderwagen konnten ihn nicht zufriedenstellen. Maximal 30 Minuten. Länger duldete er nicht, einfach im Kinderwagen abgelegt zu werden. Das reichte genau, um eine zwei Kilometer kurze Auslaufrunde mit unserem Hund zu drehen.

Grundsätzlich war Pablo mit seinen Entwicklungsschritten selten zufrieden. Er übersprang gerne die einzelnen Meilensteine, wie zum Beispiel das »Krabbeln«. Warum sollte er krabbeln, wenn er Beine zum Laufen hatte? Unser Kinderarzt schickte uns in ein Frühförderzentrum. Dort sollte Pablo das »Krabbeln« beigebracht werden. Er war der Meinung, dass dieser Meilenstein nicht übersprungen werden sollte. Würde Pablo das Krabbeln auslassen, könne das für seine weiteren motorischen Entwicklungen negative Auswirkungen haben. Doch unser Sohn hatte seine eigenen Vorstellungen. Einen Rückschritt nahm er nicht in Kauf. Trotz jeglicher Bemühungen der Dame vom Frühförderzentrum, Pablo fürs Krabbeln zu begeistern, entschied er sich für seinen eigenen Weg – und der war »Laufen«. Pünktlich zu seinem ersten Geburtstag und an seinem ersten Kindergartentag in der Kleinkindgruppe in Krumbach stolzierte er auf seinen Beinchen sicher und frei durch die Gegend. Pablo war immer das letzte Kind, welches morgens gegen 9 Uhr 30 im Kindergarten eintraf, und das erste Kind, das gegen 13 Uhr bereits wieder abgeholt wurde. An meinen wöchentlich drei Arbeitstagen übernahm mein Papa Pablos Bring-und-Abholservice. Pablo war ein Eulenkind. Wissenschaftler teilen den Schlaf-wach-Rhythmus in zwei unterschiedliche Schlaftypen ein, die nach den Vorbildern der Vogelwelt bezeichnet werden. Langschläfer sind die Eulen. Frühaufsteher die Lerchen. Pablo lief am Abend und in der frühen Nacht zur Höchstform auf. Sein unruhiges Schlafverhalten trug dazu bei, dass er morgens gerne länger schlief und allerfrühestens ab 8 Uhr ansprechbar war. Am Wochenende öfter erst ab 9 Uhr 30. Für uns stellte sein Eulenverhalten eine große Herausforderung dar. Das passte so gar nicht in unseren Arbeitsalltag. Wir mussten zu dieser Zeit um 6 Uhr in der Früh im Büro sein. Durch unseren langen Arbeitsweg von 40 Kilometern klingelte der Wecker morgens für Ralph und mich kurz nach 4 Uhr. Der chronische Schlafmangel, unter dem wir beide seit Pablos Geburt litten, zerrte an unserem Energielevel. Unsere Batterien waren abends leer. Pablo nahm darauf selbstverständlich keine Rücksicht. Seine Party begann am Abend.

Er musste seine persönlichen Grenzen selbst austesten, eigene Erfahrungen sammeln. Ich erinnere mich an eine Situation, die sich in der Kleinkindgruppe abspielte. Eine Rutsche im Garten sollte sein Versuchsobjekt werden. Was passiert, wenn man diese Rutsche nicht vorschriftsgemäß auf dem Hintern im aufrechten Sitz rutscht? Pablo rutschte lieber auf dem Bauch liegend, mit dem Kopf voraus. Er spürte umgehend, dass dies keine gute Idee war. Das Resultat war ein »Kinnplatscher«, beim Abholen kam er mir mit einem aufgeschürften, blutenden Kinn entgegengelaufen. Alles selbst ausprobieren und hierbei die kreativsten Möglichkeiten einsetzen blieb weiterhin sein Lebensmotto. Solange er sich in keine akute Gefahr begab, sollte er frei und seinem Tempo entsprechend das Leben erkunden. So erfuhr er auch, was passiert, wenn man ein »Hügelchen« mit dem Laufrad hinunterfährt und bei hoher Geschwindigkeit den Lenker hin und her schwenkt. Er verlor die Kontrolle über sein Laufrad und stürzte Kopf voraus auf eine Wiese. Schürfwunden an Nase und Stirn sowie eine riesige blaue Beule waren das Ergebnis dieses einmaligen Versuches.

Vergleiche mit Entwicklungsschritten anderer Kinder, egal ob sie jünger, gleich alt oder älter waren, interessierten uns nicht. Wir passten uns seinen individuellen Meilensteinen an und versuchten ihm das zu bieten und zu geben, was er zum jeweiligen Zeitpunkt und bei den jeweiligen Erkundungsschritten benötigte. Aufmerksamkeit, Liebe, Zuwendung sowie eine enge Bindung waren uns viel wichtiger und er sollte seine ganz individuellen Fähigkeiten ausleben dürfen. Auch hier forderte er uns als Eltern sowie seine Oma und seinen Opa massiv. Das bekannte afrikanische Sprichwort »Um ein Kind zu erziehen, braucht es ein ganzes Dorf« traf bei Pablo definitiv zu. Wir als Eltern konnten seinen enormen Wissensdurst und seinen extremen Bewegungsdrang nicht allein stillen. Hierfür holten wir uns unterschiedlichste Unterstützung.

Auch mein Frauenarzt musste als Lehrmeister herhalten. Mit ungefähr vier Jahren verspürte Pablo den Wunsch, wenn er einmal groß ist, Frauenarzt zu werden. Ralph und ich respektierten Pablo ab seinem ersten Atemzug auf dieser Welt als eigenständige Persönlichkeit. Wir haben ihn nie verniedlicht oder wie ein nichts wissendes Baby behandelt. Die Babysprache, in die Erwachsene sehr gerne verfallen, sobald sie mit einem Säugling oder Baby sprechen, war für uns tabu. Okay, wenn Pablo den Wunsch hat, Frauenarzt zu werden, dann sollte er von Anfang an Aufklärung von einem Fachmann erhalten. Bei meiner nächsten Vorsorgeuntersuchung nahm ich Pablo mit zum Frauenarzt. Im Wartezimmer begutachteten und beobachteten wir die Frauen. Als unser Blick auf einer äußerlich auffallenden Person hängen blieb, flüsterte ich Pablo ins Ohr: »Auch diese Frau muss der Frauenarzt untersuchen. Siehst du, es gibt nicht nur schlanke, junge, gut aussehende, gepflegte Frauen!« Diese Frau war alles andere als das, was ich Pablo zuflüsterte. Er verstand mit seinen vier jungen Jahren sofort, was ich ihm damit sagen wollte. Mein Frauenarzt erledigte seinen Job als Aufklärer hervorragend. Während ich auf dem Untersuchungsstuhl lag, erklärte er Pablo ausführlich das Ultraschallgerät und die Bilder, die darauf vom Inneren der weiblichen Organe zu sehen waren. Interessiert und gespannt schaute Pablo zu, stellte jedoch keine Fragen. Danach entschied er, dass er doch lieber kein Frauenarzt werden möchte. Ich glaube, die unterschiedlichen Frauengeschöpfe, die er im Wartezimmer der Arztpraxis inspiziert hatte, waren für seine Entscheidung ausschlaggebend.

Trotzdem interessierte er sich weiterhin für die Geschlechterunterschiede. Was hatte »Mann«, was hatte »Frau«? Große Neugier zeigte er bei meinen monatlichen Menstruationsphasen. Stolz erklärte er einmal seinem drei Jahre älteren Cousin, was ein o.b. ist und wofür die Frauen ihn benötigen. Im Auto meines Papas musste mir ein Tampon aus meiner Handtasche gefallen sein. Pablos Cousin entdeckte diesen und fragte meine Eltern, die mit den zwei Jungs im Auto unterwegs waren, was das sei. Beide noch in Erklärungsnöten, sprudelte mein vierjähriger Sohn mit seiner Erklärung los. »Das ist ein o.b. Gehört meiner Mama. Die braucht den o.b., wenn sie blutet!« Sein Cousin verstand nur Bahnhof. Was meinte Pablo damit? Also setzte Pablo mit seiner Erklärung fort und führte vor, wie das funktioniert. Er spreizte seine Beine und sagte: »Frauen haben eine Muschi und wir Männer einen Spitz. Wenn Mama blutet, dann steckt sie den o.b. in ihre Muschi!« Ich finde, das hatte Pablo super demonstriert und erklärt. So verstand zumindest mein Papa, welchen Zweck ein Tampon erfüllt. Abends durfte ich mir von meinen Eltern eine Standpauke anhören. Sie fragten mich, ob ich völlig verrückt sei, ein vierjähriges Kind bis ins Detail über solche Dinge aufzuklären.

Er liebte sein Zimmer – nur nicht zum Schlafen. Es war sein Rückzugsort und sein Reich. Hier konnte er schalten und walten, wie er wollte, und sich darin kreativ ausleben. Es gab Tage, da war sein Zimmer nicht betretbar. Der komplette Boden übervoll mit Kuscheltieren, Hörspiel-CDs, Büchern, Stiften, Knete, Bällen und vielen anderen Spielsachen. Typische Kinderspielsachen wie Lego und Playmobil waren uninteressant. Viel lieber hantierte und experimentierte er mit alltagstauglichen, haushaltsüblichen Gegenständen. Diese konnten aus der Küche, aus der Natur oder von der Werkzeugbank meines Papas stammen. Unter seinem Mikroskop untersuchte er Erde, Gras, Blumen und Regenwürmer – in unserer Wohnung, auf dem Esszimmertisch. Eines Nachmittags klingelte er an der Wohnungstür. Er kam vom Garten und brachte eine große Tüte voll Erde und Regenwürmer mit. Diese hatte er, mit Gummistiefeln bekleidet, aus unserem Hochbeet ausgegraben. Da in seinem Zimmer mal wieder kein Platz war, verteilte er seine mitgebrachte Erde sowie die Regenwürmer auf dem gesamten Esszimmertisch. Mit übergroßen Einweghandschuhen und einer OP-

Schutzhaube auf dem Kopf inspizierte er die Gartenmitbringsel unter seinem Mikroskop. So chaotisch und unaufgeräumt sein Zimmer und all seine Schubladen und Regale auch waren, er wusste immer, wo alles seinen Platz hatte. Hier traf tatsächlich das Zitat von Albert Einstein zu: »Ordnung ist etwas für Primitive, ein Genie beherrscht das Chaos.«

Abends und am Wochenende spielten wir Brettspiele, Gesellschaftsspiele, Würfelspiele, Quizspiele oder puzzelten gemeinsam. Grundsätzlich zockte er uns beim Kniffel und beim Rommé ab. Welches Kind spielt Rommé wie ein Erwachsener? Meiner Mama brachte er seine ganz eigene Spieltaktik bei. Denn sie verlor bei diesem Kartenspiel immer mit Abstand. Diese Spieltaktik würden wir als Erwachsene nie einsetzen, er hatte Erfolg damit. Wenn wir heute Rommé spielen, erinnern wir uns an seine ungewöhnliche Taktik und wenden diese zu seinen Ehren selbst an. Monopoly erfreute ihn ganz besonders, wenn er als Sieger hervorging. Taktisch klug kaufte er sich in den besten Straßen die gewinnbringendsten Grundstücke und baute dort Häuser sowie Hotels. Auch hier gab er sich nicht mit der »Monopoly Junior« Version ab. Er ließ sich die erwachsene Version schenken. An Sonntagen gammelten wir alle sehr gerne und oft auch den ganzen Tag in unseren Schlafanzügen herum. Jedoch sobald Besuch kam, sprintete er ins Ankleidezimmer und zog sich in Windeseile um. Sein liebstes Ritual an diesem Tag: Die Sendung mit der Maus. Interessiert verfolgte er die dreißigminütige Sendezeit der Lach- und Sachgeschichten mit der Maus, der Ente und dem Elefanten. Aus den Sachgeschichten konnte er für sich viel Wissen mitnehmen.

Seinen Bewegungsdrang konnte er bei seinem geliebten Fußballspielen ausleben. Jeden Abend musste Ralph mit Pablo Fußball spielen. Manchmal stand Pablo bereits mit dem Ball unter dem

Arm in der Hofeinfahrt und wartete, bis Ralph endlich von der Arbeit kam. Wenn es nicht gerade in Strömen regnete und es draußen noch hell war, spielten sie im Garten. Dort waren auch zwei Fußballtore aufgestellt. Bei schlechtem Wetter und bei Dunkelheit verlegten sie ihr Spielfeld in unsere Wohnung. Sobald die Wohnungs- und die Wohnzimmertüre zuknallten, wusste ich Bescheid. Der Ball wurde quer durch den gesamten Flur geschossen. Möbel und Deko waren den beiden Männern egal. Der Ball musste rollen und auf das gegnerische Tor prallen, das jeweils eine Glastür darstellte. Wer zuerst zehn Tore schoss, ging als Gewinner hervor. Da Pablo grundsätzlich ein Talent für Ballspiele hatte, wurde der Flur auch hin und wieder zum Tennisplatz oder zum Handballfeld umfunktioniert. Mit fünf Jahren ging Pablo zum Bambini-Fußballtraining. Dort trainierte er einmal wöchentlich. Fußball war die gemeinsame Leidenschaft von Ralph und Pablo. Es dauerte nicht lange, da kam Ralph vom Bambinitraining nach Hause und verkündete mir, dass er ab sofort Trainer der Bambinigruppe sei. Ein strenger Trainer, der Disziplin und Ehrgeiz von den Bambini erwartete. Später wechselten dann beide in die F-Jugend. Ralph als Trainer und Pablo als Spieler. Zu manchen Fußballturnieren begleitete ich die beiden. Jedoch viel öfter ließ ich sie in ihrer »Männertime«. Pablo war ein guter Fußballer: Schnell, flink, gute Ausdauer, er ging auf Körperkontakt, zeigte eine starke Präsenz auf dem Feld und sein Schuss war ziemlich fest. Er hatte viele Positionen gespielt. Verteidiger, Mittelfeldspieler, Stürmer, selbst als Tormann konnte das Trainerteam ihn einsetzen. Seine Stärke lag allerdings in der Verteidigung. Was er nicht immer akzeptierte. Die Stars beim Fußball sind schließlich die Stürmer, diese schießen die Tore und kassieren den Jubel der Zuschauer und der Mannschaftskollegen ein. Sein Markenzeichen und Erkennungsmerkmal bei Fußballturnieren: ein weißes Nike-Schweiß-Stirnband. Sein Lieblingsverein war die TSG Hoffenheim und seine Vorbilder: Nico Schulz, Oliver Baumann, Dennis Geiger.

Dennis Geiger stammt aus unserem Dorf. Sein Cousin ging mit Pablo in die gleiche Schulklasse. Ich glaube, es ist der Traum aller Jungs, einmal ganz nah an seinen Vorbildern dran sein zu können. Deshalb fuhren Ralph und Pablo regelmäßig ins Stadion nach Hoffenheim. Dort grölte er fleißig mit und jubelte seinen Idolen zu. Besonders das Hoffenheimer Maskottchen »Hoffi«, ein Elch, fand er lustig.

Mein Arbeitgeber ist unter anderem Mitsponsor der TSG Hoffenheim. Zwei- bis dreimal pro Jahr gibt es eine Verlosungsaktion »Einlaufkinder«. Dieses Mal für den Rückrundenauftakt: das Spitzenspiel TSG Hoffenheim gegen den FC Bayern München. Ich nahm an dieser Verlosung teil und hoffte, dass die Glücksfee Pablos Namen ziehen würde. Und tatsächlich, Pablo sollte am 18. Januar 2019 eines der Einlaufkinder sein. Die positive Rückmeldung bekam ich kurz vor Weihnachten. Da wir, soweit es uns möglich war, zu diesem allgemeinen Konsumüberschüttungsverhalten Abstand hielten, sollte diese Info ein Weihnachtsgeschenk für Pablo werden. Ich schrieb ihm das Ereignis auf eine Karte. Von meinem Arbeitgeber hatte ich ein Einlauftrikot (schwarzes Langarmshirt mit dem riesigen Logo meines Arbeitgebers auf der Brust, weiße kurze Sporthose und weiße Stutzen) zugeschickt bekommen. Wir waren alle gespannt, wie Pablo reagieren würde. An Heiligabend, nach dem gemeinsamen Abendessen mit meinen Eltern und unserem Familienfreund, war es so weit. Pablo durfte seine Geschenke auspacken. Und da kam er wieder, einer dieser ganz besonderen Momente, die man nicht vergisst. Pablo saß im Esszimmer auf dem Fliesenboden. Er öffnete zuerst die Karte, die auf dem geschenkverpackten Einlauftrikot lag. Ich weiß nicht, wie oft er die geschriebenen Zeilen las. Ungläubig staunend suchte er nach einer gefühlten Ewigkeit unseren Blick. Ließ sich nach hinten auf den Boden umfallen, streckte seine Beine in die Höhe und flüsterte: »Nein, oder?«

Als er sich gefangen hatte, kam er auf mich zu und umarmte mich innig. »Danke, Mama!«

Am 18. Januar 2019, abends um 20 Uhr 30 fand das Spitzenspiel mit Liveübertragung auf diversen Fernsehsendern statt. Am frühen Abend fuhren wir Richtung Sinsheim in die PreZero Arena los. Eine Begleitperson durfte frei mit. Für Ralph organisierten wir im Familienblock von Dennis Geiger eine Eintrittskarte. Ralph FC Bayern Fan – Pablo TSG Hoffenheim Fan. Vor dem Fanklubeingang war Treffpunkt der Einlaufkinder. Plötzlich fuhr ein Aufgebot von vielen Polizeiwagen mit eingeschalteten Blaulichtern vor. Der rote Bus des FC Bayern München rollte mit erheblicher Verspätung – eine Stunde vor Spielbeginn an. Ein Betreuer nahm alle Kinder in Empfang und verschwand mit ihnen im Stadion. Dort wurden sie für das spektakuläre Einlaufen im ausverkauften Stadion mit 30.150 Zuschauern vorbereitet. Sie bekamen genaue Anweisungen über den Ablauf, durften für ein Gruppenbild im professionellen Einlaufoutfit auf das heilige Spielfeld und stärkten sich vor ihrem großen Auftritt mit Limo und Butterbrezeln. Ralph und ich waren so was von gespannt, mit welchem Profifußballer an der Hand unser Sohn ins Stadion einlaufen würde. Aussuchen durften sie es sich nicht. Aber für Pablo war klar, er wird nicht mit einem FC Bayern Spieler einlaufen. Diese würden nicht seine Hand bekommen, klärte er uns auf der Fahrt ins Stadion auf. Sein Wunschfußballer: Oliver Baumann oder Nico Schulz. Dennis Geiger war verletzt und konnte nicht spielen. Ralph und ich nahmen in unterschiedlichen Rängen unsere Sitzplätze ein. Ich saß direkt hinter dem Tor. Hier waren Sitzplätze für die Einlaufkinder und deren Begleitperson reserviert. Ralph ging in den Dennis Geiger Familienblock. Kurz vor Spielbeginn bekam ich von einem Bekannten eine WhatsApp. Er teilte mir mit, dass Pablo gerade im Fernseher zu sehen war. Das Kamerateam hielt sich im Fußballertunnel auf und filmte die Spieler, wie sie aus ihren Kabinen kamen. Er schrieb mir, dass mein Sohn mit weit aufgerissenem Mund in die Kamera gähnte. Pablo und gähnen? Konnte eigentlich nicht sein. Dieses Eulenkind gähnt nicht; und schon gar nicht vor so einem großen, aufregenden Event. Aber es stimmte tatsächlich. Wir haben uns im Nachgang die Übertragung angeschaut. Pablo gähnte in die Kamera. Er stritt es vehement ab. Er habe »Hooooofee« gegrölt. Es ging los, die Einlaufeskorte kam aus dem Tunnel ... und wer lief mittig mit Nico Schulz an der Hand auf das Spielfeld? Pablo! Der FC Bayern gewann dieses Spiel 3:1. Wir waren alle glückselig. Ein einmaliges Erlebnis. Ich bin so unglaublich dankbar, dass wir Pablo diesen Wunschtraum erfüllen konnten.

In seinem Trampolin lagen mindestens fünf Bälle, öfter noch viel mehr. Stundenlang übte Pablo, im Trampolin von einer »Arschbombe« in den Stand zu kommen. Auch eine beliebte Freizeitbeschäftigung: Fallrückzieher. Der Ball musste beim Fallrückzieher – über das Netz – aus dem Trampolin herausgeschossen werden. Alle Familienmitglieder stellte er als »Balljunge« ein. Er schoss hinaus auf die Wiese und wir mussten ihm die Bälle ins Trampolin zurückwerfen.

Mit viereinhalb Jahren beschloss Pablo, das Geigespielen lernen zu wollen. Woher dieser Wunsch kam, konnten wir uns alle nicht erklären. Weder Ralph noch ich besitzen musikalisches Talent, nicht einmal einen kleinen Funken. Mein Papa singt im Dorfmännergesangsverein. Meine Mama – nichts. In der gesamten Familie kennen wir keinen Musiker. Wir hofften, dass dieser Wunsch bei Pablo nach kurzer Zeit wieder verblasste. Von meinem Bruder wünschte er sich zu Weihnachten eine Spielzeuggeige. Dieser strahlende Gesichtsausdruck und dieses Leuchten in seinen Augen, als Pablo seine Geige an Weihnachten auspackte, haben sich in meine Erinnerungszellen eingebrannt. Auch ein Moment, den ich nicht vergessen werde. Mir wurde bewusst, dass dies tatsächlich ein Herzenswunsch von ihm sein musste. Ich informierte mich bei einer Bekannten, die in der Musikschule Mosbach Flötenunterricht gibt. Sie teilte mir die Kontaktdaten von einem Geigenlehrer aus Würzburg mit, der zwei Mal die Woche in Mosbach Unterricht erteilt. Per E-Mail fragte ich bei ihm an, ob er sich vorstellen könnte, Pablo zu unterrichten. Lesen und schreiben konnte mein Sohn nicht. Auch hatte er noch keine Erfahrung mit einem anderen Musikinstrument gesammelt. Wir vereinbarten eine Probestunde und im Anschluss an diese beschloss der Geigenlehrer, Pablo seinen Wunsch zu erfüllen. Von da an fuhren wir Pablo wöchentlich für 30 Minuten zu seinen Unterrichtsstunden nach Mosbach. Wenn ich arbeiten musste, übernahmen diesen Fahrservice meine Eltern. Wenn ich frei hatte, saß ich während des Unterrichts auf einem harten Holzstuhl im Unterrichtszimmer, lauschte Pablos Geigentönen und verfolgte aufmerksam, wie der Geigenlehrer einem Kleinkind das Geigespielen und Notenlesen beibrachte. Pablo blieb am Ball. Er mochte das Geigenspiel. Wir organisierten eine kleine Achtel-Leihgeige. Mit seinen fünf Jahren war er der jüngste Geigenschüler.

Bei den halbjährlichen Musikschulkonzerten durften und mussten alle Schüler der Musikschule live vor Publikum auftreten. Pablo sollte nach einem Jahr Geigenunterricht seinen ersten Auftritt absolvieren. Ich weiß noch, wie aufgeregt und nervös er war. Er hatte Lampenfieber. Das Konzert fand in einem Gymnasium in Mosbach statt. Beim Eintreten in das Auftrittsgebäude stellte er sich plötzlich stur und verkündete seinem Fanklub, der aus Ralph, meiner Mama, seiner Cousine und Tante sowie aus mir bestand, dass er auf gar keinen Fall auftreten werde. Pablos Geigenlehrer spürte seine Unsicherheit und zog sich mit ihm in einen Proberaum zurück. Dort nahm er ihm seine Nervosität und bereitete ihn seelisch und moralisch auf seinen ersten Auftritt vor. Er begleitete Pablos Geigenstück auf dem Klavier. Alle Augen waren auf diesen kleinen Jungen gerichtet, der allein mit seiner süßen Geige vor Publikum stand. Er meisterte diese Herausforderung mit Bravour. Alle Zuschauer applaudierten vor Begeisterung und im Fanklub flossen einige Tränen der Rührung. Ich war superstolz auf seinen Mut und voller Bewunderung über seinen überragenden ersten Auftritt. Eine ältere Dame kam im Anschluss zu ihm und sprach ihr Erstaunen über seinen besonderen »Bogenschwung« aus. Pablo wuchs und wuchs. Nach seinem Auftritt war er mindestens einen Kopf größer. Zur Belohnung gönnten wir uns in einer Eisdiele eine große Portion Eis. Dies wurde dann auch zu unserem Ritual. Nach jedem öffentlichen Konzert, das Pablo spielte, gingen wir im Anschluss entweder zum Eisessen oder zum Abendessen in ein Restaurant.

Das regelmäßige Üben zu Hause empfand er als nicht wichtig. Für ihn gab es schließlich Interessanteres zu entdecken und auszuprobieren. Am Abend vor seiner Unterrichtsstunde ließ er sich zu einer schnellen Übungsrunde überreden. Warum sollte er üben, wenn er doch spielen konnte? Trotzdem machte er von Woche zu Woche Fortschritte. Wie das funktionierte, wussten wir nicht. Ich selbst konnte bei seinen Geigenklängen abschalten und mich entspannen. Wenn ich abends vom Arbeitstag müde und ausgelaugt war, spielte er mir freiwillig meine Geigenlieblingslieder vor. Lange Zeit bemerkten wir (inklusive seines Geigenlehrers) nicht, dass Pablo keine Noten mehr lesen konnte. Er passte während seiner Unterrichtsstunde gut auf, schaute genau hin, welche Saiten und welche Finger sein Geigenlehrer beim Vorspielen benutzte. Den Rhythmus des Stückes prägte er sich über sein Gehör ein. Und so schaute er zwar auf sein Notenblatt, spielte jedoch nach seiner Beobachtung und nach seinem Gehör. Als sein Geigenlehrer durch einen Zufall Pablo auf die Schliche kam, waren wir sprachlos. Kurze Zeit später

verletzte sich Pablo im Alter von sechs Jahren auf einem Fußball-
bolzplatz das Handgelenk. Mit einem zehn Jahre älteren Jungen
spielte er auf dem Bolz und erklärte sich bereit, im Tor zu stehen.
Der Junge brach Pablos Handgelenk mit der Wucht seiner Schüsse.
Sein Geigenlehrer nutzte diese Gelegenheit aus. Pablo konnte mit
seinem eingegipsten Arm keine Geige spielen. Jetzt musste er Noten
lernen.

Fragte man Pablo, was wir ihm von unseren Einkaufsbummeln mit-
bringen könnten, zitierte er »Aschenputtel« aus Grimms Märchen:
»Das erste grüne Zweiglein, das auf der Heimreise an deinem Hut
streift, das brech ab für mich und bring es mir mit!« Als er dieses Zitat

zum ersten Mal äußerte – er war nicht älter als vier Jahre –, kippte meine Kinnlade nach unten. Ich war sprachlos – und er meinte es ernst. Er konnte sich über die kleinsten Dinge am meisten freuen. Ein Radiergummi und eine Süßigkeit, dann war er glücklich und zufrieden. In dieser Hinsicht war er unkompliziert und bescheiden.

Schauspielerei und Verkleidung – nicht nur zur Faschingszeit, sondern das komplette Jahr über – waren seine großen Leidenschaften. In seinem Zimmer hatte sich über die Jahre eine ganze Schublade voll mit Verkleidungsutensilien (Kostüme, Schminke, Tücher, Werkzeug ...) angesammelt. Zur Faschingszeit fuhr er auf einem Faschingswagen mit und schmiss Süßigkeiten in die Zuschauermenge. An seinem letzten Weihnachten präsentierte er uns auf eine lustige, perfekte Art seine Verkleidungs- und Schauspielkunst. Mein Papa moderierte spontan wie ein Boxkampfmoderator Pablos unterschiedliche Szenen und Akte an. Wir schrien vor Lachen. Das war mein schönstes Weihnachtsfest.

Ausflüge in die Natur prägten seit Pablos Geburt unseren Alltag. Der Familienhund Anton benötigte seine Auslaufrunden. Pablo war immer mit dabei. Zu Beginn im verhassten Kinderwagen, dann mit einem schiebbaren Dreirad, später folgte das Laufrad und zum Schluss ab und zu sein Kettler Kettcar. Viel lieber fuhr er mit seinem geliebten Fahrrad. Das Fahrradfahren lernte er schnell und mühelos. Durch das Laufrad hatte er seine Motorik und seinen Gleichgewichtssinn schon gut trainiert und konnte somit auf die Hilfe von Stützrädern verzichten. Das Allerwichtigste war uns das Aufsetzen seines Fahrradhelms. Ohne Helm kein Fahrradfahren – das war unsere Regel, an die er sich immer ausnahmslos hielt.

Wir wohnen in einem kleinen Dorf mit rund 700 Einwohnern. Die Natur und der Wald sind 500 Meter von unserem Haus entfernt.

Hier gibt es einen vier Kilometer langen Rundweg, den wir am liebsten gegangen sind. Er führt an einem wunderschönen, idyllischen Naturschutzsee über die Fatima-Kapelle mitten im Wald an unserem Friedhof vorbei, zurück über Wiesen und Felder zu unserem Haus. Am Naturschutzsee legten wir immer eine Pause ein. Unser Kraftort, eingebettet in das 23 Hektar große Naturschutzgebiet, ein Paradies für viele Tier- und Pflanzenarten. Hier tummeln sich die unterschiedlichsten Lebewesen wie Enten, Schildkröten, Karpfen, Goldfische, Fischreiher, Kormorane, viele andere Vogelarten, Insekten, Frösche; sogar ein Biber hat hier sein Zuhause gefunden. Wohl wissend, dass es strengstens untersagt ist, die Tiere zu füttern, brachten wir immer getrocknetes Brot mit. Pablo fütterte die Enten und Karpfen, beobachtete die Frösche und Kröten bei ihrer Paarung und bestaunte deren Laich. Manchmal suchten wir den Bau des Bibers im Wald auf und überprüften seine Baumfällungen. Auf mich wirkt dieser Ort magisch. Er strahlt eine Ruhe und zeitgleich eine Stärke aus. Hier konnten wir entspannen und uns erholen.

Am Brunnen an diesem See wurde Pablo am Pfingstmontag, dem 28. Mai 2012, im Alter von einem Jahr getauft. Pfingsten, das »Kommen des Heiligen Geistes«. Bei strahlendem Sonnenschein wurde er mit dem frischen, klaren Quellwasser unter dem Taufspruch gesegnet: »Denn er hat seinen Engeln befohlen, dass sie dich behüten auf allen deinen Wegen.« Weder vor ihm noch nach ihm – bis heute – gab es weitere Taufen an diesem traumhaften Kraftort.

Geht man von diesem »Taufplatz« aus den Rundweg weiter, gelangt man zur Fatima-Kapelle, die im Jahre 1955 errichtet wurde. Im Inneren der Kapelle: eine kleine Sitzbank, eine Schale, auf der Kerzen angezündet werden können, ein Gedenkbuch sowie eine Statue, die »Maria im Ährenkleid« darstellt. Wir zündeten dort bei unseren Spaziergängen immer eine Kerze für meinen verstorbenen Bruder an und jeder hing seinen Gedanken nach oder betete zu Maria und Gott. Kurz bevor Pablo eingeschult wurde, sollte ich für ihn in das Gedenkbuch eine Bitte hineinschreiben: *Liebe Maria, hilf mir bitte, wenn ich in die Schule komme. Bei allen Arbeiten und Tests. Ich wünsche mir gute Noten. Pablo.*

Der nächste Anlaufpunkt bei unserer Runde war danach immer der Friedhof. Wir gingen immer zum Grab meines Bruders Torsten und meistens auch zu dem meiner Großeltern. Pablo redete über meine Oma und über Torsten. Folgender Dialog mit ihm hat sich mir bis heute eingeprägt: Wir standen am Grab meines Bruders. Pablo fragte mich wie so oft, warum Torsten kurz nach seiner Geburt sterben musste.

»Pablo, du erzählst immer von Oma und Torsten. Beide hast du zu Lebzeiten nicht gekannt. Von Opa erzählst du selten etwas, den hast du aber gekannt. Kennst du Oma und Torsten?«

»Klar kenne ich Oma, und Torsten kenne ich auch!«, antwortete Pablo.

»Aha, kannst du mir beschreiben, wie die beiden aussehen?«

»Nein, Mama, beschreiben kann ich dir ihr Aussehen nicht, aber glaube mir, ich weiß ganz genau, wer sie sind!«

Pablos Antwort kam ernsthaft und überzeugend herüber. Wie sollte ich auf so eine außergewöhnliche Aussage, die im Kern eine ganz wesentliche Botschaft enthielt, reagieren? Ich beließ es dabei und schrieb ihr zum damaligen Zeitpunkt keine Bedeutung zu. Auf dem Friedhof erkundigte er sich hin und wieder nach dem Freund meines Bruders. Mein ältester Bruder hatte im Alter von 18 Jahren mit seinem besten Freund, der der Fahrer des Fahrzeugs war, einen Verkehrsunfall. Mein Bruder kam als Beifahrer mit leichten Verletzungen davon. Sein Freund verstarb aufgrund schwerer Kopfverletzungen. Pablo wollte wissen, welche Kopfverletzungen zum Tode führten und warum mein Bruder nur leichtere Verletzungen davontrug.

Alles zu hinterfragen war sein Spezialgebiet. Noch eine interessante Situation, die sich bei einer Abendrunde mit unserem Hund ereignete. Meine Mama begleitete uns. Pablo fuhr auf seinem Fahrrad. Der Himmel war leicht bewölkt. Die Sonne schien. Pablo hielt an und unterbrach mein Gespräch mit meiner Mama:
»Mama, schau dir mal dieses Naturschauspiel an! Da ist ein Regenbogen!«
Wir schauten zum Himmel. Wie konnte dort ein Regenbogen sein? Bei Sonnenschein und ohne Regen?
»Pablo, ich sehe keinen Regenbogen. Kann auch gar nicht sein, es hat nicht geregnet.«
»Mama, du Blindfisch! Schau mal zwischen die Wolken. Siehst du das nicht?«
Ich schaute nochmals in den Himmel, mein Blick suchte die Wolken, die mir mein Sohn erklärt hatte und auf die er mit seinen Fingern deutete. Da war tatsächlich ein Regenbogen zu sehen. Kein typischer Regenbogen, aber Regenbogenfarben zwischen den Wolken. Ich holte mein Handy aus der Hosentasche und fotografierte dieses Naturereignis. Diese Aufnahme wurde für uns zwei Monate später zu einem wichtigen Hinweis.

Wir lasen Pablo seit seiner Geburt täglich aus Büchern vor. Zu Beginn Bilderbücher, dann einfache kleine Geschichten, Wimmelbücher, Grimms Märchen, GEOlino Mini Zeitschriften, philosophische Geschichten, Mutmachgeschichten, Witze, Wissensbücher, die Kinderbibel – das Sortiment war bunt gemischt. Pablos Regal quoll über vor Büchern und Zeitschriften. Ich hatte ihm mein Versprechen gegeben, dass er, wann immer er mochte, Bücher kaufen durfte. Hierfür gab es beim Einkaufsbummel kein »Nein«. Eines unserer gemeinsamen Lieblingsbücher war das Buch »Das kleine Ich bin ich« von Mira Lobe. Das Ich-bin-ich ist ein kleines, nicht näher bestimmbares, buntes Tier, das auf der Suche nach seiner Identität ist. Das bunte Tier spaziert über eine Blumenwiese und trifft einen Frosch. Der Frosch möchte wissen, was für ein Tier es ist. Das kleine Ich-bin-ich weiß keine Antwort. Verzweifelt fragt es nun verschiedene andere Tiere (Pferde, Fische, weiße Vögel, Nilpferde, Papageien, Hunde), ob jemand wisse, wer es sei. Doch keiner weiß es. Das kleine Ich-bin-ich fragte schließlich: »Ob's mich etwa gar nicht gibt?« Plötzlich trifft es die Erkenntnis wie ein Blitz. Das bunte Tier erkennt: »Sicherlich gibt es mich: Ich bin ich!« Das kleine Ich-bin-ich freut sich und gibt seine Erkenntnisse sogleich an alle anderen Lebewesen weiter. Nach dieser Geschichte sprachen wir über die Unterschiedlichkeiten aller Menschen und Lebewesen. Jeder Mensch, jedes Lebewesen ist individuell und einzigartig. Keines gleicht dem anderen und wir kommen so auf diese Welt. Pablos Resümee aus dieser Geschichte: »Und ich bin Pablo und mich gibt es nur ein einziges Mal auf der ganzen Welt!« Diese Erkenntnis beschäftigte ihn. In ruhigen Kuschelminuten versicherte er sich regelmäßig bei seinem Papa oder bei mir:

»Gell, mich gibt's nur ein einziges Mal auf der ganzen Welt?«

»Ja, Pablo, dich gibt's nur ein einziges Mal. Keiner hat den gleichen Fingerabdruck. Keiner sieht aus wie du. Keiner hat deinen Charakter. Keiner ist wie du. Du bist ganz individuell, einzigartig und unverwechselbar!«, antworteten wir stets auf seine Frage.

Heute denke ich gern an die vielen Kuschelmomente zurück, an seine weiche, warme Kinderhaut und daran, wie gut sie gerochen hat. Aber auch an unsere Gespräche, die wir in diesen ruhigen Minuten führten, erinnere ich mich sehr gerne zurück. Abends gingen wir durch, was am Vormittag in der Schule passiert war, welchen Schabernack er sich erlaubt hatte, welche Erlebnisse er tagsüber mit meinen Eltern hatte, und wir sprachen über meinen Arbeitsalltag. Wir diskutierten auch über Situationen, die nicht gut verliefen. Eines Abends fragte er mich:

»Mama, hast du mich auch lieb, wenn ich mal böse oder frech war?«

»Pablo, ich werde dich immer lieben. Egal was du Unschönes getan, gemacht oder gesagt hast!«

Dann folgte ein Spruch, den er gerne anwendete, wenn zwischen uns die Luft mal etwas dicker war und er uns den Wind aus den Segeln nehmen wollte. Mit seinem ganzen Charme nahm er mich in den Arm, streichelte meine Wange, sagte »Och, komm her, meine süße Mama, mein Zuckerschnäuzchen. Ich hab dich lieb« und drückte mir einen liebevollen Kuss auf den Mund. Überschritt er ab und an gegenüber uns seine Grenze, entschuldigte er sich am Abend mit einem Brief. Stets versicherte ich ihm, dass er das »Beste« in unserem Leben sei – mein größtes Lebensgeschenk –, und fragte ihn, was wir ohne ihn machen würden.

Pablo war begeisterter Kunde der Mediathek in Mosbach. Dort gingen wir regelmäßig nach seinen Geigenunterrichtsstunden hin. Ich trank einen Kaffee und schmökerte in Büchern. Pablo verschwand in der Kinderleseecke und suchte Bücher aus, die er sich ausleihen wollte. Ich genoss die ruhige, stille Atmosphäre in dieser Bücherei. Hier konnten wir entschleunigen, den Alltag hinter uns lassen und neue Kraft und Energie tanken. Drei bis vier Mal im Jahr veranstaltet die Mediathek eine Theateraufführung für Kinder. Auch hierfür kauften wir uns Eintrittskarten und schauten uns unterschiedliche Stücke an.

Pablo entwickelte in rasender Geschwindigkeit einen enormen Wortschatz und besaß ein sehr ausgeprägtes rhetorisches Geschick. Rhetorische Strategien speicherte er sich ab und wand diese geschickt in passenden Situationen an. Es kam vor, dass er mich mit meinen eigenen Argumentationen schlug, oder er haute Weisheiten raus, bei denen wir uns fragten, woher er diese kannte. Eine seiner liebsten Weisheiten, wenn ihn jemand zu einer Erledigung verdonnerte: »Ich muss gar nichts. Das Einzige, was ich im Leben muss, ist sterben!«

Bei einer Diskussion beim Abendessen entstand einmal eine gespannte Atmosphäre. Meine Mama aß mit uns. Leider weiß ich das Thema nicht mehr, über das ich mit Pablo diskutierte. Plötzlich veränderte sich die Atmosphäre im Raum. Keiner traute sich zu atmen. Pablo starrte mir in meine Augen.

»Pablo, was ist, warum schaust du mich so an?«

Ralph stand auf und ging in die Küche. Er flüchtete aus der angespannten Situation. Meine Mama verfolgte wortlos unseren Dialog.

»Mama, ich kann deine Gedanken lesen! Ich weiß ganz genau, was du denkst!«

Immer noch war sein durchdringender Blick in meine Augen gerichtet. Ich fragte zurück und forderte ihn heraus: »Klar, du weißt, was ich denke. Was denn? Dann sag es!«

Pablo sprach meine Gedanken aus. Ich war perplex; musste nun auch aus dieser magischen, seltsamen Situation flüchten. Ich stand von meinem Stuhl auf und erklärte ihm, dass er mir langsam unheimlich werde.

Zu seiner Cousine Leni hatte er immer ein sehr enges Verhältnis, auch wenn er sich öfter einen Spaß machte und Leni ärgerte.

Besonders wenn sie im »Zickenmodus« war. Da leuchteten seine Augen und ließen Sterne blitzen. Pablo und Leni trennen genau fünf Wochen Altersunterschied. Von Beginn an verspürte Pablo eine Verantwortung für sie und verhielt sich ihr gegenüber loyal. Er unterstützte sie in der Schule, schützte sie vor Rabauken und plauderte keine Geheimnisse von Leni aus. Für ihn war sie seine kleine Schwester. Von diesen beiden gibt es unzählige Fotos, die ihre gemeinsamen Lebensmomente festhielten; wirklich viele. Eines meiner Lieblingsbilder: Die zwei sitzen ungefähr im Alter von zwei Jahren eng nebeneinander auf einer Sitzbank. Pablo zieht Leni selbstbewusst mit seinen speckigen, kleinen Kleinkindhändchen am Kopf zu sich heran und drückt ihr einen innigen, liebevollen Schmatzer auf die Backe. Lenis Gesichtsausdruck: peinlich berührt. Vielleicht hat sie sich geschämt, vielleicht war sie auch nur schüchtern. Ich glaube, Pablos Liebkosung hatte ihr gefallen. Ja, sie wirkten manchmal wie ein altes Ehepaar. Sie konnten nicht ohneeinander und das Miteinander funktionierte nicht immer; und doch waren sie einander eng verbunden.

Eine Geschichte, bei der er seine Empathie und Einfühlungsvermögen für andere Menschen zeigte, berührt mich heute noch zutiefst. Er muss zu diesem Zeitpunkt sieben Jahre jung gewesen sein. Seine Cousine Leni war mit ihren Eltern bei meinen Eltern zu Besuch. Oft war es so, dass auch Pablo, Ralph und ich uns zum Familienclan gesellten. Wir versammelten uns alle im Wohnzimmer meiner Eltern. Leni musste einen Moment unvorsichtig gewesen sein. Eine Glasflasche mit Limonade fiel vom Tisch auf den harten Fliesenboden. Das Glas zerbrach und die klebrige, gelbe Limonade verteilte sich auf dem Wohnzimmerboden. Leni kamen die Tränen und sie vergrub sich aus Scham auf dem Schoß ihrer Mama. Meine Mutter holte einen Eimer mit Wasser und einen Wischer. Pablo verschwand. Er ging in unsere Wohnung nach oben in sein Zimmer.

Dort hatte er eine »Sparente« und seinen Geldbeutel. Einmal die Woche bekam er zwei Euro Taschengeld. Über dieses konnte er frei verfügen und entscheiden, was er sich davon kaufen wollte. Er rief Leni zu sich und tröstete sie: »Leni, sei nicht traurig, so was passiert halt mal. Ist doch nicht so schlimm. Hier hast du einen Euro. Schenke ihn Oma, damit auch sie nicht traurig ist, und sie kann sich davon eine neue Flasche kaufen!«

Im Sommer 2017 verbrachte ich mit Pablo intensive drei Wochen an der Nordsee. Meine Mutter-und-Kind-Kur war von meiner Krankenkasse genehmigt worden. Die Klinik liegt im malerischen Friedrichskoog-Spitze, am obersten Punkt einer in die Nordsee ragenden Halbinsel, direkt am Weltnaturerbe Wattenmeer. Nur der Deich trennt die Klinik von der Nordsee. Hier konnten wir durch die jodhaltige, pollenarme Luft und durch unsere vielen am Deich sowie im Wattenmeer verbrachten Stunden neue Kraft schöpfen. Krebsesammeln, Wattwürmersammeln sowie eine Wattschlacht gefielen Pablo besonders gut. Ein weiteres Highlight war, als er seinen eigenen Bernstein schleifen durfte und daraus eine Kette bastelte. Am Deich ließen wir öfters Drachen steigen und fuhren mit Kettcars durch Schafweiden den Nordseedeich entlang. Wochenendausflüge in den Tierpark in St. Peter-Ording, ins Multimar Wattforum in Tönning sowie zur Seehundstation Friedrichskoog machten unseren Kuraufenthalt perfekt. Die Gezeiten, das Naturschauspiel von Ebbe und Flut, faszinierten ihn. Tagsüber ging Pablo während meiner Therapiezeit für maximal drei Stunden in die Kinderbetreuung »Wattwurm«. Hier durfte er spielerisch vieles über die Nordsee erfahren und erleben. Mit großer Freude ging er zu seinen Kneippanwendungen und in den Sportunterricht. Ich erinnere mich an ein Gespräch mit einer seiner Betreuerinnen. Sie passte mich ab, als ich Pablo abholen wollte. Er war zu diesem Zeitpunkt sechs Jahre alt. Zuerst wurde er in die Gruppe der drei- bis sechsjährigen Kinder eingeteilt. Nach seinem zweiten Besuch in dieser Kleinkindgruppe beschlossen wir gemeinsam, dass er wahrscheinlich besser in der Gruppe der Sieben- bis Zwölfjährigen aufgehoben sei. »Frau Winkler, ich muss mit Ihnen über Pablo sprechen! Seit einer Woche ist er jetzt bei den ›großen‹ Kindern. Er ist selbst den Zwölfjährigen bei Weitem überlegen – rhetorisch, motorisch und mit seinem ausgeprägten Wissen. Haben Sie Pablo testen lassen? Ist er hochbegabt? Auch sein Sportlehrer schwärmt von seiner Energie, seiner Motivation und seinem sportlichen Geschick!« Ich verspüre gegen dieses Wort »Hochbegabung« eine tiefe Abneigung. Für mich fühlt sich das Wort wie ein Stempel an, den man diesen Kindern auf die Stirn drückt. Deshalb erklärte ich der Betreuerin, dass Pablo nicht hochbegabt ist – er ist einfach anders. Wir beendeten unsere Kur mit einem lachenden und einem weinenden Auge. Pablo vergoss tatsächlich Tränen, als er sich von seinem innig geliebten, neu gefundenen Freund verabschieden musste.

Zu Hause erwartete ihn ein neuer Lebensabschnitt, seine Einschulung. Pablos Klassenkameraden schienen sich so weit alle wunderbar in das System »Schule« einzufinden. Er jedoch fügte sich selten einfach so dem Strom hinterherschwimmend in Strukturen und Systeme ein. Er schaffte es, obwohl er nichts dafür tat, in der Schule die besten Noten zu erhalten. Sein Ehrgeiz, besser gesagt sein Ego, trieb ihn an, immer einer der besten Schüler sein zu wollen, was die Schulnoten betraf. Bei seinem Verhalten, wenn es darum ging, sich den Wünschen der Lehrer zu beugen, sah es anders aus. Er provozierte verbal mit seinem rhetorischen Geschick und seiner Redegewandtheit die Mitschüler. Die meisten waren ihm unterlegen – und das war ihm sehr wohl bewusst. Seine Lehrer forderte er heraus. Besonders diejenigen, die autoritär wirkten, ihn jedoch nicht mit ihren Argumenten oder ihrer Handlungsweise überzeugen konnten. Er erwartete, von allen Lehrern vorbehaltlos angenommen zu werden und von ihnen lernen zu können. Wurden seine Erwartungen erfüllt, war er motiviert und engagiert. Wurden sie nicht erfüllt, stellte er sie auf die Probe. Wenn sie in ihrer Stimme lauter wurden, fand er einen riesigen Spaß daran, ihre und seine Grenzen auszutesten. Ich ermutigte ihn immer, seine ganz eigene Stimme zu finden und diese auch »angemessen« zu vertreten. Angemessen bedeutete für mich: Er durfte nicht ausfallend, frech oder beleidigend den Lehrern gegenübertreten. Seine Meinung durfte er jedoch respektvoll vertreten. Hier hatte er auch mein Wort und vertraute diesem, dass ich voll und ganz bei eventuell aufkommendem Ärger wie ein »Fels in der Brandung« hinter ihm stehen würde.

Seine Klassenlehrerin hatte ein Motivationssystem eingeführt. An der Klassenzimmerwand hängte sie eine Sonne, eine Regenwolke und eine Gewitterwolke auf. Schüler, die sich den Schultag über diszipliniert verhielten, wurden mit einer Namenskarte an die Sonne gehängt. Schüler, die dazwischenquatschten oder Unfug trieben, kamen an die Regenwolke, und wenn diese sich noch immer nicht an die vereinbarten Regeln hielten, landete ihr Name auf der Gewitterwolke. Pablo war clever, er wusste genau, wo unsere vereinbarte Grenze lag. Regenwolke war völlig akzeptabel. Über die Gewitterwolke mussten wir reden. Einmal landete seine Namenskarte über die gesamte Schulzeit auf der Gewitterwolke. Die Regenwolke war Standard. Nicht weil er Unfug anstellte, er hatte einen enormen Redebedarf und sein Sozialverhalten war stark ausgeprägt. Er musste sein Wissen mitteilen und anderen Schülern, die sich seiner Meinung nach in misslicher Lage befanden, helfen. Das war nicht immer im Sinne der Lehrer. Eines Tages kam er kurz nach den Herbstferien von der Schule nach Hause: »Mama, ich bin wieder auf der Regenwolke gewesen. Weißt du, ich verstehe das nicht. Wir müssen jetzt alle im Klassenzimmer und im Schulgebäude Hausschuhe tragen. Nur die Lehrer nicht. Sie haben ihre Straßenschuhe im Unterricht an. Wieso gilt das für die Lehrer nicht? Die kommen doch auch von der nassen Straße ins Gebäude.« Ich verstand noch nicht, warum seine Namenskarte auf der Regenwolke war, und fragte nach. »Nachdem ich das bei der Lehrerin gesehen hatte, zog ich in der nächsten kleinen Pause meine Hausschuhe aus und ich bin mit Straßenschuhen im Unterricht gesessen. Als die Lehrerin das gesehen hatte, hat sie meine Namenskarte an die Regenwolke gehängt. Dann habe ich mit ihr diskutiert. Sie meinte, ihre Schuhe seien nicht nass. Das kann aber gar nicht sein.« Ich konnte die Argumentation der Lehrerin auch nicht nachvollziehen und gab Pablo für seinen Einwand recht. Er jedoch provozierte am nächsten Tag das Thema weiter. Unter seinem Tisch deponierte er seine Hausschuhe und ging provokativ mit seinen Straßenschuhen in den Unterrichtsraum. Keine Ahnung, ob die Lehrerin es übersehen und keine erneute Diskussion starten wollte. Pablo erklärte mir, wenn er erwischt worden wäre, hätte er schnell unter dem Tisch die Schuhe getauscht und die Lehrerin gefragt, was sie für ein Problem hat. Er trage schließlich Hausschuhe.

Pablo gefiel es in der Schule. Seiner Klassenlehrerin, einer jungen engagierten Frau, der zum ersten Mal das Amt einer Klassenlehrerin zugesprochen wurde, vertraute er. Mit Eifer und einer großen Portion Selbstvertrauen ging er Tag für Tag zur Schule, durch seinen großen Wissensvorsprung und seinen Antrieb, unbedingt vorne mithalten zu wollen, schaffte er es, zu den Klassenbesten zu gehören. Auch die große Pause während des Schulvormittags war für ihn von großer Bedeutung. Hier messen sich die Jungs auf dem Schulbolzplatz im Fußballspiel. Sobald die Schulglocke die Pause einläutete, schnappte sich Pablo den Klassenball und rannte als Erster nach draußen. Die von den Wortführern vorgenommene Mannschaftseinteilung stimmte ihn selten zufrieden. Er empfand sie als ungerecht. Die »guten Spieler« gegen die »schlechten Spieler«. Die

Zuteilung ließ sich nicht mit seinem Mitgefühl, das er Schwächeren gegenüber empfand, vereinbaren. So kam es zu einer Situation, die eskalierte. Ein Mitschüler, der in der gegnerischen Mannschaft spielte, buhte einen Spieler aus Pablos Mannschaft aus. Er beschimpfte ihn mehrmals als »Lusche«. Pablo ergriff das Wort und erklärte seinem unfreundlichen Mitspieler, dass er selbst eine Lusche sei und nur eine große Klappe besitze. Dieser brach in Tränen aus, rannte zur Klassenlehrerin und verpetzte Pablo. Sie versuchte die Situation zu klären und stellte Pablo zur Rede. Das Schlimmste für ihn war, dass er das Gefühl hatte, seine Klassenlehrerin schenkte seinen ausführlichen Erklärungen keinen Glauben. Als er an diesem Tag von der Schule nach Hause kam, rannte er umgehend in sein Zimmer und knallte die Türe hinter sich zu. Vorsichtig klopfte ich und fragte, ob ich eintreten dürfte. Nachdem ich das »Okay« von ihm bekommen hatte, ging ich hinein und legte mich zu ihm ins Bett. Pablo erklärte mir die Situation und erzählte von seinen gekränkten Gefühlen. Er steigerte sich so intensiv hinein, dass sein Körper am Abend leicht Temperatur entwickelte. Am nächsten Schultag durfte er zu Hause bleiben. Wir sprachen über seine Emotionen und verbrachten einen schönen Mama-Sohn-Tag. Ich hatte das dringende Bedürfnis, mit seiner Lehrerin zu sprechen. Am folgenden Unterrichtsmorgen verkündete Pablo seiner Lehrerin voller Stolz, dass seine Mama in die Schule kommen werde. Im Gespräch mit der Lehrerin entwickelte sich ein sehr schöner Austausch über die individuelle Entwicklung von Pablo, soziale Kompetenz, Standards und »perfekt sein«.

Nach einem weiteren Schultag kurz vor den Osterferien teilte er mir mit, dass er ein großes Kuvert für mich habe. Zugeklebt. Von seiner Klassenlehrerin. Am Tag zuvor hatte er bereits vorgewarnt: »Mama, ich glaube, morgen gibt es in der Schule Ärger. Vielleicht musst du zur Schule kommen!« Aha, interessant, dachte ich mir. Freute mich innerlich, dass er ein so ehrlicher Junge ist, und fragte ihn, was denn passiert sei: »Wir mussten heute in der Vertretungsstunde ein Bild malen. Der Pfarrer hat unsere Klassenlehrerin vertreten. Wir sollten einen Fußballer malen. Was ich auch getan habe!« Was kann an einem Fußballerbild denn falsch sein? Er versicherte mir, dass er gegenüber dem Pfarrer nicht frech gewesen war, aber trotzdem glaubte, dass es Ärger geben werde. Weitere Infos gab er nicht preis. Die Stunde der Wahrheit: Jetzt hielt ich das große, braune »Ärger-Kuvert« in meiner Hand. Vermerkt war es mit: *Zu Händen an Frau Winkler.* Pablo stand gespannt neben mir. Wie reagiert wohl seine Mama, wenn sie das Bild sieht? Ich riss das Kuvert auf und holte ein DINA4großes Blatt heraus. Das musste eine Kopie vom Original sein. Auf der Vorderseite ein Vermerk, mit einem roten Stift geschrieben:

Dieses Bild hat Pablo gestern am 14. März in einer Vertretungsstunde gemalt. Die Aufgabenstellung lautete: Male einen Fußballer. Bitte sprechen auch Sie mit Pablo darüber, dass es wichtig ist, Arbeitsaufträge (besonders) von Fachlehrern gewissenhaft umzusetzen.

Sonst gab es keine weitere schriftliche Botschaft an mich. Das war schon mal gut. Ich schaute mir Pablos Gemälde an. Unten rechts nahm ein Fußballer ein Drittel des Platzes ein. Wow, das war aber ein toller Fußballer. Ich bewunderte das zeichnerische Können meines Sohnes. Die restlichen zwei Drittel des Blattes waren mit einer sehr kreativen Skulptur versehen. Riesige Beine, die rechts und links am Fußballer vorbei nach oben führten. Auf den Beinen konnte man Rumpf und Becken erkennen. In der Mitte ein riesiger Penis, der einen Urinstrahl auf den Fußballer darstellte. Ich zeigte keine Reaktion. War zum einen noch voller Bewunderung über diesen tollen Fußballer, zum anderen musste ich mich zusammenreißen, dass ich nicht loslachte.

»Mama, du sagst gar nichts. Gibt es jetzt Ärger?«
»Nein, Pablo, du bekommst keinen Ärger. Ich finde dein Bild gut. Erkläre mir mal, warum du einen Penis gezeichnet hast, der den Fußballer vollpinkelt!«

Er erklärte mir dann, dass er von einem Klassenkameraden zu einer kleinen Mutprobe animiert worden war und die Herausforderung gerne angenommen hatte.

Pablo war sehr fantasievoll und konnte bereits in der 2. Klasse schöne Geschichten und Aufsätze schreiben. Das hier war seine letzte Geschichte. Zu einem Osterbild sollte er seine Gedanken niederschreiben:

Ein fröhlicher Frühlingstag

Die drei Hasen Franz, Erna und Max haben viel zu tun. Sie müssen die Eier für Ostern verteilen. Lina kommt von der ersten Lieferung zurück. Franz malt die Eier an. Die Vögel freuen sich auf Ostern. Leni kommt auch von der ersten Lieferung zurück. Die Bäume rauschen im Wind. Der Frosch Hannes hüpft in eine Riesenpfütze. »*Max, dein Halstuch fliegt davon*«, *rief Erna hektisch und jagt Max hinterher. Zum Glück hat er es bald eingefangen.* »*Puh, war das anstrengend*«, *schnaufte Max. Dann lief er weiter.* »*Damm, damm, damm*«, *sang er.*

Diese Geschichte war von Pablo Winkler.

Seine Lehrerin stellte ihm folgendes Zeugnis aus:

Schulbericht der Grundschule für Pablo Winkler, 2. Klasse

Verhalten:
Auch in diesem Schuljahr ging Pablo auf seine Mitschüler offen und selbstsicher zu. Durch seine fröhliche, aufgeweckte und hilfsbereite Art hatte er innerhalb der Klassengemeinschaft seinen festen Platz. An klar vereinbarte Regeln hielt sich

Pablo im Allgemeinen zuverlässig. Ab und an testete er die Grenzen seiner Mitschüler gerne aus. Gelegentlich gab es Probleme, weil sich andere durch seine Späße provoziert fühlten. Bei Auseinandersetzungen war er in der Lage, sein Verhalten zu reflektieren. Pablo arbeitete freudig mit anderen Kindern zusammen. Er setzte sich sehr für das Erreichen gemeinsamer Ziele ein. Es fiel ihm leicht, seine Ansichten begründet vorzutragen. Er kann sich dabei noch offener auf die Vorstellungen anderer einlassen. Pablo formulierte eigene Anliegen höflich und präzise. Bei Gesprächen hörte er aufmerksam zu, ging auf die Argumente anderer ein und führte sie weiter. Lehrkräften gegenüber verhielt er sich freundlich und aufgeschlossen. Mit seinen Schulsachen ging er in der Regel sorgfältig um. Pablo übernahm von sich aus gerne Aufgaben für die Gemeinschaft. Er erfüllte diese vorausschauend und zuverlässig.

Arbeiten:
Pablo bereicherte den Unterricht durch seine rege Mitarbeit und sein großes Vorwissen, welches er sachbezogen einbrachte. Er lieferte zielführende Beiträge und zeigte in Unterrichtsgesprächen seine sprachliche Gewandtheit. Neue Lerninhalte weckten sein Interesse. Pablo blieb auch über längere Zeit konzentriert und belastbar. Freudig und motiviert arbeitete er mit anderen Kindern in Kleingruppen zusammen. Dabei behielt er stets den Überblick und war in der Lage, die Initiative zu ergreifen. Darüber hinaus zeigte Pablo viel Verständnis für seine Mitschüler und half diesen sehr gerne. Beim selbstständigen Arbeiten ging er ausgesprochen genau und strukturiert vor. Pablo hatte Freude am Lösen schwieriger Aufgaben. Er zeigte dabei große Konzentration und Ausdauer. Offene Arbeitsangebote bewältigte er rasch und zuverlässig. Pablo zeigte außerdem eine ausgeprägte Wahrnehmungsfähigkeit und

arbeitete gezielt daran, sich in Arbeitsphasen ganz bewusst auf sich selbst zu konzentrieren. Seine Hausaufgaben erledigte Pablo stets zuverlässig.

Lernen:
Pablo nutzte einen umfangreichen Wortschatz. Er konnte sprachlich gewandt und zusammenhängend erzählen. Pablo zeigte Freude daran, kurze Reime und Gedichte auswendig vorzutragen. Er war in der Lage, unbekannte Texte fließend und betont vorzulesen und zu verstehen. Es fiel ihm leicht, den Inhalt von Texten zu erfassen und gezielt Informationen aus den Texten zu entnehmen. Pablo verfasste freudig und mit großem Ideenreichtum eigene kleine Geschichten. Er achtete auch beim Schreiben mit dem Füller auf ein leserliches Schriftbild. Bekannte Wörter konnte er korrekt verschriften. In geübten Diktaten machte er kaum Fehler. Das Wörterbuch benutzte Pablo schon sicher. Gelernte Rechtschreibregeln wandte er richtig an. Zudem konnte er die bekannten Wort- und Satzarten zuverlässig unterscheiden. In Mathematik löste Pablo Plus- und Minusaufgaben im Zahlenraum bis 100 mit Zehnerüberschreitung sicher und zügig. Er war in der Lage, Rechenvorteile geschickt zu nutzen. Pablo hatte die Einmaleinsreihen gelernt und rechnete die zugehörigen Malaufgaben mit etwas Zeit meist richtig aus. Er konnte geometrische Körper zuverlässig benennen, beschreiben und nach Eigenschaften sortieren. Münzen und Banknoten bis 100 Euro konnte er variantenreich darstellen, ordnen und wechseln. Es gelang ihm, mathematische Zusammenhänge bei Sachaufgaben selbstständig zu erkennen und in Rechnungen umzusetzen. Besonders an Knobelaufgaben arbeitete er freudig. Pablo zeigte große Begeisterung am Erlernen der Fremdsprache. Er verfügte über viele Wörter aus bekannten Themenfeldern und konnte sie in einfachen Sät-

zen verwenden. Im Sachunterricht arbeitete Pablo mit großem Einsatz und Interesse mit. Die gelungene Haustierpräsentation bereitete er mit viel Eifer vor. Im Musikunterricht konnte Pablo Klänge, Rhythmen und Melodien sicher weitergeben. Am Sportunterricht nahm er mit Ausdauer und Geschick teil. Das Einhalten von Sportregeln gelang ihm dabei immer mühelos. Im Kunstunterricht ließ Pablo Einfallsreichtum und gestalterische Fähigkeiten erkennen.

Noten
Deutsch: 1
Mathematik: 1

Bemerkungen
Pablo war Mitglied im Schulchor. Zudem besuchte er die Hector-Kinderakademie.

Seine Rot-Grün-Schwäche konnte er in der Schule geschickt vertuschen. Selbst im Kunstunterricht bemerkten diese seine Lehrer nicht. Er präparierte seine Stifte entsprechend, damit er wusste, welche die richtigen Farben sind. Oder er fragte seine Sitznachbarn, ob sie ihm ihren roten oder ihren grünen Stift geben könnten.

Pablo äußerte bis kurz vor seinem Unfall immer wieder seinen Wunsch – ein Geschwisterkind. Eines Abends stand ich mit Pablo in unserem Bad, um uns bettfertig zu machen, und jammerte über meine Eisprungschmerzen. Mit strahlenden Augen schaute er mich an und verkündete mir, dass er heute Nacht bei Oma und Opa schlafen wird. Ich war verwundert, Pablo schlief ganz selten bei meinen Eltern. Ich fragte nach:
»Pablo, wieso willst du plötzlich bei Oma und Opa schlafen?«
»Mama, du hast deinen Eisprung. Heute Nacht könnt ihr für mich

ein Geschwisterchen machen! Ich gehe jetzt runter zu Oma und
Opa«, entgegnete er mir fröhlich und packte seine Kuscheltiere und
ein Buch zusammen.

»Pablo, ich weiß gar nicht, wie das geht, ein Geschwisterchen
machen!«

Grinsend schaute er mich an und erwiderte auf meine unüberlegte
Aussage: »Klar weißt du, wie das funktioniert. Ihr habt schließlich
auch mich gemacht!«

Sprachlos ließ er mich zurück. Für ihn war unser Dialog beendet,
er ging für diese Nacht zu meinen Eltern. Wieso verspürte er den
eindringlichen Wunsch nach einem Geschwisterkind?

Die letzten drei Tage vor seinem Tod verliefen anders als sonst. Es
fing damit an, dass er am Dienstag beim Besuch seiner Schachstunde
in der Hector-Kinderakademie auf den Treppen stolperte. Selbst
entsetzt darüber nahm er zur Sicherheit die Hand meiner Mama,
die ihn begleitete. Ab und an hatte er wegen des Wachstums leichte
motorische Störungen, allerdings kündigten sich diese immer in
der Nacht mit »Beinschmerzen« an. Dieses Mal nicht, es gab keine
Vorzeichen. In der darauffolgenden Nacht durchlebte er einen
Traum. Morgens im Bett kuschelte er sich an mich und sagte mir,
dass er einen ganz furchtbaren Traum hatte. Ich wollte von ihm
wissen, was so schrecklich an seinem Traum war, und er antwortete
mir: »Mama, darüber möchte ich nicht sprechen!«

Am Donnerstag hatte Pablo einen Termin bei seiner Heilpraktike-
rin. Ralph fuhr mit ihm hin. Seit seiner Geburt ließ ich Pablo von ihr
behandeln. Nach seiner Behandlung nahm er sich einen Zettel und
einen Stift und notierte: Pablo war schon 4 Mal bei der Heilprakti-
kerin. Diese zählte Pablos Behandlungstermine auf ihrer Kunden-
karte nach und korrigierte Pablo. Er war vierzehnmal bei ihr. Auf
der Heimfahrt sprachen Ralph und Pablo über die kommenden

Osterferien und über Pablos bevorstehenden Geburtstag. Ralph wollte mit ihm ein paar Tage zum Snowboarden in die Berge. Sonst konnte Pablo sich hierfür immer begeistern. Dieses Mal nicht.

»Hm, Papa, irgendwie habe ich Lust zum Snowboarden, irgendwie aber auch nicht!«, antwortete er nachdenklich.

»Pablo, und was ist mit deinem Geburtstag? Wen willst du alles einladen? Willst du überhaupt feiern? Darüber hast du noch gar nicht gesprochen!«

»Keine Ahnung, Papa!«

In dieser Woche erzählte er mir jeden Abend vor dem Einschlafen von einem »Schweinestall« im Kopf. Nach seiner Wahrnehmung drehten sich Bilder sowie Lichtkegel vor seinem inneren Auge.

Er ließ uns Tage vor seinem Tod alle – Ralph, meine Eltern und mich – seine bedingungslose Liebe spüren.

Unsere Welt bleibt stehen
und doch atmen wir weiter

Wenn morgen ohne mich beginnt

Wenn morgen ohne mich beginnt, versuche zu verstehen, dass ein Engel kam, mich beim Namen rief, mich bei der Hand nahm und mir sagte, weit oben im Himmel sei ein Platz für mich bereit. ... Als ich durch die Pforten des Himmels trat, fühlte ich mich zu Hause. Als Gott von seinem goldenen Thron herabschaute und mich anlächelte, sagte er: „Dies ist die Ewigkeit und alles, was ich dir versprochen habe. Ab heute ist dein Leben auf der Erde Vergangenheit, doch hier beginnt es neu. Ich verspreche kein Morgen, doch das Heute wird immer währen. Und weil jeder Tag gleich ist, gibt es keine Sehnsucht nach der Vergangenheit." Wenn morgen also ohne mich beginnt, denk nicht, wir seien weit voneinander entfernt. Denn immer, wenn du an mich denkst, bin ich hier in deinem Herzen.

David M. Romano 1993 [5]

Freitag, 12. April 2019, war unser letzter Arbeitstag und Pablos letzter Schultag vor den Osterferien.

Losung und Lehrtext 12. April 2019
Gott, du holst mich wieder herauf aus den Tiefen der Erde. Du machst mich sehr groß und tröstest mich wieder. (Psalm 71,20 f.)
Es ist nicht der Wille bei eurem Vater im Himmel, dass auch nur eines von diesen Kleinen verloren werde. (Matthäus 18,14) [6]

Ralph und ich sind an diesem Freitag früher als sonst von der Arbeit nach Hause gefahren. Es war ein sonniger, aber frischer Tag. Manuel, mein Bruder, war gerade bei meinen Eltern und wollte seine Tochter

Leni abholen. Leni hatte eine Stunde vor Pablo Schulende, weil er in der sechsten Schulstunde den Chorunterricht besuchte. Leni stieg bei uns in Robern aus dem Schulbus aus. Ihre Mama Melanie lag im Krankenhaus in Heidelberg. Sie musste Tage davor an den Mandeln notoperiert werden. Wir warteten alle im Wohn- und Esszimmer von meinen Eltern auf Pablo. Ich schaute aus dem Fenster und sah, wie er auf dem gegenüberliegenden Nachbargrundstück die Wiese heruntergerannt kam. Er überquerte die Straße und benutzte wie immer, wenn er von der Schule nach Hause kam, den Terrasseneingang meiner Eltern. Mama meinte noch, dass er sich bestimmt aufregen werde, wenn er sehe, dass Ralph und ich schon von der Arbeit zu Hause waren. Leni begrüßte ihn freudig. Ich blieb leicht versteckt im Esszimmer stehen. Er musste meine Anwesenheit gespürt haben. Sein Blick traf meinen und seine Gesichtszüge verwandelten sich zu einem Grinsen. Er kam auf mich zugerannt und fiel freudig in meine Arme. Liebevoll drückten wir uns zur Begrüßung und ich gab ihm einen herzlichen Kuss auf seine weiche, kindliche Wange. »Mama, was rieche ich da, was hast du gegessen? Lass mich mal an deinem Mund riechen!« Ich hatte zuvor ein Schokominzbonbon gegessen. Pablo liebte sie. Er liebte übrigens alle Süßigkeiten. Am Duft erkannte er, was ich genascht hatte, und lief sofort ins Wohnzimmer, um nachzuschauen, wo die Schokominzbonbons gelagert waren. Mit Leni gemeinsam aß er Gulasch mit Nudeln. Wie er so war, erlaubte er sich mal wieder einen Scherz und mischte Schokominzbonbons unter sein Mittagessen. Seine Essensreste bot er dann meinem Papa an. Fragt nicht nach dessen Reaktion, als er den ungewohnten Gulaschgeschmack bemerkte.

Nach dem Essen wollten Pablo und Leni zum Spielen in den Garten. Da die Temperaturen sehr frisch waren und deshalb an diesem Tag sogar sein Fußballtraining abgesagt worden war, untersagten wir ihnen das Spielen im Freien. Pablo hatte von uns ein einwöchiges

Fußballcamp geschenkt bekommen. Dieses sollte kommende Woche in Krumbach stattfinden. Wir wollten nicht, dass er sich davor noch erkältete und deshalb am Camp nicht teilnehmen konnte. Pablo und Leni verzogen sich schmollend in sein Kinderzimmer. Mein Papa ging in den Garten. Auf unserem Nachbargrundstück hatte der Wiederaufbau der Schreinerei begonnen. Der Bagger war da, um die Baugrube auszuheben. Als ich nach oben in unsere Wohnung kam, fragte ich die beiden Kids, ob sie auf dem Fernseher einen kurzen Beitrag zu einem »Zirkus« anschauen wollten. Gemeinsam machten wir es uns auf der Couch gemütlich. Ralph verzog sich ins Lesezimmer. Nach dem Fernsehbeitrag gingen Pablo und Leni wieder zurück in sein Zimmer. Nur kurze Zeit später drang ein lauter Schrei meiner Mama zu uns hoch.

15 Uhr 27!

»Ralph, Miriam – kommt schnell runter! Pablo liegt auf der Terrasse!«

Wir sprangen beide sofort hoch. Ralph rannte nach unten und ich versuchte den Notruf zu wählen. Da ich in der Warteschleife hängen blieb, schmiss ich das Telefon auf den Tisch und sprintete nach unten. Ralph kam mit Pablo im Arm von der Terrasse ins Wohnzimmer gelaufen. Wir setzten uns gemeinsam mit ihm auf die Couch meiner Eltern. Ralph hielt Pablo weiter im Arm. Mein Papa hatte den Notruf am Telefon und gab uns Anweisungen weiter. Wir sollten den Oberkörper aufrecht lagern. Ralph und ich sprachen ganz ruhig mit Pablo. Er röchelte und atmete schwer. Ein leichter Blutschwall kam aus seinem Mund. Er schaute uns in die Augen.

»Pablo, es ist alles gut. Mama und Papa sind da!«
»Pablo, lass deine Augen offen!«

»Bleibe bitte wach!«
»Bleib bei uns, atme ... Ganz ruhig, Pablo!«
»Du machst das super, Großer.«

Im Hintergrund hörte ich Leni von einem anderen Zimmer aus weinen. Manuel war bei ihr und versuchte sie zu beruhigen. Meine Mama war in unsere Wohnung verschwunden. Sie konnte dieses Drama nicht mitansehen.

Sechs Minuten nachdem mein Papa den Notruf abgesetzt hatte, kamen die ehrenamtlichen Sanitäter vom Roten Kreuz Trienz zur Wohnzimmertüre herein. In diesem Moment schloss Pablo seine Augen und ich fühlte eine unglaubliche Ruhe, Stille und Frieden. Ein Mann, zwei Frauen. Der Sanitäter fragte uns, was passiert sei, und fing sofort an, Pablo eine Kanüle in seine Vene zu legen. Er bekam eine Halskrause angezogen. Der Sanitäter führte weitere Untersuchungen wie Blutdruck, Puls und Pupillentest durch. Zwischenzeitlich trafen der Rettungswagen und der Notarzt vom Krankenhaus Mosbach ein.

Pablo wurde auf eine fahrbare Liege gelegt. Sie brachten ihn in den Krankenwagen, der vor unserem Haus auf dem Gehsteig an der Straße parkte. Ralph und ich durften nicht mit in den Krankenwagen. Ralph wies mich an, die Krankenhaustasche zu packen. Ich rannte in unsere Wohnung, schmiss unkontrolliert Kleidung von Ralph und mir in eine Tasche. Dann holte ich Pablos Lieblingsbuch und zwei seiner Lieblingskuscheltiere aus seinem Zimmer und schmiss auch diese in unsere Tasche. Als ich nach draußen kam, stand Ralph noch immer vor dem Krankenwagen. Der Sanitäter kam heraus und erklärte uns, dass es nicht gut aussieht. Hierzu reichte eine einzige Kopfbewegung aus.

Der Rettungshubschrauber wurde angefordert und sollte in wenigen Minuten auf einem freien Baugrundstück in der Nähe des Sportplatzes landen. Mittlerweile war auch die Polizei eingetroffen. Sie ließen sich von mir bestätigen, dass ich die Mama des Jungen bin. Danach gingen sie mit meinem Papa auf die Terrasse, schauten sich den Unfallort an und schossen vom Fenster und unserer Terrasse Bilder. Der Krankenwagen fuhr Richtung Sportplatz los. Manuel, Ralph und ich fuhren Pablo zum Hubschrauber hinterher. Als wir ankamen, wurde Pablo gerade aus dem Krankenwagen ausgeladen. Der Pilot erklärte uns, dass wir nicht mitfliegen konnten. Im Hubschrauber war kein Platz. Er hatte die Freigabe für Pablos Aufnahme von der Uniklinik in Würzburg erhalten. Wir begleiteten Pablo in den Hubschrauber und fuhren dann mit dem Auto los Richtung Würzburg.

Unterwegs ging eine Diskussion los. Ralph wollte selbst mit dem Auto fahren. Manuel, der zuerst fuhr, war nach den ersten Kilometern emotional nicht mehr in der Lage, das Auto zu steuern. Ich verhielt mich auf dem Rücksitz ruhig. Wir waren noch nicht richtig aus Robern heraus, da bekam ich eine WhatsApp von meinem Prana-Lehrer. Prana bedeutet im Hinduismus »Lebensenergie«. Ich selbst hatte Jahre zuvor einen Prana-Grundkurs absolviert. Sobald eine Erkältung im Anflug war, wendete ich diese Methode der Heilung bei Pablo an. Wenn ich überfordert war, musste mein Prana-Lehrer eine Behandlung bei Pablo durchführen. Er fragte mich, ob er und sein Schwiegerpapa eine Fernbehandlung bei Pablo durchführen durften, da sie durch unsere Nachbarin von Pablos Unfall gehört hatten. Sie haben beide bei ihm eine Verletzung am Kopf wahrgenommen. Sie fühlten eine positive Energie. Und sie waren beide der Meinung, dass Pablos Kopfverletzungen nicht schlimm seien. Nach 15 Minuten Autofahrt spürte ich ein Grummeln in meinem Darm. Die beiden Herren diskutierten noch immer, wer von ihnen in bes-

serer Verfassung fürs Autofahren sei. In Höpfingen bei Niki, meinem ältesten Bruder, legten wir einen kurzen Zwischenstopp ein. Ich musste schnellstens auf eine Toilette. Zwischenzeitlich wurden die Männer sich einig. Ralph beschloss, selbst weiterzufahren. Manuel blieb in Höpfingen. Unterwegs sagte ich zu Ralph:
»Ralph, ich kann Pablo nicht mehr spüren!«
»Wie, du kannst ihn nicht mehr spüren? Pablo ist ein Kämpfer, er wird das schaffen!«

Wir riefen Ralphs Schwester an und erzählten ihr von Pablos Unfall. Anja setzte sich sofort ins Auto und machte sich mit Uwe, ihrem Mann, auf den Weg zu uns nach Würzburg. Auch bei Patrizia, meiner Freundin, riefen wir an. Sie erkannte sofort an meiner Stimmlage, dass etwas Schreckliches passiert sein musste. »Ich bin schon auf dem Weg zu euch!«, schrie sie ins Telefon und die Verbindung war unterbrochen. Sie hatte aufgelegt.

Wir suchten in der Nähe der Kopfklinik einen Parkplatz und rannten ins Krankenhausgebäude. An der Pforte fragten wir den Mitarbeiter nach »Pablo Winkler«. Zeitgleich ging vor uns eine Schwingtür auf und ein Mann in einem weißen langen Kittel kam auf uns zugelaufen. Er fragte uns in einem ruhigen Ton:
»Sind Sie die Eltern von Pablo?«
»Ja, das sind wir!«, bestätigte Ralph.
»Ich bin Neurologe und der Arzt Ihres Sohnes. Kommen Sie bitte ein Stück mit nach hinten, da gibt es eine Sitzmöglichkeit, auf der wir Platz nehmen können. Pablo wird sehr gut versorgt. Ihm geht es gut. Allerdings haben wir große Sorgen um seinen Kopf. Aktuell ist er noch bei einer Untersuchung. Wenn diese abgeschlossen ist, komme ich wieder mit den Ergebnissen zu Ihnen. Die Untersuchung wird noch circa 20 Minuten andauern.«
Nachdem er sich vergewissert hatte, dass weitere Familienmitglie-

der zur Unterstützung für uns eintreffen würden, ging er durch die Schwingtür zurück zu den Behandlungsräumen.

Kurze Zeit später kamen schon Anja und Uwe zu uns. Wir setzten uns in die Sitzecke. Plötzlich stand Patrizia vor mir. Wie hatte sie die lange Wegstrecke von 80 Kilometern in einer so kurzen Zeit schaffen können? Eine junge Ärztin eilte den menschenleeren, sterilen Krankenhausgang entlang – im Schnellschritt an uns vorbei, rein zu den Behandlungsräumen.

Eine gefühlte Ewigkeit später kam der Neurologe, im Schlepptau ein weiterer Arzt und die junge Ärztin, die kurz zuvor an uns vorbeigeeilt war. Wir wurden in einen kleinen Besprechungsraum geführt. Ein Schreibtisch, zwei Stühle und eine Liege – mehr passte nicht in das Zimmerchen. Ralph und ich nahmen auf den Stühlen Platz. Der Neurologe setzte sich uns gegenüber. Die anderen beiden Ärzte zogen ein Papiertuch über die Liege und lehnten sich dort an. Der Neurologe schob uns wortlos ein Blatt Papier, welches ein Szintigramm mit Bildern von Pablos Kopf zeigte, über den Tisch. Ich ergriff Ralphs Hand und flüsterte ihm zu:
»Lass ihn bitte gehen!«
Stille.
Keiner sagte etwas. Man hätte eine Stecknadel fallen hören.
Der Neurologe durchbrach die Stille. »Was haben Sie gerade gesagt?«
»Meine Frau meinte, ich soll Pablo gehen lassen.«
»Woher wissen Sie das?«
Eine Mama fühlt es. Ich hatte es gefühlt, als der Sanitäter des Roten Kreuzes zu uns ins Wohnzimmer gekommen war.

Der Neurologe erklärte uns die Bildaufnahme von Pablos Kopf. Ralph und ich waren bis dahin noch nie mit solch einer Aufnahme konfrontiert. Jedoch war Ralph sofort beim Anblick der Aufnahme bewusst, dass mich mein Gefühl und mein Gespür nicht getäuscht hatten. Pablo erlitt durch seinen Fenstersturz ein isoliertes Schädel-Hirn-Trauma. Sonst hatte er keinerlei weitere Verletzungen. Keine Schädelfrakturen, keine Platzwunden, keine Verletzung an der Halswirbelsäule oder diverse andere typische Verletzungen wie Knochenbrüche oder blaue Flecken. Uns war klar, dass es keine Hoffnung mehr gab. Wir mussten ihn beide freigeben und loslassen, so schwer das auch für uns werden würde.

»Ich habe noch nie in meiner Berufslaufbahn erlebt, dass ein Hirn so schnell einblutet. Ich kann für Ihren Sohn nichts mehr tun. Sein Hirn ist bereits enorm angeschwollen. Pablo wird auf die Kinderintensivstation verlegt. Dort können Sie jederzeit bei ihm sein. Ich komme später nach und werde nach Ihnen und nach Pablo schauen.«

Pablo lag im abgedunkelten Zimmer nebenan. Ein Pfleger war bei ihm. Angeschlossen an Schläuche, Beatmungsgerät, Maschinen. Wir durften zu ihm. Ralph und ich setzten uns an sein Bett, hielten seine warmen, weichen, vertrauten Händchen und sprachen mit ihm. In der Zwischenzeit wurde auf der Kinderintensivstation ein Platz für Pablo vorbereitet. Ein Krankentransport wurde bestellt. Er sollte Pablo von der Kopfklinik in die Kinderklinik bringen. Nachdem dieser eingetroffen war, mussten wir Pablo mit dem Ärzteteam allein lassen. Ich rief zu Hause bei meinen Eltern an. Mein Papa ging ans Telefon. Ich sagte ihm, dass wir Pablo verloren hatten. Meine Eltern machten sich sofort auf den Weg zu uns nach Würzburg. Sie wurden von meinem Cousin gefahren. Als Pablo auf der Liege an uns vorbeigeschoben wurde, gingen wir alle zu Fuß in die Kinderklinik, die ungefähr einen Kilometer von der Kopfklinik entfernt liegt.

Das Kinderklinikteam organisierte einen Seelsorger, der noch in der gleichen Nacht kam und ein Gebet mit uns in Pablos Zimmer sprach. Ralphs Eltern und Niki waren zwischenzeitlich ebenfalls eingetroffen. Spät in der Nacht löste sich der Familienclan auf. Ralph und ich blieben bei Pablo. Die Schwester brachte uns zwei Gartenstühle, die etwas bequemer waren als die harten Holzstühle. Halb im Sitzen, halb mit dem Oberkörper auf Pablos Bett liegend wachten wir die ganze Nacht an seiner Seite. Ab und zu dösten wir kurz ein. Am nächsten Morgen kam unsere ganze Familie. Wir behausten das Elternzimmer vor der Intensivstation. Als wir uns alle darin versammelt hatten, ergriff Ralph das Wort: »Dass eins klar ist: Es gibt kein ›Was wäre, wenn, hätte, könnte, sollte‹. Es ist, wie es ist. Keiner hier trägt Schuld an Pablos Unfall!«

Der Neurologe teilte uns mit, dass Pablos Herz-Kreislauf-System und somit seine Organe in einem sehr stabilen Zustand seien. Die zweite Untersuchung, die den Hirntod feststellen sollte, war auf Sonntagvormittag angesetzt. Wir ließen Pablo keine Minute allein. Wir verließen nur sein Zimmer, wenn wir von den Schwestern und Ärzten darum gebeten wurden. Die Schwestern und Pfleger waren sehr einfühlsam. Sie umsorgten Pablo sehr liebevoll und zeitgleich ließen sie uns den Raum und die Ruhe, die wir mit unserem Sohn benötigten. Dafür sind wir ihnen noch heute unglaublich dankbar. Unser Pfarrer Michael Roth-Landzettel kam umgehend an diesem Samstagmorgen zu uns in die Klinik nach Würzburg, nachdem meine Schwägerin ihn über Pablos Gesundheitszustand informiert hatte. Er stärkte uns und unserer gesamten Familie allein durch seine Anwesenheit den Rücken. Wenn er nicht bei Pablo im Zimmer war, dann unterhielt er sich im Elternzimmer mit den Familienangehörigen.
Ralph und ich hatten es zur Gewohnheit werden lassen, gemeinsam vom 5. Stockwerk zu den Besuchertoiletten der Klinik ins Erd-

geschoss zu laufen. In dieser Zeit besprachen wir die Gedanken, die uns durch den Kopf gingen.

»Ralph, wir müssen es anders machen als alle anderen. Sonst können wir uns gleich die Kugel geben. Wir müssen die Gedanken umdrehen. Wir sollten dankbar sein, dass wir Pablo acht Jahre haben durften!«

»Miriam, versprich mir, dass wir die weiteren Schritte gemeinsam entscheiden und dass wir dieses Schicksal gemeinsam durchstehen werden!«

Wieder bei einem Toilettengang.

»Meinst du, die Ärzte werden uns auf eine Organspende ansprechen?«, fragte Ralph.

Das waren die ersten gedanklichen Auseinandersetzungen mit dem Thema Organspende. Wir hatten uns beide noch nie zuvor damit beschäftigt. Wie sollten wir entscheiden, wenn die Ärzte uns auf eine Organspende ansprechen würden? Wie würde Pablo entscheiden? Wäre er mit einer Organspende einverstanden? Wie läuft das überhaupt ab? Fragen über Fragen. Um ein bisschen Licht in diesen Gedankendschungel zu bekommen, sprach Ralph den Neurologen auf das Thema an.

»Ich spreche mit Ihnen nicht über eine mögliche Organspende, bevor die Untersuchung am Sonntag abgeschlossen ist!«

Jetzt waren wir keinen Schritt schlauer. Mit unserer Familie wollten wir nicht darüber reden. Wir wollten zuerst für uns eine Entscheidung treffen.

Pablo wurde von allen verwöhnt. Mama und Papa massierten ihm seine Füße, streichelten seine Beine und Hände und spielten seine Lieblingsindianermusik über den CD-Spieler ab. Ralph und ich lasen Pablo aus seinem Lieblingsbuch »Fußball-Haie: Spieler gesucht« vor, und wenn wir emotional nicht in der Lage waren, ließen

wir eines seiner mitgebrachten Hörspiele laufen. Als ich neben Pablo lag und mich an ihn kuschelte, vereinbarten wir einen Deal. Ich gab ihm mein Versprechen und flüsterte ihm zu:
»Pablo, ich verspreche dir, ich werde nicht eingehen wie eine verwelkte Blume. Ich werde weiter in meinem Leben glücklich sein. Ich will für dich glücklich sein. Allein schaffe ich das aber nicht, ich brauche deine Hilfe und Unterstützung!«

Die Ärzte kamen wieder zu uns und fragten, welchen Wunsch sie uns erfüllen durften. Da die Kardiologin an diesem Tag eine Echokardiografie durchführte (eine Ultraschalluntersuchung des Herzens), kam uns eine Idee:
»Wir würden gerne noch einmal Pablos Herz schlagen hören!«
»Sehr gerne erfüllen wir Ihnen diesen Wunsch. Gerne zeichnen wir Pablos Herz und seine Herztöne für Sie auf und lassen es für Sie auf eine CD brennen.«
Das war für uns in diesem Moment ein großes, wunderbares Geschenk. Wie oft hatten wir sein Herz bei meinen vielen Schwangerschaftsuntersuchungen und während seiner Geburt gehört? Wie oft lagen wir nachts im Bett und hörten uns gegenseitig mit dem Ohr auf der Brust unseren Herzschlag an?

In der kommenden Nacht sprach Ralph sehr lange mit der Nachtärztin. Er wollte von ihr wissen, welche Einstellung sie zum Thema Organspende hatte. Einmal aus ärztlicher Sicht, aber auch aus persönlicher Sicht. Diese Nacht gestaltete sich für uns etwas bequemer. Die Schwester organisierte zwei Zustellbetten. Mama und Papa blieben bei uns und Pablo. Die Ärzte erlaubten, dass wir uns zu Pablo ins Bett legen durften. Wir wechselten uns ab. Jeder durfte sich eng an Pablo kuscheln oder sich ins Zustellbett legen. An Schlaf war auch in dieser Nacht nicht zu denken. Michael, Patrizia und die anderen Familienmitglieder schickten wir nach Hause.

Am Sonntagmorgen kamen wie angekündigt die Ärzte, um eine zweite Hirndiagnostik durchzuführen. Der Neurologe wollte ganz sichergehen und veranlasste eine erneute Szintigrammaufnahme. Hierfür musste Pablo wieder in die Kopfklinik transportiert werden. Da wir bei der Untersuchung nicht dabei sein durften, nutzen wir die Zeit und fragten Anja nach ihrer Meinung zum Thema »Organspende«. Ralph und ich hatten in der vergangenen Nacht bereits eine Entscheidung getroffen. Wir fragten uns, welche Gefühle Eltern haben, deren Kinder schwer krank und auf ein Spenderorgan angewiesen sind. Welche Gefühle würde es bei ihnen auslösen, wenn der langersehnte Anruf kommt, dass ein Spenderorgan für ihr todkrankes Kind da ist? Diese Gefühle, die wir nachzuempfinden versuchten, waren der ausschlaggebende Grund, warum wir uns für eine Organspende entschieden haben.

Gegen 13 Uhr kam der Neurologe mit den Untersuchungsergebnissen. Er erklärte uns die Befunde und zeigte uns das Szintigramm. Pablo wies keinerlei Hirnaktivitäten auf. Seine Reflexe und Schmerzreaktionen blieben aus. Das Szintigramm zeigte, dass sein Hirn vollständig die Funktion aufgegeben hatte. Jetzt war es offiziell: Pablo war hirntot. Auf seiner Sterbeurkunde wurde der Todeszeitpunkt auf den 14. April 2019, 12. Uhr 50 festgelegt. Für uns ist es allerdings der 12. April 2019. Pablo verließ sein Leben nach sieben Jahren, elf Monaten und zwanzig Tagen. Das sind 2911 Tage.

Wir gingen mit dem Neurologen in den Klinikpark und setzten uns auf eine Parkbank, die von der Sonne angestrahlt wurde.
»Jetzt habe ich so lange Zeit für Sie, wie Sie brauchen. Welche Fragen haben Sie? Ihre Entscheidung steht doch schon fest!« Ich fragte den Neurologen, woher er das wisse. Warmherzig schaute er uns an: »Sie haben es aus ihrem Herzen heraus entschieden. Das kann ich ablesen. Ihr braucht mich für die Entscheidungsfindung nicht!«

Er hatte recht. Unsere Herzen haben gesprochen und entschieden. Wir hatten uns für die todkranken Kinder und deren Familie entschieden. Gegen unser Ego.

Dennoch hatten wir Fragen zum weiteren Ablauf und wie der Ablauf wäre, wenn wir uns gegen die Organspende entschieden hätten. Pablos Kardiologin kam zwischenzeitlich zu uns auf die Parkbank. Eine Unterstützung war sie allerdings nicht. Denn sie musste die ganze Zeit Tränen wischen und ihre Nase putzen. Wir waren auch von ihrer Menschlichkeit sehr berührt. Alle auf dieser Kinderintensivstation, die »Raumstation« heißt, litten und fühlten mit uns und konnten teilweise ihre Emotionen nicht vor uns verbergen. Das machte für uns das ganze Drama ein bisschen erträglicher. Ärzte, Schwestern und Pfleger, die mitfühlend sind, waren für uns fremd und nicht selbstverständlich. Nachdem wir den beiden Ärzten Geschichten und Anekdoten aus Pablos Leben erzählt und dabei auch hatten lachen und schmunzeln müssen, ging der Neurologe zurück ins Krankenhaus, ins Elternzimmer zu unserer Familie. Während er ihnen die getroffene Entscheidung mitteilte, drehten Ralph und ich noch eine Runde im Park. Er hatte uns eine große Last von unserer Schulter genommen. Bei 20 Menschen, die wir im Hintergrund hatten, herrschten wahrscheinlich auch 20 verschiedene Meinungen und Einstellungen zum Thema Organspende. Als wir im Elternzimmer eintrafen, ergriff mein Papa das Wort: »Gott sei Dank gibt es eine Entscheidung. Ich fühle mich zehn Kilo leichter an. Jetzt wissen wir, wie es weitergehen wird!«

Der Neurologe informierte nach unserem Gespräch im Park und nach der Unterrichtung unserer Familie die DSO (Deutsche Stiftung für Organtransplantation) in Bayern, die ihren Sitz in Erlangen hat. Auch informierte er die Kripo Würzburg. Da Pablo einen Unfall hatte, wurde er von der Staatsanwaltschaft gesperrt. Das hieß, ohne die Freigabe der Staatsanwaltschaft durfte Pablo keine Organe spenden. Es dauerte nicht lange, da bekamen wir von zwei Herren der Kripo Würzburg Besuch. In Pablos Zimmer erklärten sie uns die Lage. Da wir in Baden-Württemberg wohnen, musste die Kripo sich die Freigabe der Staatsanwaltschaft Mosbach einholen. Diese stimmte der Organspende-OP sofort zu. Pablo lag allerdings in einem Krankenhaus in Bayern, deshalb musste auch die Staatsanwaltschaft Würzburg dieser OP zustimmen. Und die Freigabe hatten sie noch nicht. Es war Sonntag und der zuständige Staatsanwalt hatte frei. Seine Vertretung wollte diese Entscheidung nicht allein treffen. Unser Pfarrer baute Druck auf und ging die Kripobeamten emotional an. Ein Beamter saß ruhig auf einem Stuhl in der Ecke. Er sprach kein Wort. Der Redeführer ließ seine Gesichtsmaske fallen und knickte emotional ein. »Scheiße, ich wollte auf dem Weg ins Krankenhaus wieder umdrehen, als ich hörte, um was es hier geht. Ich habe selbst ein Kind im gleichen Alter. Unvorstellbar. Ich versichere Ihnen, ich werde so schnell wie möglich die Entscheidung beibringen!« Dann verließen sie das Zimmer und warteten auf dem Flur auf eine Entscheidung der Staatsanwaltschaft. Kurze Zeit später kam einer wieder herein und teilte uns die Freigabe mit. Er verabschiedete sich, wünschte uns viel Kraft und gab uns seine Dienstnummer, unter der wir ihn zu jeder Zeit anrufen konnten.

Dann kam der Koordinator der DSO. Ein großer, braun gebrannter, kräftiger Mann mit einer Glatze in Jeans, T-Shirt und Sneakers. Na großartig, was für ein unsympathischer Mann sollte uns zum Thema Organspende betreuen? Er bat uns, gemeinsam mit ihm in ein anderes Zimmer zu gehen. Bevor wir antworten konnten, ergriff unser Pfarrer das Wort: »Wir werden hier in diesem Zimmer bleiben. Alles, was Sie zu besprechen haben, findet hier bei Pablo statt und ich werde dabei sein!« Das fand der Koordinator nicht gut. Er wirkte verunsichert und meinte, dass er einige Fragen an uns habe und hierzu seinen Laptop benötigte, der in der Küche der Schwestern und Pfleger bereitstand. Bevor Michael mit einem erneuten Angriff starten konnte, stimmten wir seiner Aufforderung zu. Wir folgten ihm in die Küche und baten Michael, zusammen mit meinen Eltern bei Pablo zu bleiben.

Der Koordinator hatte tatsächlich jede Menge Fragen an uns. Er fragte, wir gaben Antwort, er hakte ab. Dann kam eine Frage, bei der ich meine Fassung verlor.
»Haben Sie noch weitere Kinder?«
Wir hatten keine weiteren Kinder. »Wir haben nur ein Kind. Pablo.«

Ich versuchte mein Gleichgewicht zu finden. Dabei konnte ich deutlich eine Energieveränderung bei unserem Koordinator wahrnehmen. Die kühle Atmosphäre zwischen uns war verflogen. Als ich aufschaute, war da eine Verbindung von Mensch zu Mensch, von Seele zu Seele spürbar. Sein Kopf war in seinen Händen versunken. Er schaute auf, direkt in unsere Augen. Seine Gesichtszüge waren verändert – weich und mitfühlend. Seine Abgrenzung, die wahrscheinlich in seinem Job als Organtransplantationskoordinator überlebensnotwendig ist, aufgelöst. Ich konnte unseren Schmerz und unseren Kummer in seinen Augen erkennen. Ab da war das Frage-und-Antwort-Spiel beendet. Sympathie und Empathie hatten ihren Raum gefunden. Jetzt führten wir ein Gespräch und keinen Frage-und-Antwort-Dialog. Nachdem alle Fragen geklärt waren, erklärte er uns den weiteren Ablauf. Pablo sollte zuerst Blut abgenommen werden. Bestimmte Marker und Werte mussten für die Spendenoption überprüft werden. Erst nachdem das Labor in Erlangen die Untersuchung durchgeführt hatte, fiel die Entscheidung, ob Pablo seine Organe spenden durfte.

Der Koordinator bat den Pfleger von Pablo, 14 Kanülen voll Blut abzunehmen. Wir saßen dabei und fragten uns, ob Pablo nach der Entnahme überhaupt noch über weiteres Blut verfügen würde. Die Betroffenheit des Pflegers war spür- und sichtbar. Zwölf Augen auf ihn gerichtet.

»Alle? Muss ich alle Kanülen vollmachen?«

Der Koordinator fühlte sich in seiner Haut nicht wohl.

»Machen Sie die Kanülen nicht ganz voll!«

Anschließend musste er selbst das Blut in das DSO-Labor nach Erlangen bringen. Ich vermute, darüber war er froh. Er konnte aus der unangenehmen Situation flüchten und zumindest für die nächsten zwei Stunden durchatmen.

Im Hintergrund lief bereits ein Datenabgleich bei der Vermittlungsstelle Eurotransplant im niederländischen Leiden, wer als Empfänger von Pablos Organen infrage kommen könnte. Wir hatten uns entschieden, das Herz, die Leber und beide Nieren zu spenden. Zuerst wollten wir auch seine Lunge spenden. Als der Koordinator uns erklärt hatte, dass wir bei allen folgenden Untersuchungen dabei sein durften, uns aber empfahl, bei der Lungenspiegelung nach draußen zu gehen, ließen wir die Lunge als Spenderorgan streichen. Für uns fühlte es sich in diesem Moment nicht richtig an, Pablo einer Lungenspiegelung auszusetzen. Er akzeptierte und respektierte unseren Änderungswunsch.

Am Abend traf der Koordinator wieder bei uns in Würzburg ein. Pablo durfte spenden. Unsere Emotionen waren gemischt. Zwei gegensätzliche Gefühle kämpften in uns. Erleichtert, dass Pablo spenden durfte, aber auch eine Beklemmung im Herzen, denn die Uhr lief gegen unsere gemeinsame Zeit. Wir bekamen vom Koordinator einen konkreten Zeitplan. Die OP war auf 3 Uhr 30 am frühen Montagmorgen angesetzt. Da die Explantations-OP in einem anderen Kliniktrakt stattfand, musste Pablo bereits um 2 Uhr 15 abgeholt werden. Der Koordinator hinterließ uns seine Telefonnummer. Wir konnten ihn kontaktieren, sobald wir eine Frage hatten oder uns kurzfristig doch noch gegen die Spende entscheiden sollten. Wir durften bis zum Startzeitpunkt der OP unsere Entscheidung revidieren. Diese Information gab uns ein weiteres Stück Sicherheit. Der Koordinator zog sich zurück. Er musste für Pablos OP noch einige organisatorische sowie logistische Abwicklungen erledigen.

Die Uhr tickte. Uns blieben die letzten gemeinsamen viereinhalb Stunden mit unserem Sohn. Die Nachtschwester und die Ärztin überraschten uns mit einer sehr schönen Idee. Sie kamen mit einer Kamera und mit Tinte. Sie schossen gemeinsame Bilder von Pablo und uns. Dann tauchte Ralph Pablos Hand und seinen Fuß für einen Abdruck in die Tinte.

Papa wollte gar nicht mehr von Pablos Seite weichen und ich musste meinen Platz in Pablos Bett für die letzten zwei Stunden verteidigen. Wir kuschelten und erzählten uns witzige und schöne Geschichten aus Pablos Leben. Diese viereinhalb Stunden vergingen wie im Flug. Noch nie in meinem Leben verging die Zeit so rasend schnell.

Punkt 2 Uhr 15 kamen der Krankentransport, die Arztin und die Nachtschwester zur Tür herein. Pablo wurde auf eine Transportliege umgelagert. Wir verabschiedeten uns jeder einzeln von ihm. Wir wünschten ihm eine gute Reise und sprachen ihm Mut für die bevorstehende OP zu. Die Ärztin und die Schwester versprachen uns, auf Pablo aufzupassen. Wir sollten im Zimmer bleiben und auf sie warten. Während wir auf den Zustellbetten saßen und jeder seinen Gedanken nachhing, hörten wir einen Hubschrauber landen. »Da kommt bestimmt gerade das Ärzteteam für die Herz-Explantation angeflogen!«, meinte Ralph.

Nach einer Stunde kamen die Ärztin und die Schwester zurück und berichteten uns von Pablos Transport und seiner Übergabe in den OP-Bereich. Alles war gut gelaufen. Wir bedankten uns bei ihnen für ihre großartige, fürsorgliche Pflege und für die emotionale Stütze, die sie uns waren, sowie für die Bewirtung mit Kaffee, Tee und Wasser für den gesamten Familienclan. Die Schwester überreichte uns einen blauen Ordner. Sie hatten unsere gemeinsamen Bilder mit Pablo ausgedruckt. Die Titelseite trägt eine wunderschöne Widmung sowie Pablos Hand- und Fußabdruck.

Flieg mit deinen breiten Flügeln
über Wolken weit hinaus,
fliege über steile Hügel,
denn dort bist du ja zu Haus.

Mit einer herzlichen, innigen Umarmung verabschiedeten wir uns von diesen beiden wundervollen Menschen.

Wir durften uns, bis Pablos OP abgeschlossen war, kostenfrei in einer Wohnung von Kiwi e.V. aufhalten. Kiwi e.V. ist eine Interessengemeinschaft der Würzburger Kinderintensivstation, die sich als Ziel gesetzt hat, Patienten und deren Eltern in jeder Hinsicht zu unterstützen. Diese Wohnung wurde uns bereits am Freitagabend sowie am Samstag angeboten. Die Schwestern waren der Meinung, dass wir uns ein bisschen zurückziehen und versuchen sollten, Schlaf zu finden, um Kraft zu tanken. Sehr schnell bemerkten sie, dass wir auf keinen Fall von Pablos Seite weichen würden. Lieber kämpften wir mit Schlafdefiziten und nahmen körperliche Schmerzen in Kauf, als nur eine wertvolle Minute zu verschenken, die wir noch bei unserem Sohn verbringen konnten. Wir weckten Niki und Patrizia im Elternzimmer auf. Patrizia döste auf einer 2er-Couch, Niki saß in sich zusammengesunken in einem Sessel. Zu sechst gingen wir in die Wohnung. Niki und Patrizia versuchten, auf der harten Kücheneckbank zu schlafen. Ralph und ich gemeinsam in einem Einzelbett und meine Eltern mit uns im Zimmer in einem weiteren Einzelbett.

Kaum hatten wir die Betten bezogen und uns ins Bett gequetscht, klingelte Ralphs Handy. 6 Uhr 45 – der Koordinator. Eine Stunde vor dem geplanten OP-Abschluss. Er erklärte Ralph, dass die Operation super verlaufen und schneller als geplant beendet war. Wir sollten uns auf den Weg Richtung ZOM (Zentrum für Operative Medizin) begeben. Er kam uns unterwegs ein Stück entgegengelaufen. Gemeinsam liefen wir den Berg nach oben ins ZOM. Ein Mitarbeiter der Klinik wartete bereits an der Pforte und begleitete uns ins Untergeschoss der Uniklinik. Pablo lag in einem Bett im Aussegnungsraum – ohne Schläuche, ohne die vielen Geräte. Sein Gesicht strahlte Zufriedenheit und Ruhe aus. Fluchtartig verließ Niki den Aussegnungsraum, gefolgt von unserem Koordinator.

Auch hier bekamen wir die Zeit, die wir für das letzte Abschiednehmen benötigten. Der Koordinator wartete geduldig vor der Türe auf uns. »Pablo, morgen wird dich ein Bestatter abholen und zu uns nach Hause bringen!« Ich nahm seine Hand, die sich nicht mehr warm und vertraut anfühlte, und küsste sie zum letzten Mal.

Mein Bruder Niki fuhr uns mit unserem Auto nach Hause. Auf dem Rückweg legten wir einen Zwischenstopp bei unserer Hausärztin ein. Wir wurden sofort in ihr Ärztezimmer durchgeschleust. Tränenüberströmt nahm sie uns liebevoll in ihre Arme. Ralph fragte sie: »Dürfen wir noch einmal für Pablo in Ihren Süßigkeiten-Delfin greifen?«

Die Ärztin ging in das andere Behandlungszimmer, holte den Delfin und drückte ihn Ralph in die Arme. »Nehmen Sie ihn mit nach Hause. Ich möchte ihn nicht mehr in der Praxis haben. Es ist Ihr Delfin!«

Nachdem sie uns eine Unfähigkeitsbescheinigung für unsere Arbeitgeber ausgestellt hatte, fuhren wir weiter in unser Zuhause, in dem wir jetzt ohne unseren Pablo weiterleben sollten. Ein Empfangskomitee, das aus unserem Pfarrer Michael, Patrizia, meinem Bruder Manuel, seiner Frau Melanie und unserer Nichte Leni bestand, wartete bereits im Wohnzimmer meiner Eltern auf uns. Wir hatten keine Zeit für unsere Trauer und unseren Schmerz. Pablos Abholung von Würzburg musste organisiert werden.

Unser Nachbar besitzt eine eigene Schreinerei und organisiert Bestattungen. An Pablos Unfalltag begann der Wiederaufbau seiner Schreinerei. Diese war drei Jahre zuvor durch heftige Regenfälle überschwemmt worden. Ralph bat ihn, am Mittag bei uns vorbeizukommen. »Ich kann Pablo nicht in Würzburg holen. Ich schaffe das emotional nicht. Ich habe bereits einen Bestatterkollegen angerufen. Er wird euren Pablo morgen in Würzburg abholen.« Wie? Ein für uns fremder Mann sollte unseren Sohn abholen? Das konnte nicht sein. Vielleicht plagten ihn Schuldgefühle. Die Vermutung lag nahe, dass Pablo kurz vor seinem Unfall von seinem Zimmerfenster aus nach dem Bagger Ausschau hielt, der an diesem Tag die Baugrube aushob. Ralph teilte uns seinen spontanen Beschluss mit und fragte ihn: »Ich fahre mit. Ich werde mit dir Pablo gemeinsam abholen. Wirst du es dann schaffen?« Dieser Vorschlag war für ihn akzeptabel. Ich dachte mir, wenn Ralph mitfährt, dann fahre ich selbstverständlich auch mit. Wir klärten noch einige Formalitäten, entschieden uns für eine Feuerbestattung und suchten eine zu Pablo passende Urne aus. Es sollte, wie konnte es auch anders sein, eine Fußballurne werden.

Am nächsten Morgen begann unsere zehnstündige Heimholaktion von Pablo. Gemeinsam mit unserem Bestatter machten wir uns auf den Weg nach Würzburg. Unser erstes Anlaufziel war die Krankenhausverwaltung der Uniklinik. Weiter ging es zur Staatsanwaltschaft Würzburg, wo wir behandelt wurden wie Schwerverbrecher. In diesen Hochsicherheitstrakt durften wir erst hinein, nachdem wir durch eine Sicherheitsschleuse getreten und von einem Sicherheitsmann von oben bis unten gefilzt worden waren. Anschließend ging es weiter zum Würzburger Rathaus und zur Friedhofsverwaltung Würzburg, die wieder in einem anderen Stadtteil lag.

Nach gefühlt drei Stunden Bürokratieabwicklung fuhren wir zum Gebäude der Rechtsmedizin. »Ralph, das darf jetzt nicht wahr sein. Das ist wie in einem schlechten Horrorfilm!« Das Bauwerk mit unverputztem Bruchsteinmauerwerk und seinem großen eisernen Tor wirkte gruselig, aber auch geheimnisvoll. Verstärkt wurde mein Gefühl durch den riesigen Türklopfer aus Messing, der die Mitte des eisernen Tores einnahm. Wir ließen unserem Bestatter den Vortritt und beobachteten vom Auto aus das Geschehen. Er klopfte mit dem Türklopfer an das Tor: »Tock, tock, tock!« Nach einer Ewigkeit öffneten sich knarzend die Flügel des schweren Tors. Der »Tod selbst« trat komplett in Weiß gekleidet auf die Schwelle. Wie ein blutleerer Vampir. Verfügte diese Gestalt überhaupt über ein menschliches Herz? Was mich am meisten faszinierte, war seine Hautfarbe. Kann man noch weißer sein als weiß? Ja, so sah dieser Mitarbeiter der Rechtsmedizin aus. Er erklärte unserem Bestatter, dass wir uns im Gebäude geirrt hätten. Gott sei Dank, dachte ich.

Wir mussten eins weiter nach rechts. Dieses wirkte etwas freundlicher. Der Bestatter wollte auch dieses Mal allein das Gebäude betreten. Als er zurückkam: »Wir sind hier richtig. Pablo ist hier. Ein Mitarbeiter wird uns gleich am Tor in Empfang nehmen. Miriam, du wirst nicht mit reindürfen. Das ist nicht üblich – Angehörige holen nicht selbst ihre Verstorbenen bei der Rechtsmedizin ab!« Wie? Ich durfte nicht mit rein? Spinnen die? Jetzt fahren wir schon stundenlang dem Papierkram hinterher und jetzt darf ich nicht meinen eigenen Sohn anziehen und in den Sarg legen? Das ist wieder typisch Deutschland. Alles strengstens durch Gesetze standardisiert. Aber einen Versuch ist es wert. Die Türe ging auf und ein Mitarbeiter kam auf uns zu.

»Sie wollen Pablo abholen, richtig? Er ist hier. Sie dürfen mitkommen. Moment mal, wer ist diese Frau?«

Der Bestatter stammelte: »Das ist die Mama von Pablo und sie würde gerne mit reingehen!«

Dem guten Mann entglitten alle Gesichtszüge. Ungläubig starrte er mich an: »Nein, keine Chance! Sie darf auf keinen Fall mit rein!«

Ich vertrieb mir meine Wartezeit. Da mein Handyempfang seit unserer Einreise in Würzburg »tot« war, telefonierte ich über Ralphs Handy mit Michael. Auch er konnte die Ablehnung des Mitarbeiters der Rechtsmedizin nicht verstehen. In seinem aufbrausenden Mitgefühl verlangte er den Mitarbeiter ans Handy – dieser Aufforderung kam ich selbstverständlich nicht nach. Ich wollte hier keinen Stress verbreiten, sondern war froh darüber, dass wir uns überhaupt für die Heimholaktion entschieden hatten.

Nachdem wir Pablos Körper ins Leichenauto verladen und gesichert hatten, fuhren wir ins Krematorium nach Osterburken. Unser Bestatter hatte die Mitarbeiter vorab informiert, dass wir – die Eltern – dabei sein würden und man bitte auf alle Beileidsbekundungen sowie auf die üblichen Trauerzeremonien und die Trauermusik verzichten sollte.

Pablo wurde auf meinen Wunsch hin in der Trauerhalle im offenen Sarg aufgebahrt. Ich wollte schauen, wie sich sein Körper verändert hatte. Tatsächlich, einen Tag nach unserer Verabschiedung in der Uniklinik hatte sich sein Körper stark verändert. Er war nicht mehr unser Sohn. Die Hülle lag vor mir, aber mein Sohn befand sich nicht mehr in ihr. Pablo trug sein Lieblingsshirt, war in eine Decke gewickelt wie damals in seinem Pucksack, sein Köpfchen lag vorsichtig gebettet auf seinem Nackenhörnchen und die Augen waren mit seiner geliebten Schlafmaske bedeckt. Wir gaben ihm sein Lieblingskuscheltier mit auf seine letzte Reise. »Lila Locke«, so hieß das Kätzchen, das er seit seinem ersten Lebensjahr immer im Bett mit dabeihatte. Lila Locke begleitete Pablo auch bei seiner Organspende-OP. Von meinem Papa legten wir Pablo den Songtext »Mein kleiner Teddybär« mit in den Sarg. Eine Mitarbeiterin scannte Pablos Fingerabdruck. Wir hatten die Idee, uns ein Erinnerungsschmuckstück – mit Pablos eingearbeitetem Fingerabdruck – anfertigen zu lassen. Ralph und unser Bestatter schlossen Pablos Sarg. Wir wollten noch ein gemeinsames Foto haben. Ralph und ich nahmen Pablo mit seinem Sarg in unsere Mitte. Dahin, wo er immer bleiben wird. In unserer Mitte, tief in unserem Herzen.

Ein Mitarbeiter erklärte uns die Kremation (die Übergabe an das Feuer). Der mit Schamottsteinen ausgemauerte Ofen wurde auf 850 °C vorgeheizt. Er besteht aus zwei Brennkammern und einer Auskühlkammer. In jeder Kammer sollte Pablos Körper etwa 60 Minuten verweilen. Wir hatten also drei Stunden Zeit, bis unserem Bestatter die Urne übergeben werden sollte. Wir schauten zu, wie Pablos Körper vollautomatisch mit dem Sarg in die erste Ofenkammer geschoben wurde, begleitet von einem Identitätsstein aus Schamott, auf dem die Einäscherungsnummer und der Name des Krematoriums eingeprägt sind. Der Identitätsstein kann durch das Feuer nicht zerstört werden. Somit ist die Identifizierung der Asche immer möglich und eine Verwechslung ist ausgeschlossen. Wir hörten, wie der Sarg sich entzündete, das Knacken und Knistern.

Drei Stunden wollten wir diesem Geräusch allerdings nicht zuhören. Da das Krematorium am Rande des Limesparks liegt, unternahmen wir einen Spaziergang zum UNESCO-Welterbe, dem Limesturmnachbau »Förstlein«. Vom Wachturm aus konnten einst die römischen Soldaten den Limes über das Kirnautal hinweg im Blick behalten. Wir schauten uns den Turm mit seiner Mauer an. Obwohl diese Sehenswürdigkeit nur 20 Minuten Autofahrt von uns entfernt liegt, waren wir noch nie an diesem schönen Ort gewesen. Wir schauten uns im Café des Krematoriums Möglichkeiten für Erinnerungsschmuckstücke an. Ralph und ich entschieden uns jeweils für einen Ring. Gemeinsam mit Pablos Asche fuhren wir abends – nach einem langen Tag – zufrieden nach Hause.

Für viele ist der Tod ein Tabuthema. Aber warum? Warum wird er nicht thematisiert? Der Tod trifft jeden von uns. Er gehört zum Leben. Mit unserem ersten Atemzug auf dieser Erde ist nichts so sicher wie der Tod. Das Gute daran: Wir wissen nicht, wann der Tod uns einholt, aber er trifft ein – bei jedem von uns. Der Tod übersieht keinen und befreit alle aus ihrer körperlichen Hülle. Die Seele darf nach Hause. Als ich neun Jahre alt war, verstarb mein nur zwei Jahre älterer Cousin an Leukämie. Niemand hat damals mit mir darüber gesprochen. Der Tod meines Cousins wurde totgeschwiegen. Ist es die Ungewissheit – nicht zu wissen, was nach dem Tod kommt –, die uns Angst macht? Ist die Angst nicht geringer, wenn wir wissen, dass der Tod nicht das Ende ist? Warum haben so viele Menschen Berührungsängste mit dem Tod und überlassen die kompletten vorbereitenden Maßnahmen für die Beisetzung einem Bestatter? Meist ist dies sogar eine fremde Person. Wir haben Pablos Hülle bis zum Schluss eng begleitet. Darüber sind wir rückblickend unendlich dankbar. Woher wir diese Kraft hatten, ist mir heute kein Rätsel mehr. Pablo gab uns die Kraft. Für uns trug dieser Schritt zur Heilung unserer Trauer bei.

Als wir zu Hause ankamen, wartete der Familienclan mit dem Abendessen auf uns. Ich hatte keinen Appetit. Unter den besorgten Blicken meiner Familie zwang ich mich täglich, ein wenig feste Nahrung zu mir zu nehmen. Im Krankenhaus war mir das allerdings nicht gelungen. Ich hatte keine Kraft und keinen Appetit. Ralph fütterte mich wie ein Kleinkind mit einer Banane. Meine Freundin Patrizia sorgte dafür, dass unsere Körper nicht austrockneten. Ohne sie hätten wir weder Wasser getrunken noch unseren Körper mit Kaffee aufgeputscht.

Wir waren dankbar für die räumliche Nähe zu meinen Eltern und dankbar für die vielen Menschen, die uns Trost spendeten. Durch sie ließ sich der Schmerz besser aushalten. Unsere Familie war da, als wir sie am dringendsten brauchten. Auch Ralphs Familie. Sie zögerten nicht. Gemeinsam mit Ralphs Schwester packten seine Eltern ihren Wohnwagen, fuhren die über 150 Kilometer Entfernung zu uns und stellten das Gespann auf dem zwei Kilometer entfernten Campingplatz ab.

Eine große Welle von Mitgefühl und Schmerz unterschiedlichster Personen überschwemmte uns. Viele kamen vorbei und setzten sich in die Trauergemeinschaft. Postkarten, Briefe und Geschenke überfluteten unseren Briefkasten. Ralph und ich beschlossen, unsere Wohnung als »Sperrzone« zu definieren. Die Wohnung meiner Eltern stand offen für jedermann, der das Bedürfnis verspürte vorbeizukommen. Unsere Wohnung war tabu. Wir konnten den Schmerz und die Traurigkeit anderer Menschen nicht auf unseren Schultern tragen. Trotzdem waren wir von der riesigen Anteilnahme tief berührt. Die vielen Wünsche und Gedanken, die die Menschen in Worten niedergeschrieben hatten, wollte ich nicht lesen. Bis heute habe ich nur wenige Karten durchgelesen.

Eine jedoch musste ich sofort lesen, als sie kurz nach Pablos Tod in unserem Briefkasten lag. Das war die Karte von Pablos Klassenlehrerin:

Liebe Familie Winkler,

es gibt keine Worte für das, was Ihrem geliebten Sohn Pablo passiert ist. Ich kann Ihnen aber sagen, dass auch ich Pablo von ganzem Herzen vermissen werde.

Schon als wir uns nach der Einschulungsfeier im Klassenzimmer der Piratenklasse kennengelernt haben, ist mir Pablo mit seiner großen Vorfreude und Neugierde auf alles, was nun kommt, im Gedächtnis geblieben.In seiner fröhlichen, aufgeweckten und »frechen« Art hat er mich jeden Morgen mit strahlendem Grinsen im Gesicht im Klassenzimmer begrüßt. Pablo hat stets mitgedacht, kritische Fragen gestellt, war immer engagiert dabei und hat gleichzeitig stets auch Verständnis und Hilfsbereitschaft für andere Kinder gezeigt. Pablo hat mir große Freude am Unterrichten beschert und mir gezeigt, wie wichtig und spannend es ist, Kinder immer wieder neu herauszufordern.

Ich kann mir unmöglich vorstellen, dass sein Platz nach den Ferien unbesetzt bleiben soll. Pablo wird mir und der gesamten Klasse so sehr fehlen. Dennoch werden wir ihn im Herzen immer bei uns tragen. Auch wenn er jetzt auf eine andere Art und Weise bei uns ist, wird er die Piratenklasse an jedem neuen Tag begleiten.

Vielleicht schenkt es Ihnen etwas Trost, wenn ich Ihnen sage, dass ich Ihren Sohn immer als glückliches und zufriedenes

Kind wahrgenommen habe. Pablo hat mir immer viel von seinem Alltag mit den vielen Dingen, die Sie gemeinsam unternommen haben, erzählt. Sei es das Tennisspielen mit Papa am Wochenende oder der wöchentliche Besuch der Mediathek mit seiner Mama. Er hat es sehr genossen, von Ihnen so ernst genommen zu werden, und hat Sie als sehr liebevolle, Sicherheit und Struktur gebende Eltern geschätzt.

Pablo hat sich so auf die Buchpräsentation (mit einer echten Spinne), die Lesenacht und unseren Ausflug gefreut. Ich bin mir sicher, dass er bei allen Aktivitäten in unseren Herzen dabei sein wird. Auch Sie sind jederzeit in unserer Klasse willkommen.

Ich wünsche Ihnen viel Kraft für diese schwere Zeit. Ihren Sohn werde ich immer in liebevoller Erinnerung behalten und mit einem Lächeln an ihn denken.

Pablos Klassenlehrerin
XX

Urnenbeisetzung

Pablos Urnenbeisetzung fand am Ostersonntag, 21. April 2019, im engsten Familienkreis und in Anwesenheit unseres Hundes statt.

Losung und Lehrtext 21. April 2019
Weh dem, der mit seinem Schöpfer hadert, eine Scherbe unter irdenen Scherben!
Spricht denn der Ton zu seinem Töpfer: Was machst du? (Jesaja 45,9)
Ist jemand in Christus, so ist er eine neue Kreatur;
Das Alte ist vergangen, siehe, Neues ist geworden. (2. Korinther 5,17) [7]

Es war ein strahlender Frühlingstag. Die Sonne verdrängte alle Wolken, der Himmel leuchtete in seinem schönsten Blau. Alle Familienmitglieder kamen unserem Wunsch nach, in ihrer schönsten und buntesten Kleidung zu kommen. Selbst Michael, unser Pfarrer, verzichtete auf sein schwarzes Obergewand und kam in einer cremefarbenen Albe mit bunter Stola. Unsere Familie versammelte sich vor unserem Haus. Der Friedhof liegt einen Kilometer außerhalb des Dorfs. Eine spontane Idee überkam mich: »Ralph, lass uns nicht mit dem Auto zum Friedhof fahren. Wir beide laufen gemeinsam mit unserem Hund zum Friedhof. Wir gehen Pablos Rundweg – ihm zu Ehren.«

Ich hängte mir Pablos Fußballerrucksack um, der bepackt war mit Pablos Torwarthandschuhen und weiteren Utensilien. Unsere Familie fuhr mit dem Auto voraus zum Friedhof. Hand in Hand gingen Ralph und ich ganz bewusst die Strecke über Wiesen und Waldwege vorbei an Pferdekoppeln zum Friedhof. Anton sprintete neben uns her. Pablo war ganz nah bei uns. Wir konnten ihn fühlen. Michael wartete auf unser Eintreffen auf dem Friedhof. Er bat zuvor in seinen Gottesdiensten und in Gesprächen mit Eltern und Lehrern, am Ostersonntag Abstand vom Roberner Friedhof zu halten. Wir wollten bei diesem schweren Gang ungestört in unserem sicheren Umfeld bleiben.

Wir hatten uns entschieden, dass Pablos Urne im Grab meines Bruders bestattet werden sollte. Die Gemeindeverwaltung stimmte sofort zu, obwohl dieses Grab eigentlich gedreht werden sollte, damit es zur Struktur und zur Flucht der anderen Gräber passte. Wir wollten es allerdings nicht drehen. Das »Außergewöhnliche« passt so gut zu unserem Sohn. Der Bauhof räumte im Vorfeld die Blumen ab und grub ein Loch für Pablos Fußballurne. Meine Cousine Bettina war für einen individuellen Blumenschmuck zuständig. Er sollte Pablos Charakter widerspiegeln und weit weg vom »Standard« sein. Für die Bestattung wählten wir besondere Lieder. Keine typischen Trauer- und Kirchenlieder. Unser Bestatter ließ diese über einen Lautsprecher abspielen, der mit seinem Handy verbunden war.

Der Moment war gekommen. Die Fußballurne sollte ins Grab. Ralph und ich ließen es uns nicht nehmen, Pablos Urne selbst dem Grab zu überlassen. In einem zugeschnittenen Fußballtornetz übergaben wir gemeinsam Pablos Fußballurne der Erde. Zeitgleich flog in diesem Moment ein Roter Milan direkt über unsere Köpfe hinweg. Pablo war da, er schaute uns zu. Da waren wir uns alle einig. Die Glocken der Fatima-Kapelle läuteten nach vielen Jahren zum ersten Mal wieder. Unser Familienfreund Fritz brachte die Glocken anhand eines Seilzuges zum Schwingen. Fritz war es wichtig, uns die Verbundenheit von Pablo zur Fatima-Kapelle durch das Glockengeläut spüren zu lassen.

Patrizia war für unseren Hund Anton zuständig. Als Ralph und ich Pablos Urne loslassen mussten, konnte sie ihn nicht mehr bei sich halten. Bis dahin verfolgte er brav sitzend neben Patrizia das Geschehen. Er kam auf uns zugestürmt, kuschelte sich an Ralphs und meine Beine und schnupperte aufgeregt in das Loch, in dem die Urne jetzt lag.

Pablos Cousin Finn und seine Cousinen Leni und Aniella legten ihre Mitbringsel ins Grab. Blumen, Nagellack, selbst gemalte Bilder, Süßigkeiten. Alles, was Pablo in seinem kurzen Leben wichtig war. Ja, er war Nagellack-Fan. Im Sommer lackierte ich zum Leidwesen meines Mannes öfter Pablos und meine Nägel. Michael hatte einen Abschiedsbrief von Pablos Seelenfreundin Lilly dabei. Auch dieser durfte ins Grab. Das war ein sehr bewegender Augenblick. Dies zeigte uns die Liebe, die meine Nichten, mein Neffe sowie Lilly Pablo gegenüber empfanden. Ralph und ich legten seine Torwarthandschuhe dazu. Im Rucksack fand ich eine leere Bonbonverpackung. Typisch Pablo – spontan landete auch diese im Grab.

Anschließend gingen wir in den idyllischen Wintergarten einer Gaststätte, in der meine Mama lange Jahre als Servicekraft arbeitete. 20 Gäste: Eltern, Geschwister mit Familie – mehr waren wir nicht. Es war wieder meine Cousine Bettina, die uns mit Kaffee und Kuchen versorgte und die uns zum Abendessen einen leckeren selbst gekochten Schaschlik-Topf brachte.

Michael kam abends bei uns zu Hause auf ein Glas Whisky vorbei. Eigentlich sollte Pablos Urnenbeisetzung der Abschluss sein. Michael redete uns ins Gewissen, dass es für Pablos Mitschüler nicht fair sei. Sie benötigten auch eine Möglichkeit, sich von Pablo verabschieden zu können. Pablos Mitschüler wurden in der ersten Schulwoche nach den Osterferien von einem speziellen psychologischen Team aufgefangen und durch die erste Schulwoche begleitet. Für sie war es wichtig, zu verstehen, dass Pablo so einfach von einem Tag auf den anderen nicht mehr unter ihnen war. Wir handelten mit Michael einen Kompromiss aus:

»Okay, sie sollen sich verabschieden können, aber wir legen die Rahmenbedingungen fest!«

Unsere Bedingungen waren:

- Nicht in der Kirche
- Keine Trauerkleidung
- Keine Kirchenlieder
- Keine Nachrufe
- Keine Trauerfeier, sondern eine Abschiedsfeier
- Keine Traueranzeige in diversen Zeitungen
- Keine öffentliche Bekanntmachung von Datum, Ort und Uhrzeit der Abschiedsfeier

Michael war auf Anhieb mit allen Punkten einverstanden, bis auf einen: »Der Austragungsort – nicht in der Kirche.« Wünsche sowie Vorstellungen dieser Art hatte er bisher in seiner kompletten Pfarrerlaufbahn noch nie erlebt. Schließlich akzeptierte er auch diese außergewöhnliche Bedingung und organisierte für Pablos Abschiedsfeier das Bürgerzentrum am Limes in Fahrenbach.

Das Bürgerzentrum wird den Vereinen und Bürgern für verschiedene Nutzungen zur Verfügung gestellt. Sportveranstaltungen, Gemeindebesprechungen, Schulsport oder auch diverse Festlichkeiten wie Hochzeiten und Faschingsveranstaltungen fanden bisher in dieser Räumlichkeit statt. Eine Abschiedsfeier eines Verstorbenen wurde noch nie veranstaltet. Michael organisierte unter Berücksichtigung unserer Bedingungen den gesamten Ablauf der Feier. Ein Geschenk, für das wir ihm bis heute dankbar sind.

Abschiedsfeier

Mögen Engel dich begleiten

Mögen Engel dich begleiten auf dem Weg, der vor dir liegt.
Mögen sie dir immer zeigen, dass dich Gott unendlich liebt.
Mögen Engel dich begleiten auf dem Weg, der vor dir liegt.
Mögen sie dir immer zeigen, dass dich Gott unendlich liebt.

Ihre Hände werden halten, wenn ins Stolpern du gerätst.
Manchmal werden sie dich falten, wo du in Gefahren schwebst.
Ihre Füße wirst du sehen in den Spuren neben dir.
Sei getrost auf deinen Wegen, öffne deine Herzenstür.

Mögen Engel dich begleiten auf dem Weg, der vor dir liegt.
Mögen sie dir immer zeigen, dass dich Gott unendlich liebt.

Flügel müssen sie nicht haben, nur ein freundliches Gesicht,
dass du weißt, du bist getragen, in die Irre gehst du nicht.
Du sollst nicht alleine gehen, wir sind alle für dich da.
Woll'n als Engel zu dir stehen, sagen zu dir alle Ja!

Mögen Engel dich begleiten auf dem Weg, der vor dir liegt.
Mögen sie dir immer zeigen, dass dich Gott unendlich liebt.

Jürgen Grote[8]

Pablos Abschiedsfeier fand am 30. April 2019 wieder bei strahlendem Sonnenschein im Bürgerzentrum in Fahrenbach statt. Überwältigt von so vielen Menschen, die da waren, nahmen Ralph, meine
Eltern und ich Platz in der ersten Reihe. Ein Seiteneingang, der uns

nicht durch die gesamte Menschenmenge führte, wurde speziell für unser Eintreffen geöffnet. Wir ließen uns die Entscheidung über unsere Anwesenheit auf dieser Feier bis zum Schluss offen. Mit wackeligen, zittrigen Beinen lief ich kurz vor Beginn der Abschiedsfeier an der Hand von Ralph hinter meinen Eltern wie durch einen Nebel und Tunnel her. Das oben genannte Lied »Mögen Engel dich begleiten« klang durch die Halle. Passend zum Taufspruch, den wir uns für unseren Sohn ausgesucht hatten: »Gott hat seinen Engeln befohlen, dass sie dich behüten, auf allen deinen Wegen.« Überglücklich war ich, als mein Bruder Manuel mir meinen Stuhl zuwies und ich mich setzen konnte.

Die Halle füllte sich mit etwa 500 Menschen. Erstaunlich, jeder hatte Wort gehalten und Datum sowie Uhrzeit der Feier wurden nicht öffentlich kommuniziert. Michael kam auf mich zugelaufen, sichtlich erleichtert, dass wir da waren. Er zog mich hoch, nahm mich mit seinen fast zwei Metern in seine Arme. Meine ganze Anspannung fiel durch diese innige, ehrliche Umarmung ab. Wie ein bunter Paradiesvogel stand er vor dieser großen trauernden Menschenmasse. Jeanshose, orangefarbenes T-Shirt, blaues Sakko, grüne Socken. Man konnte ihm seine Nervosität nicht ansehen. Freudig begrüßte er die verunsicherten, verstörten, trauernden Menschen. Alle kamen, wie wir uns das gewünscht hatten. Jeder hatte seine normale Alltagskleidung an. Keiner kam in schwarzer, düsterer Trauerkleidung. Nach seiner Begrüßungsrede wurde eines unserer wichtigsten Lieder eingespielt. Durch die fußballfeldgroße Halle erklang der lyrische Song »Das Leben ist schön« von Sarah Connor. Zeitgleich wurde das Video zu diesem Song auf einer großen Leinwand übertragen. Dieses Lied sagte alles aus, was wir den Trauergästen übermitteln wollten. Es trägt Pablos Handschrift. Er wollte immer, dass die Menschen in seinem Umfeld und um ihn herum glücklich sind. Er liebte sein Lebensglück. Auch jetzt in un-

serer Trauer wünschte er sich für uns Freude und Spaß. Schlechte
Stimmung konnte er nicht ertragen. Kurz vor Pablos Abschiedsfeier
wurde meiner Schwägerin Melanie dieses Lied auf YouTube angezeigt. Aufgeregt sendete sie uns einen Link zu und meinte: »Das ist
doch genau das, was ihr möchtet. Dieser Songtext ist wie für euch
geschrieben, er trifft voll auf euch zu!«

Wer Michael nicht als Pfarrer kannte, glaubte mit Sicherheit noch
immer, dass er der Moderator dieser Veranstaltung war. Es folgte
Pablos Geigengeschichte. Michael berichtete von Pablos beson-
derem Wunsch, Geige zu spielen, und kündigte den Auftritt von
Pablos Geigenlehrer an. Dieser spielte das Stück, das Pablo zwei
Tage vor seinem Unfall bei seinem letzten Konzert in der Musikschule gespielt hatte. Es erzählt die Geschichte »Der Hase und der
Igel«. Das Besondere an Pablos Auftritt war: Er spielte das Stück
mittags während seiner Unterrichtsstunde das erste Mal mit Klavier. Abends beim Auftritt spielte er es fehlerfrei. Stolz wie »Bolle«
kam er auf mich zugelaufen und meinte: »Mama, ich habe es nicht
verbockt. Ich habe fehlerfrei gespielt. Aber mein Geigenlehrer hat
Mist gebaut. Er hat sich bei der Klavierbegleitung verspielt.« Tatsächlich hatte dieser eine kleine rhythmische Unsicherheit Pablos
nicht schnell genug ausgeglichen und diesen »Fehler« natürlich auf
sich genommen. Heute spielte er nicht Klavier. Heute spielte er die
Geigenstimme. Mit einem Scheuklappenblick lief er an uns vorbei.
Hoch konzentriert ging er über die Treppenstufen auf die Bühne.
Kein Blick in den Zuschauerraum. Als aktiver Geiger spielte er neben
dem Unterrichten regelmäßig Konzerte in ganz Deutschland: mit
dem bekannten Stargeiger David Garrett vor ausverkauften Arenen
mit tausenden Zuhörern und in verschiedenen Orchestern und En-
sembles in kleinen und auch großen Konzertsälen wie der Elbphil-
harmonie Hamburg. Aber dieser Auftritt war anders, ganz anders.
Vor 500 Menschen – Trauergästen – mit einem leichten Schüler-

stück, das nur wenige Minuten dauerte. Michael startete das Video. Es zeigte Pablo bei seinem letzten Geigenauftritt. Allerdings war der Ton abgeschaltet. Pablos Geigenlehrer spielte synchron zum Video das Stück auf seiner eigenen Geige. Ein magischer Moment. Er spiegelte die enge Verbindung und das gute Verhältnis von Pablo zu seinem Geigenlehrer wider. Bewegt, gerührt, gleichzeitig aber mit versteinerter Miene verließ dieser die Bühne. Keine sonst übliche Verbeugung. Die Trauergäste applaudierten. Zuerst verhalten und unsicher – darf man auf einer Abschiedsfeier applaudieren? –, dann begeistert.

Michael berichtete weiter. Er erzählte, wie er selbst Pablo in der ersten Klasse als Religionsschüler kennenlernte und Pablo seinen Schabernack bei ihm auslebte. Unter anderem die Geschichte mit Pablos »pinkelndem Fußballerbild«. Er zeigte das Bild auf der großen Leinwand. Ein Raunen und Kichern ging durch die Reihen. Der Bann der Traurigkeit war gebrochen. Leichtigkeit schwang mit. Pablos Klassenkameraden durften sich in der Woche davor in der Schule verkleiden und in einer Fotobox ablichten lassen. Diese Bilder wurden eingespielt und Michael erzählte von Pablos Leidenschaft der Verkleidung. Danach hatten sie ihren großen Auftritt. Sie musizierten mit der Mundharmonika ihre einstudierten Lieder. Belohnt für diesen mutigen Auftritt wurden sie mit einem tosenden Applaus.

Da einige abstruse Gerüchte über Pablos Unfall kursierten, beschlossen Michael und ich kurz vor der Abschiedsfeier, doch etwas zum Unfallhergang zu erzählen. Mit seiner einfühlsamen Art erklärte Michael, was und wie der Unfall passiert war. Auch berichtete er über unsere Entscheidung, Pablos Organe zu spenden. Um unseren Helden zu ehren, ertönte das Lied »Heroes« von Marius Müller-Westernhagen. Dieses Lied beschrieb nicht nur unseren

Helden, es war auch eines unserer Lieblingslieder, wenn Pablo und ich mit unserem Cabrio durch die Landschaft fuhren. Auch Pablos Chorkollegen sollten ihren Auftritt bekommen. Begleitet wurden sie von der Chorlehrerin, die auf ihrem Klavier spielte. Die Kinder sangen die lustigen Lieder, die Pablo freitags – am Unfalltag – zuletzt gesungen hatte. Hier flogen sogar die Hausschuhe der Kinder in die Lüfte.

Wir wollten an diesem Tag den Leuten Pablos erste Zeichen aus dem Jenseits nicht vorenthalten. Michael sprach über das Leben nach dem Tod und erzählte, welches erste wahrgenommene Zeichen Pablo uns schickte. Hierzu mehr im Kapitel »Nachtodzeichen von Pablo«. Nach seiner Erzählung folgte wieder ein Lied, das nicht treffender hätte sein können. »Der ewige Kreis«, Songtext aus König der Löwen. Das Leben ist ein Wunder, es ist kostbar und endlich. Das Leben haben wir nicht in der Hand: Es ist Schicksal und vorherbestimmt. Wir können nicht immer alles verstehen. Mit dem Sonnenaufgangsruf des Mandrills Rafiki weckte ich Pablo morgens gelegentlich aus seinen Träumen auf; ein neuer Schultag wartete auf Pablo. Manchmal war er über den Morgenruf des Affen genervt und zog sich die Decke über den Kopf. Manchmal freute ihn der gut gemeinte Morgengruß.

Michael erzählte dann noch eine spannende Geschichte. Die Geschichte vom »Bäcker aus Paris«[9]. Wie passend diese war. Und damit wir alle uns miteinander verbunden fühlten, wurde Baguette durch die einzelnen Reihen gereicht. Jeder durfte sich davon abbrechen, so viel er wollte.

Pablos Abschiedsfeier dauerte zweieinhalb Stunden. Sie kam mir und vielen anderen viel zu kurz vor. Während der gesamten Feier liefen immer wieder »Best-of-Bilder« aus Pablos 8-jährigem Leben auf der Leinwand ab. Ralph stellte die Bilder einen Tag vor der Feier in stundenlanger Arbeit zusammen. Danke, Ralph, ich war hierzu nicht in der Lage.

Während der Song »Chöre« von Mark Forster durch den Lautsprecher drang, versammelten sich Pablos Mitschüler vor der Bühne Dort standen die bunten Luftballons, die mit Gas befüllt waren. Die Kinder durften in der Schule auf Sternenpapieranhänger ihre Gedanken, Wünsche und Botschaften schreiben. Jetzt, zum Abschluss der Feier, war der große Moment gekommen, worauf sich die Kinder wahrscheinlich am meisten freuten. Sie strömten mit ihren Luftballons in der Hand alle nach draußen, gefolgt von der gesamten Menschenmasse. Was sollten wir machen? Unentschlossen schauten Ralph und ich uns in die Augen. Schon kamen die Ersten an, um ihre Beileidsbekundungen abzugeben. Wir gerieten leicht in Panik. So war das nicht geplant. Wir wollten keine Gespräche führen und schon gar nicht den Trauergästen gegenübertreten. Plötzlich kam Pablos Seelenfreundin Lilly angerannt, stürmte auf Ralph zu und fiel ihm in seine Arme. Eine tiefe, herzliche Umarmung – ganz ohne Worte. Sie gab uns die Kraft, um uns der Menschenmasse zu stellen. Wir gingen nach draußen, wo wir schon sehnlichst erwartet wurden. Michael wollte nicht ohne uns die Luftballons steigen lassen. Im Atrium des Innenhofes versammelten sich die Kinder mit ihren Ballons und ihren Botschaften an Pablo. Die 500 Trauergäste standen im Kreis um das Atrium verteilt. Michael gab den Startschuss, als er Ralph und mich vor der Eingangstüre des Bürgerzentrums stehen sah. Begleitet von donnerndem Applaus flogen die Ballons in die Luft.

Wir konnten gar nicht so schnell flüchten, schon standen die Menschen vor uns Schlange. Im ersten Moment fühlte ich mich wie bei einer Beglückwünschungsrunde nach einer Hochzeit. Es fühlte sich nicht gut und nicht richtig an. Und doch verspürte ich durch die vielen Umarmungen Heilung. Wir waren mit unserem Schmerz nicht allein. Die größte Überraschung an diesem Tag war für uns, als wir Pablos Neurologen von der Uniklinik Würzburg sahen. Er war nicht allein gekommen. Eine Ärztin, die wir flüchtig kennengelernt hatten, begleitete ihn. Tief berührt über seine Anwesenheit suchten wir das Gespräch. Er schaffte es wieder, mit seiner menschlichen, herzlichen Art ein Stück unserer Trauer verblassen zu lassen. Wir können unsere Dankbarkeit, die wir für diesen großartigen Arzt empfinden, nicht in Worte fassen. In dieser schmerzlichen Situation sind mit den Ärzten und dem gesamten Pflegeteam der Uniklinik die perfekten Menschen in unser Leben getreten.

Als wir nach dieser Feier erschöpft zu Hause waren, kam Michael. Wir sprachen über die Feier und über unsere Emotionen und Trauer. Der Whisky sollte auch hier wieder nicht fehlen. Fritz, unser Familienfreund, hatte zur Geburt von Pablo eine Himmelslaterne gekauft. Diese wollten wir zu einem besonderen Moment in Pablos Leben steigen lassen. Spontan entschieden wir: Wenn nicht jetzt, wann dann? Wir gingen auf die Terrasse meiner Eltern. Pablo lag nach seinem Unfall genau an der Stelle, wo meine Eltern im Frühjahr und Sommer ihre Gartenmöbel aufgestellt haben. Er durfte an unserem Gemeinschaftsplatz ins Jenseits zurückkehren. Michael segnete den Unfallort und wir sprachen für Pablo ein Gebet. Dann kam der große Moment. Heute weiß ich, welchen Schaden eine Himmelslaterne anrichten kann. Mittlerweile sind diese in Deutschland verboten. Im dunklen Nachthimmel flog die Laterne leuchtend zum Himmel hinauf.

Wir waren über den Ablauf der Abschiedsfeier sehr glücklich. Und wohl auch die Trauergäste. Uns war es wichtig, Pablos Leben zu feiern. Wir bekamen viele positive, berührende Feedbacks. Die

Trauergäste wurden von Michael und dem Inhalt der Feier abgeholt. Viele berichteten, dass sie sehr traurig kamen und erleichtert nach Hause gingen. Eine E-Mail, die mich zutiefst berührt hat, habe ich hier aufgeschrieben:

Hallo Frau Winkler,

selten haben mich Dinge im Leben innerlich so bewegt und zum Nachdenken angeregt wie die Abschiedsfeier von Pablo und ich bin Ihnen und Ihrem Mann dankbar, dabei gewesen sein zu dürfen.

Ich war wie gefesselt von den Erlebnissen, die der Pfarrer berichtet hat, wie mit dem Vogel am Fenster oder von dem Regenbogen in Engelsgestalt, und ich kann mir in etwa vorstellen, welche Ereignisse sich zugetragen haben, von denen nicht berichtet wurde. Ich habe teilweise Gänsehaut gehabt.

Ich selbst habe schon Dinge im engsten Familienkreis erlebt, die über das hinausgehen, was wir als »normal« denkende Menschen verstehen und begreifen können. Und wie der Pfarrer gesagt hat: Diejenigen, die schon einmal auf der anderen Seite waren, wissen, wie es dort ist, und haben keine Angst mehr vor dem Tod, aber keiner redet darüber.

Diese Erlebnisse, so unbegreiflich sie auch sind, können einem Kraft und Zuversicht geben, was ich Ihnen und Ihrem Mann von ganzem Herzen wünsche.

Liebe Grüße
XX

Organspende

Nach Pablos Übertritt ins Jenseits schrieb meine Schwägerin Anja ihre Gefühle unter dem Titel »Unser Pablo wird weiterleben« nieder.

Organspende, nichts wird derzeit mehr in den Medien diskutiert als dieses Thema. Fernsehen, Zeitung, Radio, egal wo man Informationen erhält, die Menschen sollen sensibilisiert werden, über die Organspende nachzudenken. Die Politik überlegt auch hier, eine Veränderung herbeizuführen. Auch für mich war die Einstellung zum Thema Organspende eigentlich immer eindeutig. Endlich, dachte ich, wird auch politisch etwas dafür getan, dass Organspende mehr Gewicht bekommt, endlich werden die Menschen mit diesem Thema konfrontiert. Organspende ist so wichtig und sollte eigentlich selbstverständlich sein – für jeden. Das war grundlegend meine Meinung, nicht ahnend, dass sich das genau in 24 Stunden tatsächlich ändern sollte.

Seit Freitag, dem 12. April 2019, ist nichts mehr, wie es vorher war. Mein Leben und das meiner Familie änderte sich durch einen einzigen Anruf. Das einzige Kind meines Bruders verunglückte durch einen tragischen Unfall und wurde mit dem Rettungshubschrauber in die Uni Würzburg geflogen. Nur einen kleinen Zeitraum später erfuhren wir, dass Pablo an seinen schweren Kopfverletzungen sterben wird, er wurde nur 8 Jahre alt. Für die Emotionen und die Trauer, die diese Nachricht in uns ausgelöst hat, gibt es keine Worte, es ist nicht zu beschreiben. Ich kann nur so viel dazu sagen: Es kann nichts Schlimmeres auf der Welt geben als sein Kind zu verlieren. Nach zwei Tagen wurde Pablo für hirntot erklärt. Zwei Tage voller

Abschied, Liebe, Wut. Und dann, und dann stand auf einmal die Frage der Organspende im Raum. Organspende? Soll man jetzt darüber nachdenken? Mein Bruder und seine Frau haben gerade ihr Kind verloren und jetzt wird diese Frage gestellt? Es war für mich unbegreiflich. Wo war meine klare Einstellung geblieben? Wie sollte man unter diesen Umständen zu solch einer wichtigen Entscheidung kommen? Wie? War das nicht eine furchtbare Zusatzbelastung für die Eltern? Mein Bruder wollte meine Meinung dazu wissen: »Was würdest du tun?« Ich wusste keine Antwort. Meine Sicht auf die Dinge wurde durch den ganzen Schmerz des Verlustes geändert. Es gab keine klare Meinung mehr dazu. Nach langen Gesprächen mit den Eltern stand die Entscheidung fest, sie werden Organe spenden. Das Herz, die Nieren, die Leber. Ich frage mich noch immer, wie sie die Kraft gefunden haben, so zu denken. Durch Pablo werden wahrscheinlich vier Kinder weiterleben, durch Pablo und die Großzügigkeit seiner Eltern werden Familien wieder in ein glückliches Leben finden. In ein paar Wochen dürfen wir erfahren, ob die Organspende erfolgreich war. Ich wünsche mir so sehr, dass der Tod von Pablo irgendwie doch noch Sinn macht und uns wieder lächeln lässt, wenn wir an das neue Leben der Kinder denken. Ich und meine Familie sind so unsagbar stolz auf unseren kleinen Helden, der durch seinen Tod noch so viel Gutes getan hat, und meine Bewunderung für diese Entscheidung gilt ganz meinem Bruder und seiner Frau.

Zusammenfassend kann ich sagen, dass Organspende ein sehr, sehr wichtiges Thema ist und die Menschen sich unbedingt damit auseinandersetzen müssen. Organspende kann Leben retten, aber es muss aus meiner Sicht weiterhin eine persönliche Entscheidung bleiben. Und niemand darf verurteilt werden, der sich dagegen ausspricht. Organspende, wie ich sie erlebt habe, wurde mit dem Herzen und vielen Emotionen entschieden und nur derjenige, der das gefühlt hat, kann meine neue Meinung verstehen.

Laut Statistik der Deutschen Stiftung Organtransplantation stehen in Deutschland jährlich über neuntausend Menschen auf der Warteliste für ein Spenderorgan. Im Jahr 2019 gab es neunhundertzweiunddreißig Organspender. Einer davon unser Sohn Pablo.

Pablos Organspende-OP fand am 15. April 2019 statt. Sie dauerte drei Stunden. Wir haben uns im Nachgang sehr viel mit diesem Thema auseinandergesetzt. Während unserer Entscheidungsphase in der Klinik hatten wir für diese Details keinerlei Interesse. Da zählte für uns jede wertvolle Minute, die wir noch gemeinsam mit Pablo verbringen konnten. Da uns das Thema Organspende sehr ans Herz gewachsen ist, verdient es in diesem Buch ein eigenes Kapitel.

Damit eine Organspende überhaupt möglich ist, muss ein unumkehrbarer Ausfall der gesamten Hirnfunktionen – auch Hirntod genannt – vorliegen. Durch Pablos Fenstersturz und den Aufprall auf seinen Kopf wurden seine Hirnzellen beschädigt. Dies verursachte eine Hirnschwellung und die Durchblutung seines Hirns war nicht mehr gegeben. Der erhöhte Hirndruck führte zum Hirntod. Das Gehirn dient als übergeordnetes Steuerungsorgan unserer Lebensfunktionen. Fällt das Gehirn aus, ist der Körper nicht mehr in der Lage, selbstständig zu atmen, zu denken, zu sehen und zu hören. Auch die Schmerzwahrnehmung ist vollständig verloren. Deshalb musste Pablo an ein Beatmungsgerät angeschlossen werden, um sein Herz-Kreislauf-System aufrechterhalten zu können. Zwei Tage nach seinem Unfall ist die Hirntoddiagnostik von zwei unabhängigen Ärzten durchgeführt worden. Dies schreibt das Transplantationsgesetz vor. Hierzu mussten alle bewusstseinsdämpfenden Medikamente – Schmerzmittel, die Pablo erhalten hatte –, vollständig aus seinem Körper heraus sein. Unterschiedliche Reaktionen wurden bei ihm geprüft. Seine Pupillenreaktion wurde durch ein Licht, mit dem in die Pupillen geleuchtet wurde, überprüft. Beim Puppenkopf-Phänomen – schnelles Hin- und Herbewegen des Kopfes – wurden seine Augenbewegungen getestet. Mit einem Wattestäbchen berührte der Arzt seine Augenhornhaut, um den Augenreflex zu testen. Unterschiedliche Schmerzreize mussten in Pablos Gesicht ausgelöst werden. Auch der Würge- und Hustenreflex ist mit einem Berühren seiner Rachenwand gereizt worden. Der Arzt veranlasste eine erneute Hirnperfusionsszintigrafie, eine Bildaufnahme von Pablos Kopf. Dieses Verfahren stellt die Hirndurchblutung dar. Damit die Hirngefäße bildlich dargestellt werden können, musste Pablo eine radioaktive Substanz in seine Vene gespritzt werden. Grundsätzlich erscheint das angereicherte Hirngewebe in der bildlichen Darstellung dunkel. Ist der unumkehrbare Ausfall der gesamten Hirnfunktion eingetreten, erscheint die Schädelhöhle aufgrund der fehlenden Durchblutung im Gehirn leer und wird auf dem Szintigramm hell dargestellt. So war es bei Pablo der Fall. Seine Schädelhöhle war komplett »hell« und somit »leer«. Die Ärzte überließen uns eine Kopie von Pablos Szintigramm. Während des gesamten Krankenhausaufenthalts war er an einem EEG-Gerät angeschlossen. An seiner Kopfhaut wurden Elektroden angebracht, die seine Hirnaktivität aufzeichneten. Auch hier wurde eine »elektrische Stille« dokumentiert. Alle Protokolle, Aufzeichnungen, Schmerz- und Reflexuntersuchungen sowie das Szintigramm wiesen auf einen eindeutigen Hirntod hin. Pablo konnte nicht mehr ins Leben zurückkehren.

Bevor die DSO informiert wurde, wollten wir von unserem Neurologen wissen, wie der Ablauf wäre, wenn wir uns gegen eine Organspende entschieden hätten. Sobald der Hirntod eindeutig eingetreten und nach Vorschriften des Transplantationsgesetzes nachgewiesen ist, sind die behandelnden Ärzte verpflichtet, zeitnah alle lebenserhaltenden Maßnahmen einzustellen. Bei einem Hirntod können selbst die Maschinen und die Intensivtherapie die Herz-Kreislauf-Funktionen nicht länger als circa zwei Wochen aufrechterhalten.

Tagelang nach Pablos Organexplantation recherchierten wir im Internet, schauten uns Dokus auf YouTube an und besuchten in Heilbronn eine Infoveranstaltung zum Thema Organspende. Am meisten wollten wir verstehen, wie eine Herztransplantation abläuft. Wie ergeht es den Kindern, die auf ein Spenderherz angewiesen sind? Wie lange dauert die Herzentnahme, also die Explantation des Herzens beim Spender? Wie läuft die Explantation ab? Wie lange hat das Ärzteteam Zeit, um das Spenderherz beim Empfänger einzusetzen? Welche Faktoren müssen zwischen Spender und Empfänger übereinstimmen? Welchen Job übernimmt der Koordinator der DSO im OP? Fragen über Fragen. Und wir fanden dank des Internets ausreichend Antworten.

Für Pablos Herzexplantation kam ein spezialisiertes Entnahmeteam direkt aus der Empfängerklinik eingeflogen. Sie untersuchten sein Herz gründlich und entschieden, dass es beim ausgewählten Empfänger transplantiert werden konnte. Die Zeit zwischen der Entnahme beim Spender und der Einnaht beim Empfänger darf maximal fünf Stunden betragen. Da die Organtransplantation anonym verläuft, dürfen wir leider nicht erfahren, wer Pablos Organe und, was uns besonders wichtig gewesen wäre, wer sein Herz erhalten hat. Aufgrund unserer intensiven Recherche über den Ablauf einer Herztransplantation waren wir uns sicher: Sein Herz ist höchstwahrscheinlich in Deutschland geblieben. Aber hierzu gibt es weitere Infos im Kapitel »Nachtodzeichen«.

Infobrief der DSO Bayern

Am 29. Mai 2019 erhielten wir einen Brief von unserem Koordinator der DSO Bayern. Er informierte uns über die einzelnen Transplantationen von Pablos Organen.

Sehr geehrte Familie Winkler,

erst vor wenigen Wochen ist Ihr Sohn Pablo verstorben und sicherlich schmerzt der Verlust noch immer unverändert stark. Dank der Bereitschaft von Ihnen, seine Organe nach seinem Tod zu spenden, hat Pablo den kleinen Patienten auf der Warteliste die Chance auf ein Überleben eröffnet. Wir möchten uns bei Ihnen von Herzen bedanken und Ihnen nun von den erfolgten Transplantationen berichten.

Nach eingehenden Voruntersuchungen sowie Prüfung der medizinischen Voraussetzungen und Ihrer Einwilligung konnten das Herz, die Leber und die beiden Nieren an die Vermittlungsstelle Eurotransplant in Leiden gemeldet werden. Nach den Kriterien der Dringlichkeit und Erfolgsaussicht wurden die genannten Organe vermittelt und transplantiert. Das Herz wurde einem Mädchen transplantiert, das an einer Vergrößerung des Herzens litt. Das Kind wurde bis zur Transplantation mit einem Kunstherz versorgt. Der Allgemeinzustand der jungen Patientin ist nach der Transplantation sehr gut, das Organ funktioniert einwandfrei und sie wird in Kürze aus dem Krankenhaus entlassen.

Einem weiteren Mädchen konnte durch die Transplantation der Leber von Pablo das Leben gerettet werden. Die Leber der jungen Patientin war durch eine langjährige und schwerwiegende Erkrankung so stark beschädigt, dass sie ihre entgiftende Funktion verloren hatte. Nach der komplikationslosen Transplantation hat die Leber sofort ihre Funktion aufgenommen und es geht der Patientin nun wieder gut. Für dieses einzigartige Geschenk sind die Empfängerin und ihre Familie dem unbekannten Spender und dessen Familie unbeschreiblich dankbar.

Die linke Niere von Pablo wurde einem Mädchen und die rechte Niere einem Jungen transplantiert. Beide litten an einer chronischen Nierenerkrankung und waren mehrmals wöchentlich auf kräftezehrende künstliche Blutwäsche angewiesen. Die zwei Organe arbeiten sehr gut und beide Empfänger wurden bereits aus dem Krankenhaus entlassen.

Liebe Familie Winkler, aus unserer persönlichen Erfahrung heraus können wir Ihnen versichern, dass sich die Organempfänger immer in besonderer Weise mit ihrem unbekannten Spender verbunden fühlen werden. Dank und Mitgefühl gelten immer den Hinterbliebenen.

Für Ihre Zukunft wünschen wir Ihnen viel Kraft und alles Gute!

Deutsche Stiftung für Organtransplantation

Mit freundlichen Grüßen
XX

Ich bin froh, dass ich mich von Pablos Körper nochmals verabschiedet habe, nachdem die Organe entnommen worden sind. Sein kleiner, lebloser Körper lag entspannt und friedlich da. Befreit von allen Geräten und Schläuchen. Die OP-Naht wurde von den Ärzten sorgfältig mit einem Pflaster überklebt. Wir sind megastolz auf ihn. Unser »Held«, der vier Kindern die Chance auf ein Weiterleben geschenkt hat. Diese müssen ihr Leben lang unzählige Medikamente einnehmen, damit Pablos Organe nicht abgestoßen werden. Es kann sein, dass die Kinder bestimmte Vorlieben und Eigenschaften von Pablo übernehmen, da jedes Organ Zellen abgespeichert hat, welche seine Persönlichkeit geprägt haben.

Wir hatten definitiv während dieses emotionalen Chaos die richtige Entscheidung getroffen. Bis jetzt haben wir an keinem einzigen Tag an unserer Entscheidung gezweifelt. Es fühlt sich nach wie vor stimmig und somit richtig an.

Ein neuer Lebensabschnitt beginnt

Nach Pablos Abschiedsfeier gab es für uns erst mal nichts mehr zu organisieren. Das Leben ging trotz alldem weiter. Nach jedem Ende folgt ein Neuanfang. Der Beginn eines Wachstums- und Wandlungsprozesses. Eine umfassende Lebensumstellung. Acht Jahre durften wir mit Pablo die Sonnenseite des Lebens erfahren. Nun standen wir vor unserer größten Herausforderung: Wir mussten urplötzlich unser Leben komplett neu ausrichten – ohne Pablo. Wie soll das funktionieren?

Wenn ein Kind zur Welt kommt, verändert sich das gesamte Leben: Gefühle, Gedanken, Aktivitäten. Die Liebe, die man für ein Kind empfindet, ist einzigartig und nicht vergleichbar. So ist es auch, wenn ein Kind aus dem Leben geht. Unser Zuhause, welches mit Pablo bunt und voller Leben war, fühlte sich ohne unseren Wirbelwind leer, still und kalt an. Keine Gegenstände mehr auf dem Boden, über die wir stolperten. Keine Musik oder Hörspiel-CD, die durch die komplette Wohnung schallte. Die Veränderungen wirbelten uns schonungslos wie ein Orkan entgegen. Die letzten acht Jahre richtete sich unser Leben vollkommen auf Pablos Bedürfnisse aus. Abgesehen von der Arbeit, der wir nachgingen – dazu waren wir aktuell noch lange nicht in der Lage. Dafür war unser Körper zu kraft- und zu energielos, die Nächte geprägt von einem unruhigen Schlaf. Der Schmerz der Trauer wollte gefühlt und durchlebt werden. Wir fühlten uns erschöpft, antriebslos sowie körperlich und seelisch müde. Ich wünsche keinen Eltern, dass sie je ihr Kind zu Grabe tragen müssen. Eigentlich gehört es zur Natur des Lebens, dass die, die zuerst da sind, vor uns gehen. Demnach sollten wir vor Pablo das Leben in die Ewigkeit verlassen und nicht umgekehrt.

In kleinen Schritten, achtsam mit uns selbst, liefen wir auf unserem neuen Lebensweg. Wir überprüften unsere eigenen Wertesysteme und unsere Haltung zum Leben. Für diesen Veränderungsprozess benötigten wir eine große Portion Zuversicht.

Was sollten wir nun mit Pablos Zimmer machen? Als wir vom Krankenhaus nach Hause kamen, hatte mein Bruder auf unseren Wunsch hin Pablos Zimmertüre geschlossen und all seine Utensilien aus Bad und Küche in Pablos Zimmer gelegt. Für Ralph und mich fühlte sich die verschlossene Zimmertüre befremdlich und nicht richtig an, wir mussten sie umgehend wieder öffnen. Sie war acht Jahre lang immer offen gestanden. Wir einigten uns darauf, vorerst das Zimmer nur aufzuräumen und Ordnung darin zu schaffen. Ein ganzes Jahr lang blieb sein Zimmer so, wie er es an seinem Übertrittstag zurückgelassen hatte. Zwischenzeitlich teilen wir uns das Zimmer gemeinsam mit Pablo. Ralph erledigt seine Kraftsporteinheiten und ich halte mich regelmäßig für meine Yogaroutine und meine Meditationen darin auf. Uns ist es wichtig, nach unserem eigenen Gefühl sowie nach unserem eigenen Rhythmus zu handeln, uns selbst in dieser schwierigen Zeit treu zu bleiben. Den Impulsen unserer Intuition zu folgen. Was sich heute unstimmig anfühlt, kann sich eventuell morgen stimmig anfühlen.

Drei Tage nach Pablos Abschiedsfeier hatte meine Schwiegermama ihren 70. und mein Schwager seinen 50. Geburtstag. Die großen Feiern wurden kurzfristig abgesagt. Dennoch wollten wir gemeinsam zum Abendessen gehen. Da meine Schwiegereltern in Bad Kissingen wohnen, führte unsere Fahrt über Würzburg. Spontan beschlossen wir, den Ärzten und Pflegern auf der Kinderintensivstation einen Besuch abzustatten. Wir hatten das Bedürfnis, uns noch einmal für ihre sagenhafte Arbeit zu bedanken, und wollten eine Geldspende für Kiwi e.V. abgeben. Gemeinsam mit meinen

Eltern und einem Dankeschön-Geschenk fuhren wir nach Würzburg. Ralph konnte sich erinnern, dass auf dem Tisch der Schwestern und Pfleger immer Kuchen und ein Glas Nutella standen. Meine Cousine Bettina backte einen Möhrenkuchen und wir organisierten mehrere Gläser Nutella. Nachdem die Schwestern während unseres zweieinhalbtägigen Klinikaufenthaltes die komplette Familie mit Wasser, Tee und Kaffee versorgt hatten, kauften wir für sie Nachschub. Tee in unterschiedlichen Geschmacksrichtungen. Mit der Kaffeeauswahl war es etwas schwieriger: Bohnenkaffee, Pulverkaffee oder Kaffeepads? Auch hier konnte Ralph sich an ein Detail erinnern. Mit dem Koordinator der DSO waren wir zum Organspende-Gespräch in der Kaffeeküche der Schwestern gesessen. Er meinte: Pulverkaffee. Wie konnte Ralph dies wahrnehmen? Aber es stimmte. Wir lagen mit dem Pulverkaffee richtig. Die Station benutzt eine herkömmliche, einfache Kaffeemaschine. Voll bepackt klingelten wir an der Zutrittstüre zur Intensivstation. Pablos Schwestern und Pfleger waren leider an diesem Tag nicht da. Dafür aber die Ärzte. Sichtlich berührt über unsere Mitbringsel bedankten sie sich unter Tränen für diese Geste. Auch bedankten sie sich dafür, dass sie diese zweieinhalb unvergesslichen Tage mit uns verbringen durften. Laut ihnen geht es normalerweise auf der Kinderintensivstation immer lustig und spaßig zu. An unseren Kliniktagen nicht. Sie waren berührt von unserem Schicksal und litten mit uns. Jeder bewegte sich wie eine Katze schleichend über den Krankenhausflur. Keiner der Ärzte und des Pflegeteams wollte diese besondere Atmosphäre stören. Sie störten sich auch nicht an unserem großen Familienclan. Im Gegenteil, wir durften ohne Probleme alle zu Pablo oder auch vor der Intensivstation das Elternzimmer sowie den kleinen Flur behausen. Ich glaube, wir haben an diesem Wochenende über 100 Schutzanzüge benötigt. Auch das war für die Station völlig in Ordnung. Pablos Neurologen übergaben wir ein persönliches Geschenk. Wir wussten, dass er FC Bayern Fan ist. Zufälligerweise hatte Pablo einen Spielerball mit Unterschriften von den FC Bayern Legenden. Am 10. Mai 2018 spielten diese gegen die Odenwaldauswahl auf einem Dorffußballplatz 15 Kilometer von unserem Wohnort entfernt. 5000 Zuschauer schauten sich dieses Spiel an. Mit dabei: mein Papa, Ralph und Pablo. Sie kauften sich eine Stadionwurst bei Uli Hoeneß und staunten über die Bayern-Legenden, die vor ihren Augen auf dem Dorffußballplatz rannten: Elber, Klose, Zickler, Kuffour, Demichelis und noch viele mehr. Pablo ging nach dem Schlusspfiff mit Ralph auf das Spielfeld. Plötzlich kam der Spielerball auf Pablo zugerollt. Im ersten Moment wusste er nicht, was er mit diesem Ball jetzt machen sollte. Durfte er ihn nehmen oder nicht? Ralph entschied: Ball mitnehmen – und sie ließen ihn noch von einigen Stars signieren. Mein Papa überreichte dieses besondere persönliche Geschenk an Pablos Neurologen. Ein Zitat, welches wir dem gesamten Team der Kinderintensivstation in Würzburg widmen:

»Viele Menschen treten in dein Leben, aber nur wenige hinterlassen Spuren in deinem Herzen!« [10]

Unsere Fahrt ging weiter nach Bad Kissingen. Wir verbrachten einen schönen Tag im Kreis unserer Liebsten. Wir fühlen uns durch diesen Familienzusammenhalt ein Stück getragen und geborgen. Vielleicht ist für Ralphs Eltern die Entfernung ein Problem. Sie können nicht einfach unangemeldet auf einen Kaffee bei uns vorbeikommen und sie können auch nicht an Pablos Grab, wenn sie den Wunsch verspüren. Ralphs Eltern und die Familie seiner Schwester überraschten uns mit einem tollen Geschenk. Sie überreichten uns eine Sternenurkunde von »Sterntaufe Deutschland«. Sie hatten einen Stern auf Pablo taufen lassen. In »Der kleine Prinz« gibt es diese Stelle mit den Sternen, bevor sich der kleine Prinz von der Erde verabschiedet, um zu seinem kleinen Stern zurückzukehren: »Wenn du bei Nacht den Himmel anschaust, wird es dir sein, als lachten alle Sterne, weil ich auf einem von ihnen wohne, weil ich auf einem von ihnen lache.«[11] Pablo und ich, wir hatten uns in seinen schlaflosen Nächten Sterne ausgesucht und ihnen Namen gegeben wie »Oma Erna«, »Opa Hermann« und »Torsten«, mein Bruder. Jetzt hat Pablo ganz offiziell einen Stern, der seinen Namen trägt. Pablos Stern hat die Koordinaten RA: 2h54m15,47s DEC: +52°45′44.9″. Er wurde am 21. April 2019 in das Sterntaufenregister mit der Taufnummer 14728-7634-1221074 eingetragen. Er liegt im Sternbild »Perseus«, durch das sich die Milchstraße zieht.

An diesem Geburtstagswochenende spielte für Pablo die erste Fußballmannschaft des SV Robern in Trauerflor. Die Spieler, Schiedsrichter und Linienrichter versammelten sich am Mittelkreis. Der Vorstand sprach vor der Schweigeminute und vor dem Spielanpfiff folgende Worte: »Wir trauern um unseren Jugendspieler Pablo Winkler, der leider durch einen tragischen Unfall viel zu früh von uns gegangen ist. Pablo, wir werden dich in guter Erinnerung behalten!« Wir selbst wollten bei diesem Gedenkspiel nicht dabei sein. Meine Freundin filmte für uns die Ansprache des Vorstandes sowie die Schweigeminute des Fußballvereins.

Die Trauer lag schwer in unserem Magen und auf unserer Brust. Besonders Ralph schwirrte immer wieder die Frage im Denkapparat herum: Wie konnte das passieren? Wie konnte unser Sohn so leichtsinnig sein? Was hatte ihn dazu bewogen? Er hatte noch nie in seinem Leben sein Zimmerfenster geöffnet. Niemand hat gesehen, wie er aus dem Fenster gestürzt ist. Nicht seine Cousine, die mit ihm im Zimmer war, nicht mein Papa, der sich zum Unfallzeitpunkt im Garten mit unserem Nachbarn unterhielt. Nicht meine Mama, die sich genau unter Pablos Zimmer in ihrem Wohnzimmer mit meinem Bruder unterhielt und dabei ihren Blick auf die Terrasse

gerichtet hatte. Wieder und wieder versuchte Ralph den Unfallhergang mit der Logik zu verstehen. Er ging sogar so weit, dass er die
Situation nachstellte. Er setzte sich auf die Stelle der Fensterbank,
an der unser Sohn gesessen sein musste. Versuchte mit seinem
Gewicht das Fliegengitter aus der Verankerung zu drücken.

Mich beschäftigte viel eher die Frage, wie das sein konnte, dass
unser Sohn an der Unfallstelle dagelegen ist wie ein zusammenge-
rolltes, friedlich schlafendes Kleinkind. Warum keine Schreie oder
Rufe zu hören waren. Warum meine Mama das Fliegengitter fallen
sah, aber nicht gesehen hatte, dass auch Pablo heruntergefallen ist.
Hatte er zwei Tage vor seinem Unfall eine Vision? Was hatte er geträumt und warum hatte er mir nicht gesagt, welche Handlung sich
in seinem Traum abspielte? Wusste er, dass das Ende seiner Zeit
hier auf der Erde gekommen war? Warum konnte er sich nicht für
einen Kurztrip in die Berge begeistern und warum wusste er nicht,
ob er seinen achten Geburtstag feiern wollte? Warum ließ er von
Ralph seinen Tischkicker eine Woche vor seinem Unfall ein Stück
vom Fenster wegrücken? Mit dem Tischkicker davor konnte sein
Fenster nicht geöffnet werden. Unser Denkapparat konnte das alles
nicht begreifen. Vielleicht sollten wir auch nicht verstehen, wie
genau dieser Unfall geschehen ist. Vielleicht spielt das überhaupt
keine Rolle. Fakt ist, in diesem Ereignis lag etwas Geheimnisvolles.
War es vorherbestimmt? Von einer höheren Macht und Absicht
bestimmt, die wir in diesem Leben nicht erfassen können? Wir
waren uns einig. Wir hätten Pablos Tod nicht verhindern können.
Ich akzeptierte schnell das Schicksal, jedoch wollte ich das Geheimnis darin lösen.

Ein großes Bedürfnis war es uns, Pablos Ersthelfer auf ein Gespräch
zu uns nach Hause einzuladen und uns bei ihm für seinen Einsatz
zu bedanken. Wir sprachen mit ihm über den Einsatz und fragten

nach seiner persönlichen Einstellung zum Thema Organspende. Wir haben unsere Entscheidung aus dem Bauch und aus unserem Herzen heraus getroffen, wie aber würde ein Mensch entscheiden, der sich im medizinischen Bereich auskennt, und welche Meinung hatte er zum Thema Seele und zum Thema Energie? Er war der Erste, der uns versicherte, dass Energien und somit die Seele sich nicht auflösen können. Meinem Papa sprach er für sein Absetzen des Notrufes Respekt und Bewunderung aus. Er hatte das gesamte Notrufgespräch über Funk mitverfolgt. Mein Papa behielt den Überblick und konnte der Leitstelle über das Telefon ruhig und sachlich sechs Minuten lang – bis zum Eintreffen der Ersthelfer – unsere Situation schildern.

Wir suchten auch das persönliche Gespräch zu Pablos Lehrerin. Wir trafen sie an einem sonnigen Tag zu einem Spaziergang am Roberner See. Viele Freunde, Bekannte und einige Mitmenschen aus unserem Umfeld wussten nicht, wie sie mit uns umgehen sollten. Ihre eigene Hilflosigkeit – oder vielleicht auch die Angst – hinderte sie daran, Ralph und mir gegenüberzutreten. Deshalb ergriffen wir bei Pablos Lehrerin die Initiative. Sie stimmte per Mail sofort unserem Vorschlag zu. Ralph und ich waren einige Minuten früher am vereinbarten Treffpunkt. Wir saßen auf der Bank direkt am See und schauten gedankenverloren den Enten und Fischen zu. Verunsichert kam sie auf uns zugelaufen. Auch sie konnte das Unbegreifliche nicht fassen. Ihr glücklichstes Kind in der gesamten Klasse wird zukünftig nicht mehr an seinem Platz sitzen. Wir haben uns gegenseitig während unseres zweistündigen Spaziergangs getröstet und Kraft gegeben. Sie erzählte uns viele kleine Geschichten, die sie mit Pablo in der Schule erlebt hatte. Er freute sich riesig auf seine bevorstehende Buchpräsentation. Von seiner Lehrerin wusste er, dass sie sich vor Spinnen ekelte. Pablo wollte ihr sein Buch »Die kleine Spinne Widerlich« präsentieren und ihr damit ihren Ekel vor

Spinnen nehmen. Zum Abschluss überreichte sie uns ein Video von Pablo. Er hielt einige Tage vor seinem Tod eine Haustierpräsentation vor der Klasse. Diesen Auftritt hatte sie gefilmt. Und sie überreichte uns den Klassenfußball. Sie verband diesen Ball mit Pablo. Er war zum Pausengong immer der Erste, der sich den Ball schnappte und nach draußen auf den Schulbolzplatz rannte.

Nach diesem Treffen kam uns die Idee, dass wir – Ralph und ich – Pablos Buchprojekt für ihn und für seine Lehrerin zu Ende bringen könnten. Pablo hatte das Buch bereits ausgewählt. Hierzu sollte er passend zum Buchinhalt eine Lesekiste basteln und diese Kiste gemeinsam mit den fachlichen Inhalten des Buches der Klasse präsentieren. Nach zwei Flaschen Sekt und fünf Stunden kreativem Basteln war die Lesekiste fertig. Meine Freundin Sandra erklärte sich bereit, mich hierbei zu unterstützen. Da ich mich selbst emotional nicht in der Lage fühlte, vor der Klasse die Präsentation zu halten, engagierten wir Michael, unseren Pfarrer. Dieser überraschte, bepackt mit der Lesekiste unter dem Arm, die Lehrerin und Pablos Mitschüler während einer Unterrichtsstunde. Pablos Lehrerin verstand recht schnell, was hier vor sich ging. Michael hielt wie vereinbart Pablos Buchpräsentation. Für Pablos Lehrerin war dies ein sehr emotionales Erlebnis, während die Mitschüler voller Begeisterung waren.

Pablos Lehrerin revanchierte sich und überraschte uns mit einem »Pablo Erinnerungsbuch«. Mit vielen Bildern und Berichten dokumentiert es Pablos eineinhalbjährige Schulzeit.

Würde uns eine Gesprächstherapie bei einem Psychologen helfen? Wir wollten keinen Weg unversucht lassen und auch diese Möglichkeit für unsere Trauerverarbeitung nutzen. Unsere Hausärztin schrieb uns eine Überweisung und zwei Tage später saßen Ralph

und ich bei einem Psychologen. Bereits nach den ersten fünf Minuten erkannten wir, dass dies auf gar keinen Fall unser Weg sein
wird. Es blieb bei diesem einmaligen Besuch.

Vielleicht wäre eine Kur das Richtige für uns. Wir stellten bei unserer

Rentenversicherung einen Kurantrag. Das Drama nahm schon zu Beginn seinen Lauf. Ralph wird bei der Rentenversicherung Land in Heilbronn geführt. Ich bei der Rentenversicherung Bund in Berlin. Inhaltlich unterschieden sich unsere Kuranträge nicht. Sie waren absolut identisch. Ralph erhielt bereits nach zwei Wochen eine Zusage für eine allgemeine Rehaeinrichtung. Ich erhielt von meiner Rentenversicherung nach acht Wochen eine Absage. Nachdem ich einen schriftlichen Widerspruch gegen meine Ablehnung eingereicht hatte, erhielt ich nach weiteren sechs Wochen eine Zusage für eine psychosomatische Klinik. Ralph erhielt zeitgleich eine Korrektur seiner Zusage, die allgemeine Rehaeinrichtung wurde abgeändert in eine psychosomatische Klinik. Eine psychosomatische Kur wurde allerdings im Arztbericht unserer Hausärztin, den beide Rentenversicherungen erhielten, nicht befürwortet. Nach einigen missglückten Versuchen, die Rentenversicherungen umzustimmen, lief unser Kurantrag sechs Monate nach seinem Bewilligungsdatum ab. Ich hatte keine Motivation mehr, meine wertvolle Energie an dieses bürokratische, standardisierte, festgefahrene System »Deutsche Rentenversicherung« zu verschwenden.

Ein schönes Ereignis bescherte uns Pablos Geigenlehrer sieben Wochen nach Pablos Tod. Im Orchester begleitete er den angesagten Stargeiger auf dessen Deutschlandtour und spielte mit ihm gemeinsam in der SAP Arena in Mannheim. Kurzfristig organisierte er uns vier der begehrten Tickets. Nachdem meine Eltern Pablo zu seinen Geigenstunden und seinen Konzerten begleitet hatten, waren auch sie es, die gemeinsam mit Ralph und mir das Konzert besuchten. Pablos Geigenlehrer erwartete uns vor dem spektakulären Konzert am Haupteingang der SAP Arena und händigte uns die Eintrittskarten aus. Wir wollten ihn auch überraschen und überreichten ihm ein Erinnerungsgeschenk an meinen Sohn. Wir schenkten ihm ein Porträt von Pablo und seinen geliebten »Glücksanhänger«, eine Geige. Pablo war bei diesem Konzertbesuch an unserer Seite. Meine Mama und ich konnten ihn riechen. Ständig zog ein Lufthauch seines Duftes an uns vorbei. Die Elektrik spielte bei einem Konzertlied verrückt und man konnte die Klänge nicht über die Lautsprecher hören. Hatte Pablo seine Finger beziehungsweise seine Energie im Spiel?

Um Pablos Cousinen und Cousin sowie seine besten Freunde ein Stück in ihrer Trauer aufzufangen, durfte sich jeder ein Kuscheltier sowie ein Spielzeug aus Pablos Zimmer nehmen. Auch meine Eltern wollten ein Kuscheltier von Pablo haben, welches sie seitdem in ihrem Bett liegen haben.

Wann werden wir wieder in unser Arbeitsleben einsteigen können? Ralph und ich setzten uns ein Ziel. Wir vereinbarten, dass wir uns nicht allzu lange zu Hause mit der Trauer einschließen wollten. Pablo ging an Ostern zurück ins Jenseits. Unseren Arbeitsstartpunkt legten wir auf Pfingsten. Neun Wochen Zeit nahm ich mir, um meiner Trauer jeglichen Raum zur Verfügung zu stellen. Ralph ließ sich nicht ganz so lange Zeit und ging nach sieben Wochen zurück in sein Arbeitsleben. Neun beziehungsweise sieben Wochen, in denen unsere Kurztrips nach Trier sowie in die Berge ins Tannheimer Tal enorm wichtig waren. Auch unser Sport, der bereits vor Pablos Tod zum Ausgleich des Alltages für uns wichtig war, stellte sich nach den ersten zwei Trauerwochen als wichtige Unterstützung heraus.

Angetrieben durch unsere persönliche Geschichte ergab sich für uns die Möglichkeit, das Thema Organspende bei einem Testfußballspiel der TSG Hoffenheim gegen Eintracht Braunschweig zu platzieren. Über den freundschaftlichen Kontakt zur Familie Geiger, deren Sohn Dennis bei der TSG Hoffenheim spielt, kam die Idee zur Aktion im Rahmen des Testspiels vor großem Publikum. Etwa 2000 Zuschauer kamen am 13. Juli 2019 auf den nahegelegen Dorf-fußballplatz in Sattelbach, wo das Testspiel ausgetragen wurde. Unser Freund und Pfarrer Michael stellte sich vor Anpfiff des Spiels in den Mittelkreis und sensibilisierte die Zuschauer mit dieser Rede:

Hallo, liebe Fußballfreunde,

mein Name ist Michael Roth-Landzettel und ich bin Pfarrer der Nachbargemeinde Fahrenbach. Ich wurde im Vorfeld eingeladen, heute ein paar Worte zu sagen, was ich gerne tun möchte.

Bei dem, was ich euch sagen möchte, geht es ganz wesentlich um Zeit! Die Zeit, die wir haben, und die Zeit, die vergeht. Dabei meine ich nicht die ziemlich genau 90 Minuten des Fußballspiels, sondern die unberechenbare Zeit des Lebens. Oft leben wir zwar so, als hätten wir alle Zeit der Welt. Aber manche von uns haben genau das Gegenteil erlebt: Dass das Leben begrenzt ist – und manchmal erschreckend kurz. So mussten es auch Miriam und Ralph erleben, die zwei Orte weiter in Robern leben, wo auch der Hoffenheimer Dennis Geiger herkommt. Nach dem letzten Schultag vor den Osterferien fiel ihr Sohn Pablo zu Hause aus dem Fenster. Durch das Fliegengitter. Einfach so. In der Kinderklinik Würzburg konnte nur noch sein Tod festgestellt werden.

Damals, vor drei Monaten, standen die Eltern vor einer wichtigen Entscheidung: Sollten sie die Organe ihres Sohnes spenden, damit andere Kinder überleben könnten? Sie entschieden sich dafür, und Herz, Leber und Nieren konnten erfolgreich transplantiert werden. So wurde Pablo mit seinen fast acht Jahren noch zum Lebensretter für andere.

Seitdem werden seine Eltern nicht müde, seine Botschaft weiterzugeben: Das Leben ist wertvoll, genießt jeden Tag. Mit eurer Familie, mit euren Kindern, mit euch selbst. Ein gesundes Kind ist nicht selbstverständlich und wer ein krankes Kind hat, ist oft auf die Unterstützung anderer angewiesen, wie sie zum Beispiel der Verein Kiwi e.V. in Würzburg anbietet. Das Leben ist kurz und hängt viel zu oft am seidenen Faden. Und oft auch an der Entscheidung eines anderen. Zum Beispiel der Entscheidung, Organe zu spenden.

Viele in Fahrenbach und Robern haben sich in den letzten Monaten einen Organspendeausweis besorgt, weil sie erkannt haben, wie wichtig das ist. Und Pablos Eltern engagieren sich mittlerweile bei dem genannten Verein Kiwi e.V. Im Namen von Pablos Eltern möchte ich euch heute zum Innehalten und Nachdenken einladen: Später werden ehrenamtliche Helfer rumlaufen und dem, der möchte, einen Organspendeausweis geben, den ihr nur noch ausfüllen müsst.

An dieser Stelle möchte ich dabei einen besonderen Dank an Familie Geiger und dem SV Sattelbach aussprechen, die dieses Anliegen von Pablos Eltern so tatkräftig und großzügig unterstützen und uns heute diese Plattform gegeben haben!

Bitte denkt darüber nach: Was wäre, wenn? Was wäre, wenn euer Kind schwer krank wäre? Wie sehr würdet ihr darum beten, dass sich irgendwo andere Eltern für eine Organspende entscheiden?

Rund 1000 Organspendeausweise konnten wir an die Fußballfans verteilen, und 2.500 Euro konnten an Kiwi e.V. gespendet werden.

Unser Koordinator der DSO Bayern kam an diesem Tag aus Erlangen, um Ralph und mir zur Seite zu stehen. Wir freuten uns auf das Wiedersehen. Ein Wiedersehen, das uns unendlich guttat.

Beim alljährlichen Fliegerfest auf dem Segelfluggelände Schreckhof auf dem Hamberg in Mosbach durfte Michael erneut am 1. September als Botschafter auftreten. Auch hier sensibilisierte er 3000 Zuschauer für das Thema Organspende. Wieder konnten wir einige Organspendeausweise verteilen und eine Spendensumme von 2.500 Euro an Kiwi e.V. übergeben.

Im August wurden wir in einem vierstündigen Interview von einer Redakteurin der Heilbronner Stimme interviewt. Am 3. Oktober erschien in der Regionalzeitung unser Interview. Der Artikel zum Thema »Organspende« nahm die komplette dritte Seite der Zeitung ein. Im September folgte ein erneutes Interview zur Organspende. Dieses Mal wollte die Audi Krankenkasse unsere Meinung zur Organspende wissen. Der Artikel erschien im Dezember im Mitgliedermagazin der Audi BKK. Dieses wurde an 720.000 Versicherte versendet.

Das bisher größte Event war ein eigens geplanter »Infotag zur Organspende« bei meinem Arbeitgeber. Entstanden ist diese Idee während eines Gesprächs mit einem meiner Betriebsratskollegen. Vier Monate Vorlaufzeit gab ich mir für diesen Infotag. In Zusammenarbeit mit der internen Kommunikation, dem Werksarzt sowie mit einer Koordinatorin der DSO Baden-Württemberg entstand das Event »Aufmerksamkeit schaffen: Aktionstag zur Organspende«. Werbung hierfür wurde intern über das Mitarbeiterportal und durch Ankündigung auf der Betriebsversammlung gestreut. Der Infotag wurde am 11. Dezember mit einer Vortragsreihe durchgeführt. Ich selbst sprach zuerst als Betroffene und erzählte unsere persönlich erlebte Geschichte. Danach klärte die Koordinatorin der DSO die Zuhörer über die fachlichen, spezifischen Themen zur Organspende auf. Abschließend konnten Fragen der Zuhörer beantwortet werden und unser Werksarzt informierte aus seiner Sichtweise als Arzt zum Thema Organspende.

Pablo, mein Modeberater. Hin und wieder war er freiwillig mit mir zu meinem Lieblingsbekleidungsladen »Mainglück« nach Würzburg gefahren. Pablo war es immer besonders wichtig gewesen, dass mich niemand nur halb bekleidet sieht und dass auch niemand in meine Umkleidekabine schauen konnte. Manchmal positionierte er sich als »Umkleidekabinensteher« und hielt den Vorhang der Umkleidekabine zu. Mainglück feiert jedes Jahr »Geschäftsjahresgeburtstag«. Am 27. Juli 2020 wurde der fünfte Mainglückgeburtstag zu Ehren von Pablo gefeiert. 300 T-Shirts und 100 Schilder, die

an Pablo erinnern sollen, konnten verkauft werden. Die Kinder auf dem Shirt und auf dem Bild sollen symbolisieren, dass durch Pablos Organspende vier Kindern ein neues Leben ermöglicht wurde. Der gesamte Erlös in Höhe von zwanzigtausend Euro ging an Kiwi e.V.

Wir sind gespannt, welche weiteren Vortragsreihen und Spendenaktionen auf uns zukommen werden.

Für mich stand seit Pablos Rückholtag aus Würzburg fest, dass ich mir ein Erinnerungstattoo stechen lasse. Pablo war von meinen zwei vorhandenen Tattoos, welche ich mir in meiner Jugendzeit stechen ließ, fasziniert gewesen. Er konnte schwer verstehen, dass diese selbst nach dem Baden in der Badewanne noch immer auf meiner Haut zu sehen waren. Drei Monate nach seinem Rückholtag hatte ich meinen Tattootermin. Ich ließ mir auf meinen linken Unterarm ein Unendlichkeitszeichen verbunden mit seinem Namen, einer Feder, Sternen, einem Herz sowie drei Vögelchen tätowieren. Währenddessen wollte die Tätowiererin von mir wissen, wer »Pablo« ist. Ich erzählte ihr von meinem wundervollen Sohn und sagte zu ihr, dass er uns gerade zuschaut. Ich spürte seine Anwesenheit und seine Neugierde. Jetzt konnte er erfahren, warum das Tattoo nicht abwaschbar und für immer auf meiner Haut zu sehen ist.

Im September 2019 kauften wir uns nach einem spontanen Besuch von Freunden einen Wohnwagen mit winterfestem Vorbau in Österreich. Diesen renovierten und sanierten wir an unseren verlängerten Wochenenden mit Unterstützung einiger Familienmitglieder von Grund auf. Im Montafon haben wir nun unseren Zweitwohnsitz. Ein Kraft- und Auszeitort. Ralph fühlt sich schon sein ganzes Leben lang unter anderem als leidenschaftlicher Snowboarder mit den Bergen verbunden. Wenn ich dort mitten in den Bergen die unendliche Fernsicht wahrnehme, kann ich die Nähe zur Ewigkeit spüren. In den Bergen kann ich bewusst atmen, mich sammeln und Kraft für kommende Herausforderungen im Alltag tanken.

Nachdem Pablos Hülle – sein Körper – im Grab meines Bruders bestattet worden war, stellte sich uns die Frage, wie und wo wir Pablos Namen auf dem Grab verewigen wollten. Torstens Grabstein sollte weiterhin so bestehen bleiben. Für Pablo überlegten wir uns eine kleine Grabplatte, versehen mit einem Porträt und seinem Namen – schlicht und einfach. Das war unsere Idee, ein Jahr nach seinem Tod. Wohl traf diese aber nicht auf Einverständnis im Jenseits. Das Unternehmen, welches Pablos Grabkreuz anfertigte, sollte uns eine Grabplatte mit Pablos Porträt lasern. Wir erhielten eine Absage. Laut dem Inhaber war es ihm mit seinem Lasergerät nicht möglich, unseren Wunsch zu erfüllen. Zeitgleich sah ich ein Inserat einer jungen Steinmetzin in unserem Gemeindeblatt. Sie feierte ihr einjähriges Bestehen. Interessant. Sie wagte genau zu Pablos Heimkehr ins Jenseits mit ihren damals 22 jungen Jahren den Schritt als Steinmetz- und Bildhauermeisterin in die Selbstständigkeit. Ich studierte im Internet ihre Webseite und vereinbarte telefonisch einen Beratungstermin. Dieser fand gemeinsam mit Ralph wenige Tage später statt. Eine Stunde lang unterhielten wir uns über Pablo, seinen Charakter, seine Hobbys und seine Lieblingsfarbe. Am zweiten Termin legte sie uns 15 Entwürfe vor, die sie alle von Hand zeichnete. Sie erzählte uns, dass sie, nachdem sie von Pablos Unglück erfahren hatte, den eindringlichen Wunsch verspürte, seinen Grabstein anfertigen zu dürfen. Als ich bei ihr ein Jahr später anrief, um einen Termin zu vereinbaren, wusste sie intuitiv, dass ich Pablos Mama bin. Gemeinsam entschieden wir uns für einen Grabsteinentwurf, der Pablos Leben und seinen Charakter spiegelt.

Pablos ersten Jenseitsgeburtstag sowie zwei Wochen später seinen neunten Geburtstag feierten wir im engsten Familienkreis. Jeder Gast durfte einen Luftballon gemeinsam mit einer Botschaft für Pablo in den Himmel steigen lassen. Mit den Feiern wollten wir Pablo zeigen und spüren lassen, dass er weiterhin für uns wichtig ist und wir ihn in unser Leben einbeziehen.

Einige Bekannte und Freunde durften wir mit Pablos Tod weiterziehen lassen. Wir haben uns nicht um deren Kontakt oder um eine gemeinsame Zeit bemüht. Unsere inneren Batterien wollten und konnten nicht um ihre Freundschaft kämpfen. Im Gegenteil, wir brauchten Menschen, die uns zuhörten, uns Sicherheit gaben und mit denen wir unsere Wertvorstellungen und Überzeugungen teilen konnten. Manchmal muss man Wegbegleiter ziehen lassen, die einem nichts mehr geben können oder denen wir selbst nichts mehr geben können. Ich vergleiche das gerne mit einer »Busfahrt durchs Leben«. Es steigen Menschen in deinen Bus ein und begleiten dich auf deiner ganzen Lebensreise. Manche steigen bei der nächsten Haltestelle bereits wieder aus. Dafür steigen wieder andere Menschen zu. An der Haltestelle »Tod« stiegen einige Menschen aus und viel mehr neue, wundervolle Menschen stiegen in unseren Lebensbus ein. Wir durften erfahren, dass Hilfe und Unterstützung von unerwarteten Seiten kamen. Durch die drastische Veränderung in unserem Leben veränderten auch wir uns in unseren Werten, in unseren Bedürfnissen und in der Haltung zu unserem Leben.

Im Laufe des ersten Trauerjahres bekamen wir Antworten auf unsere vielen Fragen; das Puzzle fügte sich Stück für Stück zu einem Bild zusammen.

Die Puzzleteile fügten sich zu einem Bild

Rückblickend ist meine Schwangerschaft mit Pablo das erste Puzzleteil. Ich wusste intuitiv ab dem ersten Moment, dass ich schwanger bin. Ralph bestätigte meine Aussage. Er konnte es in meinen Augen erkennen. Vier bis fünf Tage dauert es nach Meinung der Wissenschaft, bis sich das befruchtete Ei in der Gebärmutter einnistet und somit eine Schwangerschaft beginnt. Jeder, dem wir damals von unserer Urlaubsgeschichte – unsere Eingebung – erzählten, belächelte diese. Nach Pablos Tod bekam ich von einem Medium (Sprachrohr der geistigen Welt) eine andere These. Das Medium behauptet, dass sich bereits einige Monate vor der Befruchtung der Eizelle die Seele des Babys in Form einer Energiekugel in der Aura der werdenden Mama über ihrer linken Schulter zeigt. Wir erhielten somit die Bestätigung, dass wir nicht fantasierten. Pablos Seele begleitete uns schon Monate vor seiner Eizellenbefruchtung. Eine Erkenntnis, die mich zum Nachdenken anregte. Wenn sich die Seele bereits vor der Befruchtung zeigt, heißt das für mich im Umkehrschluss, es gibt ein Leben vor der Geburt. Und wenn es das gibt, dann gibt es auch ein Leben nach dem Tod.

Pablo sprach Wörter, Sätze und Weisheiten, die kein Kind sprechen und wissen kann. Beziehungsweise würde ich persönlich das nicht einer Kinderseele zuschreiben. Pablos Behauptungen und Aussagen während seiner Lebenszeit über sein Wissen »der geistigen Welt« ... Ich glaube, er war immer mit dem Zauber der geistigen Welt verbunden. Er hatte Kontakt zu seiner Seelenheimat und war mit der astralen Welt im Einklang. Inkarnierte (Vorgang, in dem ein göttliches Wesen »Mensch« wird) er als erfahrene Seele in einen Kinderkörper? Hatte die Hebamme einen Blick dafür? Ihre Aussage nach Pablos Geburt fiel uns wieder ein: »Er hat mich nicht durch die Augen eines Neugeborenen angeschaut. In ihm lag eine tiefgründige Klarheit! So kann kein Neugeborenes schauen!«

Auch der Tag seiner Geburt, der »Ostersonntag«, der Geburtstag meiner verstorbenen Oma. Für uns kein Zufall! Darin lag ein tieferer Sinn.

Er war ein feinfühliges, sensibles Kind und konnte teilweise meine Gedanken lesen. Sein enormer Wissensdrang und auch sein eingeforderter nächtlicher Körperkontakt sind für mich Hinweise, dass er wusste, dass er in diesem Leben nicht viel Zeit hat.

Nachdem ich in Büchern gelesen hatte, dass die Seele sich bereits drei Tage vor ihrem Abflug ins Jenseits langsam stufenweise von der Hülle des Körpers ablöst, kam mir sofort Pablos »Stolpern« drei Tage vor seinem Unfall in den Sinn. War er deshalb nicht mehr ganz Herr über seinen Körper? Der Seelenabflug – wie eine Rakete, die den Start ins Jenseits übt? Deshalb auch sein »Schweinestall« im Kopf und sein Traumerlebnis, über das er nicht berichten wollte?

Pablo wusste, dass seine Reise »menschliches Leben« zu Ende geht. Das Ende des Lebens und zeitgleich der Anfang der »Ewigkeit«. Nicht bewusst auf intellektueller Ebene, sondern intuitiv auf spiritueller, energetischer Ebene. Er gab uns mit seinem Verhalten verborgene Botschaften, die wir nicht wahrnehmen und zuordnen konnten. Nach seinem Tod konnte ich einige Hinweise entschlüsseln. Und auch ich wusste im tiefsten Unterbewusstsein, dass Pablo vor mir das Diesseits verlassen wird.

Nach den ersten wahrgenommenen Nachtodzeichen von Pablo und nach meinem ersten Jenseitskontakt im November 2019 konnte ich das Bild klarer erkennen – ein riesiges Puzzleteil fügte sich ein.

Ich bekam Antworten auf einige Fragen, die mein Verstand bis dahin nicht greifen konnte. Dieser Sprung, mich auf das »nicht Sichtbare« einzulassen, war das Beste, was ich nach Pablos Tod tun konnte. Eine tiefe innere Ruhe stellte sich durch diesen Perspektivenwechsel ein.

Nachtodzeichen

Unsere Seele besteht aus reiner Energie. Energie kann sich nicht auflösen. Wohin denn auch? Das hat die Quantenphysik längst bewiesen. Sie bleibt und begleitet uns Tag für Tag. Der physische Körper ist endlich – die feinstoffliche Seele unendlich. Ich vergleiche die Energie der Seele mit unserem elektrischen Strom, der wie selbstverständlich aus der Steckdose kommt, oder mit dem WLAN, unserem Funknetz, welches Informationen über elektromagnetische Wellen überträgt. Die Energie, die Schwingung, fließt, aber wir können sie nicht sehen. Genauso wie der Wind. Man kann die Luftbewegung spüren und fühlen, jedoch nicht sehen. Oder die Luft, das Gasgemisch unserer Erdatmosphäre, die wir zum Leben benötigen. Wir atmen dieses Gasgemisch aus Stickstoff und Sauerstoff 24 Stunden am Tag ein und aus. Jedoch ist es für uns nicht sichtbar.

Ein Bekannter erklärte mir die Trennung von Körper und Seele anhand eines Beispiels: »Miriam, die feinstoffliche Seele ist dein Handschuh, die Hand ist dein physischer Körper. Wenn deine Seele sich vom Körper trennt, zieht sie ihren Handschuh von deiner physischen Hand ab!«

Wir sind nicht unser physischer Körper und wir sind nicht unsere Gedanken oder unsere Emotionen. Diese werden von der Seele erzeugt. Wer bin ich dann? Hier fand ich ein Experiment sehr spannend: Ich bewegte meinen Körper. Was wird bewegt? Mein Körper. Bin ich der Körper? Nein! Wer bewegt den Körper dann? Ich. Ich bin diejenige, die bewegt. Der Körper ist das, was bewegt wird. Ich bin die Seele und diese ist unsterblich.

Wann fingen die Nachtodzeichen von Pablo an? Sie fingen ab dem Zeitpunkt seines Unfalls an. In diesem Moment spürte ich, dass eine viel höhere Kraft am Wirken war. Gefühl, Gespür und Intuition wurden auf eine andere Frequenz eingestellt. Nicht bewusst von mir, sondern von der geistigen Welt geleitet. Das Wissen, dass Pablo uns hier im »Diesseits« verlassen hat, verbunden mit dieser ungewohnten, friedlichen Ruhe, die sich spür- und fühlbar im Raum ausgebreitet hatte. Die energetische Schwingung wurde angehoben. Wo war die Panik? Wo waren die Ängste? Wo der Schock? Ich fühlte mich keine Sekunde unter Schock, auch wenn der eine oder andere mir diesen Zustand einreden wollte. Der Austritt seiner Seele aus seinem Körper war ein sehr heiliger, berührender Moment, der nicht in Worte zu fassen ist. Ich durfte dabei sein. Ich durfte ihn erleben.

Pablo hat unterschiedliche Wege gefunden, um uns mitzuteilen, dass er weiterhin bei uns ist. Einige Zeichen von ihm sind im »Außen« gezeigt worden, andere im »Fühlen«.

∞

Während unserer Tage im Krankenhaus bekamen wir täglich am Fenster von Pablos Zimmer Besuch von zwei Tauben. Sie tippelten auf dem Balkongeländer auf und ab, verharrten auf Höhe von Pablos Kopf und schauten neugierig zum Krankenhausfenster herein. Vielleicht ist das ein gängiges Ritual auf der Kinderintensivstation in Würzburg – nach dem zweiten Krankenhaustag öffnete die Krankenschwester das Fenster und meinte: »Pablos Seele wird abgeholt.« Und die zwei hübschen, neugierigen Tauben kamen ab da nicht mehr an Pablos Zimmerfenster. Im Internet fand ich folgende interessante These: Das Krafttier Taube lädt zu einer Reise ein, um das Leben aus einer anderen Perspektive zu betrachten. Sie ist ein

Schutz- und Helfertier. Tauben stehen für Freiheit, Frieden, Erleuchtung und das Licht der Seele. Sie lehren uns, im Alltag empfänglich für Zeichen zu sein. Sie sind Friedensboten, die uns den Weg zum Herzen weisen sowie die Kommunikation zwischen der irdischen und der jenseitigen Welt stärken.

∞

Unser Parkgespräch mit Pablos Neurologen wurde begleitet von einem auffälligen Taubengurren. Die Taube saß unmittelbar in unserer Nähe in einem Baum, und wir hatten das Gefühl, von ihr beobachtet zu werden. Der Arzt erzählte uns folgende Geschichte: »Ich möchte Ihnen von meinem besonderen Moment erzählen, als ich Pablo am Freitag das erste Mal im Schockraum gesehen habe. Ich kam als letzter Arzt in die Notaufnahme. Ein Notfallteam, das aus 30 Personen besteht, war bereits vor Ort, und sie hatten bei Pablo die ersten Untersuchungen durchgeführt. Ich kam als letzter Arzt zu Ihrem Sohn. Ich sah ihn auf der Liege und ein unbeschreibbares Gefühl überkam mich. Ich erklärte dem Team, dass ich Pablo nicht operieren werde. Es sei bereits zu spät. Sie schauten mich irritiert und ungläubig an. Verstanden nicht, wie ich, ohne meine Untersuchungen durchgeführt zu haben, zu solch einer Entscheidung kommen konnte. Selbstverständlich ordnete ich eine Bildaufnahme von Pablos Kopf an. Das Ergebnis kennen Sie bereits. Dieses wissende Gefühl, dass Pablo nicht mehr da ist, war unglaublich und die Bestätigung zeigte das Szintigramm.«

Verstorbene können uns Gedanken und Impulse senden. Hatte Pablo seinem Arzt dieses »wissende Gefühl« geschickt? Auch unser DSO-Koordinator berichtete uns, dass er einen Impuls und einen Gedanken erhielt:

»Ich hatte an Pablos Unfallwochenende Bereitschaftsdienst. Sonntag in der Frühe wollte ich mit unserem Hund spazieren gehen. Ich lief die Treppe in unserem Haus nach unten, um nach draußen zu gehen, als ich einen starken Impuls verspürte. Ich sagte zu meiner Frau, dass wir heute nichts unternehmen werden. Heute komme eine Kinderorganspende. Und tatsächlich klingelte um die Mittagszeit das Telefon. Ich sollte nach Würzburg – zur Kinderorganspende.«

∞

Einen Tag nach Pablos Organspende-OP holten wir ihn gemeinsam mit unserem Bestatter in Würzburg ab. Seltsam war, dass ich während der kompletten Aufenthaltszeit in Würzburg keinen Handyempfang hatte. Das Handy meines Mannes funktionierte, wir haben beide den gleichen Netzanbieter. Als wir nach diesen zehn Stunden Rückholaktion spätabends nach Hause kamen, erwartete mich bereits ungeduldig meine Nichte. Sie stand vor der Tür und rief mir schon von Weitem zu: »Tante, Tante, ich muss dir etwas erzählen. Pablo war heute bei mir!« Leni, das schüchterne, zurückhaltende Mädchen, jetzt ungeduldig und aufgeregt, ging mit mir in unsere Wohnung. Sie konnte es nicht erwarten, mir ihre Geschichte erzählen zu können: »Tante, ich bin heute zum Reitstall gelaufen. Meine Hand ist ganz warm geworden, sie fing zu bitzeln an und plötzlich ist Pablo neben mir hergelaufen!« Ich war erstaunt über ihre Aussage und über ihr untypisches Verhalten, ohne Eltern allein in unsere Wohnung mitzukommen. Ich glaubte ihr jedes Wort. Unsere Verstorbenen lassen uns nicht allein. Die geistige Welt begleitet uns.

∞

Auch Ralph und ich sollten unser Zeichen erhalten. Am Morgen des Ostersonntags lagen wir im Halbschlaf in unserem Bett im Schlafzimmer. Pablos Urne sollte an diesem Tag beigesetzt werden. Wir hingen – jeder für sich – unseren Gedanken nach. Plötzlich hörte ich ein untypisches Geräusch: »Klack, klack, klack, klack.« Ich fasste Ralph am Arm an und zeitgleich flüsterte er:
»Ich höre es auch!«
»Ralph, gehe du mal nachschauen, was das ist!«
Ich wollte lieber Ralph vorschicken, man weiß ja nie, was einen erwartet. Ein bisschen unheimlich war dieses »Geklackere« schon. Ralph schlich sich in unseren offenen Wohn- und Essraum. Von dort kam dieses Geräusch.
»Miriam, komm bitte rüber, das musst du dir anschauen!«
Ein Vögelchen war vor unserem Giebelfenster. Es schlug mit den Flügeln gegen die Scheibe und klopfte mit seinem Schnabel. Wir wohnen seit 17 Jahren in dieser Wohnung, so etwas hatte ich noch nie erlebt. In Gedanken – auf telepathische Weise – begann ich, mit dem Vogel beziehungsweise mit Pablo zu reden. Nach fünf Minuten hatte das Kerlchen genug und flog davon. Ich redete wieder mit ihm: »Pablo, wenn der Vogel ein Zeichen von dir ist, dann lass ihn noch mal an unser Fenster klopfen. Oma und Opa kommen gleich zu uns zum Frühstück hoch. Würdest du ihn dann noch mal klopfen lassen?«

Unglaublich: Als wir zu viert am Frühstückstisch saßen, kam der gleiche Vogel tatsächlich wieder. Er schlug mit seinen Flügeln und klopfte mit seinem Schnabel an dasselbe Fenster. Meine Zweifel verflogen. Das konnte kein Zufall sein. Das musste ein Zeichen von Pablo sein. Trotzdem hegte ich noch eine Unsicherheit. Pablo gab sich wirklich alle Mühe, um uns zu überzeugen. Am nächsten Morgen klopfte um die gleiche Uhrzeit das Vögelchen wieder an unser Fenster. Wie am Morgen zuvor bat ich ihn wiederzukommen, sobald meine Eltern mit uns am Frühstückstisch saßen – und er kam. Drei Morgen in Folge. Am vierten Morgen waren wir nicht zu Hause.

Meine Eltern, Ralph und ich entschlossen uns zu einem Kurztrip nach Trier. Wir benötigten dringend Abstand. Drei Nächte blieben wir in dieser Stadt, die in Rheinland-Pfalz an der Mosel liegt. Manuel hatte sich bereit erklärt, unseren Hund und Pablos Hasen zu versorgen, und er wollte sich selbst von diesem außergewöhnlichen, morgendlichen Ritual des Vogels überzeugen. Während unserer Abwesenheit frühstückte er jeden Morgen in unserer Wohnung und bat den Vogel zu kommen. Er kam nicht und Manuel war enttäuscht. Jedoch weckte der Vogel Ralph und mich am ersten Morgen nach unserem Kurztrip wieder. Dieses Mal war er ziemlich hektisch. Seine Federn sahen vor Anstrengung ganz zerflattert aus. Ich öffnete unsere Balkontür und sprach in Gedanken mit ihm: »Entweder du kommst rein zu uns in unsere Wohnung oder du fliegst rüber in den Kirschbaum. Du bist ja ganz fertig. Pablo, ich habe es verstanden. Du steckst dahinter. Du musst das arme Vögelchen nicht weiter an unser Fenster schicken. Nächste Woche ist in der Schule Pablo-Zeit! Schau lieber, was dort abgeht und wie es deinen Mitschülern geht!« Das Vögelchen flog in den Kirschbaum und ab diesem Morgen kam es nie mehr an unser Fenster.

In meinen vielen Büchern, die ich nach Pablos Tod über das Jenseits gelesen habe, fand ich für dieses Zeichen eine Erklärung. Verstorbene können über ihre Energie Tiere beeinflussen. Der Vogel war nicht Pablo, aber Pablos Energie lenkte den Vogel.

∞

Ein Jahr später, am Geburtstag von Pablos Cousine, fragte ich, während ich in der Küche Lenis Geschenk einpackte, in Gedanken meinen Sohn, ob er Leni einen Geburtstagsgruß geschickt hatte. Keine drei Minuten später sah ich aus dem Augenwinkel eine Bewegung. Ein Spatz flatterte plötzlich in unserer Wohnung. Mir ist es noch immer unerklärlich, wie dieser unbemerkt hereinkommen konnte.

∞

Ungewöhnlich, wenn an einem kalten Februartag in den Bergen im Montafon ein zitronengelber Schmetterling auftaucht und direkt vor uns umherflattert. Pablo liebte Schmetterlinge. Er zählte sie und verkündete stolz, wie viele er bereits im laufenden Jahr gezählt hatte. Manchmal versuchte er sie mit einem Kescher einzufangen. Für uns war klar, das musste ein Zeichen von Pablo sein. Verstorbene können über Tiere an ungewöhnlichen Orten oder in ungewöhnlichen Jahreszeiten Zeichen geben. Schmetterlinge begleiten uns immer wieder bei unseren Spaziergängen und manchmal flattert auch einer direkt auf uns zu und setzt sich auf meiner Schulter ab.

∞

Wenige Tage nach Pablos Abschiedsfeier wälzte ich mich mal wieder unruhig im Bett hin und her. Definitiv noch viel zu früh zum Aufstehen. Ich wechselte meine Schlafstätte und legte mich auf die Couch im Lesezimmer. Dort konnte ich mit meiner Unruhe Ralphs Schlaf nicht stören und ich muss noch mal eingeschlafen sein. Völlig irritiert wachte ich am Morgen auf. Träumte ich oder war das gerade erlebte Realität? Nein, es fühlte sich nicht wie ein Traum an. Die Bilder standen noch immer klar vor meinen Augen, die Gefühle waren für einen Traum zu wach und zu intensiv. Oder spielte meine Fantasie verrückt? Während ich noch über Traum, Fantasie oder doch Realität nachgrübelte, klopfte Anton an der Wohnungstüre. Anton schläft fast jede Nacht bei meinen Eltern. Sobald er am Morgen das erste Geräusch aus unserer Wohnung wahrnimmt, kommt er nach oben und klopft mit seiner Pfote an die Glastüre. Bevor er mit seiner morgendlichen Begrüßungsrunde beginnt, muss er grundsätzlich zuerst das Frühstück zu sich nehmen. Fressen steht bei ihm als Beagle an erster Stelle. Ralph ließ ihn herein. Wie immer sprintete er sofort los. Der Weg zu seinem Fressnapf führt durch den langen Flur. Rechts: Schlafzimmer, Ankleidezimmer, Pablos Zimmer. Links: Gäste-WC, Bad, Lesezimmer. Dann kommt der Eingang in unseren 40 m² großen Wohnraum, wo auch Antons Napf seinen festen Platz hat. Auf Höhe von Pablos Zimmer und meinem Lesezimmer machte er eine Vollbremsung. Durch den glatten Fliesenboden schlitterte Anton noch einen Meter weiter, bevor er zum Stehen kam. Aufgeregt streckte er seine Schnauze nach oben und schnüffelte intensiv und orientierungslos in die Luft. Er ging in Pablos Zimmer – dann ins Lesezimmer –, immer noch die Schnauze schnüffelnd in der Luft. Enttäuscht, den Duft nicht orten zu können, trottete er langsam zu seinem Frühstück ins Esszimmer.

»Miriam, was war das gerade? Was war mit Anton los?« Ralph stand fragend in der Tür zum Lesezimmer.
»Ralph, sein Verhalten passt zu meinem Erlebnis. Ich grübelte gerade nach, ob ich schon verrückt werde und Wahnvorstellungen bekomme. Pablo war hier bei mir im Lesezimmer! Er stand plötzlich vor mir. Nicht in materialisierter Körperform. Eher in Nebelform. Wortlos kam er zu mir an die Couch, nahm mich in seine Arme, gab mir einen Kuss auf meinen Kopf. So plötzlich er aufgetaucht ist, so plötzlich war er wieder verschwunden. Ich konnte ihn ganz klar und deutlich sehen. Antons untypisches Verhalten ist meine Bestätigung, dass ich nicht anfange zu halluzinieren!«

∞

In verschiedenen Büchern habe ich gelesen, dass Verstorbene normalerweise erst dann in unsere Träume kommen, wenn unsere Seele den ersten Schock der Trauer überwunden hat. Nicht jeder Traum, der von unseren Verstorbenen handelt, entspricht einer Botschaft. Oft ist dies ein Trauerverarbeitungsprozess der Seele. Wenn unsere Verstorbenen uns über einen Traum ein Zeichen schicken, fühlt sich dieser anders an. Noch heute kann ich mich an alle Einzelheiten erinnern. Dieser Traum war ein Zeichen von Pablo. Ein Treffen auf Seelenebene. Kurze Zeit später, im Tannheimer Tal, erschien mir Pablo wieder im Traum – während eines Mittagsschlafs. Dieses Mal sprach er mit mir. In meinem Traum spazierte ich durch die Natur und überquerte einen Kinderspielplatz, der vor mir aufgetaucht war. Auf einer Schaukel saß ein Kind mit dem Rücken zu mir. Ich blieb stehen, die Schaukel drehte sich langsam zu mir um. Sprachlos und erstaunt schaute ich in Pablos Augen.

»Ja, Mama, ich bin es tatsächlich!«

»Pablo, was machst du denn hier?«

»Mama, du bist so stark – viel stärker als du glaubst! Gehe deinen Weg, nimm aber einen anderen!«

»Pablo, was soll ich denn anders machen? Welchen Weg soll ich gehen?«

Mit meiner unbeantworteten Frage ließ er mich allein zurück. Die Schaukel vor mir – leer. Pablo war nicht mehr da. Seine Botschaft beschäftigte mich noch lange. Was sollte ich denn anders machen? Was meinte er damit?

In einem weiteren Traum überraschte Pablo mich, als ich von der Arbeit nach Hause kam. Unser Wohnungsflur war zu Pablos Spieloase umfunktioniert, seine geliebten Kuscheltiere über den gesamten Boden verteilt. Vor seiner Zimmertür baute er eine Höhle aus Decken und Teppichen, die er aus unserem Schlafzimmer und seinem Zimmer geholt hatte. Pablo liebte das Versteckspiel. Natürlich wusste ich, dass er sich in seiner Höhle versteckte. Trotzdem rief ich seinen Namen: »Pablo, piep einmal! Wo bist du? Ich bin zu Hause!« Er stürmte – noch immer in seinen grün-blauen Schlafanzug gekleidet – aus seiner selbst gebauten Höhle. Freudestrahlend rannte er in meine Arme. Ich versuchte meine Mama zu rufen. Wollte sie wissen lassen, dass Pablo hier ist, dass er mich wieder besucht. Doch es gelang mir nicht. Die Worte blieben in meiner Kehle stecken und unsere Begegnung war beendet.

∞

Auch Ralph träumte von Pablo. Fünf Monate nach seinem Tod. Völlig verstört und mit Tränen in den Augen kam er morgens aus dem Schlafzimmer. Zuerst dachte ich, die Trauer hatte ihn wieder mit einer riesigen Welle eingeholt. Sofort berichtete er mir von seinem Traum mit Pablo. »Pablo war gerade bei mir. Ich war im Halbschlaf und spazierte in meinen Gedanken durch das Städtchen Mosbach. Ich bin an meinem alten Laden vorbeigelaufen und blickte ins Schaufenster, um nachzuschauen, welcher Nachmieter mein Ladengebäude übernommen hatte. Im Schaufenster stand Pablo – schaute mich mit seinem frechen, charmanten Grinsen an, winkte mir freudig zu und zwinkerte mit seinen Augen!« Ich freute mich für Ralph. Er durfte Pablo mit seiner Freude und Leichtigkeit sehen. Er vermittelte ihm eine wunderschöne Botschaft. Ihm geht es gut und er begleitet Ralph. Die Verbindung wird nicht abreißen. Das Schaufenster symbolisierte für mich, dass er immer an seiner Seite ist, lediglich getrennt durch eine Glasscheibe.

∞

Meine Mama besuchte er auch im Traum. An folgende Schilderung kann ich mich noch gut erinnern. Sie erzählte mir, dass Pablo morgens an ihrem Bett stand. Er weckte sie auf. Bekleidet mit seinem Schlafanzug – mit einer dicken weißen Cremeschicht im Gesicht. Meine Mama fragte ihn, ob er sich ein bisschen zu ihr ins Bett kuscheln mochte. Pablo verneinte, er wolle gleich wieder hoch in unsere Wohnung, da sein Papa auf ihn warte.

Eine andere Geschichte: Meine Mama war mit ihrer Schwester und ihrer Mama für wenige Tage zu einem Städtetrip verreist. Sie teilte sich ihr Zimmer mit ihrer Schwester. Gegen Morgen spürte sie ein Boxen und Klopfen auf ihrem Oberarm. Erschrocken fuhr sie aus ihrem Schlaf hoch. War etwas passiert? Warum weckte ihre Schwester sie so grob? Sie fragte: »Petra, was ist, warum weckst du mich?« Doch Petra schnarchte tief und fest neben ihr. Meine Mama war sich sicher, dass dieses Erlebnis keine Einbildung und kein Traum war. Sie massierte sich ihren Oberarm, er schmerzte noch immer von diesem festen Boxangriff.

∞

Vor kurzer Zeit fragte eine Teilnehmerin bei einem Webinar, was sie tun könne, damit ihr verstorbener Sohn sie im Traum besuchen kommt. Der Seminarleiter übermittelte ihr folgenden Tipp: „Schreiben Sie diese Zeilen auf einen Zettel: Lieber Sohn, besuche mich heute Nacht bitte im Traum, und wenn du da bist, dann trinke das halbe Glas Wasser leer!" Den geschriebenen Zettel sollte man zusammen mit einem Glas Wasser neben das Bett stellen. Die Bitte, das halbe Glas Wasser leer zu trinken, war natürlich ein Scherz. Der Seminarleiter war ein humorvoller Typ. Jedoch wäre es förderlich, selbst am nächsten Morgen nach dem Aufwachen ein halbes Glas Wasser zu trinken. Wasser leitet, und die Chance, dass die Träume ins Bewusstsein kommen, ist höher. Diese Idee erzählte ich noch am gleichen Abend meiner Nichte und meiner Schwägerin. Leni, mein Bruder und ich folgten den Anweisungen des Seminarleiters. Meine Schwägerin wollte abwarten, ob Pablo sich bei einem von uns drei in der kommenden Nacht im Traum zeigen würde. Wer Pablos Charakter und Schalk kennt, weiß, dass er sich zu Lebzeiten öfter einen Scherz erlaubt hat, und seinen Charakter hat er im Jenseits nicht verloren. Pablo besuchte keinen von uns dreien. Dafür stattete er in den frühen Morgenstunden meiner Schwägerin, die ihm keine Botschaft schrieb, einen Besuch ab. Sie erzählte uns ihren Traum: Wie so oft gab es ein Familienzusammentreffen. Pablo tauchte bei diesem auf. Jeder durfte ihn in den Arm nehmen und drücken. Wir waren alle begeistert, dass er sich zeigte. Meine Schwägerin meinte, sie wisse ganz genau, dass Pablo im Jenseits ist. Diese Umarmung fühlte sich so echt, so wahr an. Pablo strahlte vor Freude und Glück. Nachdem wir ihn alle herzlich gedrückt hatten, war er plötzlich unsichtbar.

∞

Antons ungewöhnliches Schnupperverhalten setzte sich noch zwei weitere Male fort. Nicht in unserer Wohnung, sondern im Wald und auf einer Lichtung während unserer Spaziergänge. Wir waren zu dritt im Wald auf einer Wanderbahn unterwegs, als Anton stehen blieb und verharrend in den Wald schaute. Wie eine Mumie stand er auf einem Fleck und beobachtete zwei Tauben, die seelenruhig am Waldrand im Gras pickten. Ungewöhnlich für unseren Hund, da er sich in seinem bisherigen Hundeleben noch nie für Tauben interessiert hatte. Wenige Tage später wanderten wir gemeinsam mit meinen Eltern und der Familie meines Bruders zu meiner Cousine. Auf einer Lichtung blieb Anton wie angewurzelt vor einem Baum stehen. Der Wind wehte. Anton stellte seine Nacken- sowie Rückenhaare auf und fing das Knurren an. Anton und Knurren? Das gab es noch nie! Was hatte er jetzt schon wieder?

Er lief auf die andere Wegseite und schnupperte mit aufgestelltem Fell in die Luft. Wir beobachteten gespannt sein Verhalten. Plötzlich flogen am Baum zwei Tauben heraus. Sofort rannte er hin, knurrte, schnupperte und bellte den davonfliegenden Tauben hinterher. Meine Cousine berichtete uns, dass auch sie von zwei Tauben beobachtet wurde, als sie für Pablos Grab den Blumenschmuck bastelte.

∞

Nach Pablos Tod ließen wir für unsere Familie und für enge Vertraute Bilder von Pablo entwickeln. Wir entschieden uns für ein Porträt, das ein Schulfotograf ein Jahr zuvor geschossen hatte. Dieses konnten wir online auf einer Homepage mit einem individuellen Zugang bestellen. Hier wurden nur die Bilder von unserem Sohn angezeigt. Für unsere Wohnung bestellten wir zu diesen Einzelporträts eine spezielle Anfertigung einer Bleistiftzeichnung von Pablo. Als die Lieferung kam, staunten wir nicht schlecht. Alle Einzelporträts zeigten unseren Sohn. Die spezielle Bleistiftzeichnung jedoch nicht. Auf dieser war Pablos Sitznachbar und sein Vorbild zu sehen. Von dessen Eltern wussten wir, dass besonders er Schwierigkeiten mit Pablos Tod hatte. Selbstverständlich schenkten wir ihm dieses Porträt, das heute als Erinnerung an Pablo in der Wohnung seiner Eltern hängt.

∞

Elektrische Phänomene sind eine weitere Möglichkeit, wie Verstorbene ein Zeichen senden und ihre Anwesenheit zeigen können. Auch hier ist Pablo sehr einfallsreich. Lampen, die er flackern lässt, sobald wir über ihn reden. Ein Fernseher, der einfach angeht. Ein Autoradio, das lauter wird. Phänomene am Handy bis hin zu einer Motorfehlsteuerung unseres Autos. Mir persönlich gefallen besonders die Fernseherstreiche bei Pablos Cousine Leni. Der Fernseher ist wahrscheinlich in jeder Familie ein Diskussionsthema. Welches Kind schaut nicht gerne fern? Leni möchte lieber fernsehen als Hausaufgaben für die Schule zu erledigen. Für mich absolut verständlich! Hin und wieder führt dies auch zu einem Interessenskonflikt zwischen Mama und Tochter. Im Juli 2019 schrieb Leni eine Geschichte über Pablo und seinen geliebten Roberner See. Auf ihrer Tagesliste – immer noch die unerledigten Hausaufgaben. Ihre Mama versprach ihr, sobald diese erledigt seien, dürfe sie fernschauen. Fast am Ende der Hausaufgaben angelangt, ging wie von Geisterhand im Wohnzimmer der Fernseher an. Leni wusste sofort, wer dahintersteckte, und sie freute sich, dass ihr Cousin sie weiterhin unterstützte. Dieses Phänomen wiederholte sich bisher mehrmals. Meistens dann, wenn wieder eine Mama-Tochter-Fernseherdiskussion ausgetragen wurde.

∞

»Siri«, die Erkennungs- und Verarbeitungssoftware von Apple. Jeder, der ein iPhone besitzt, kennt diese Sprachassistenzfunktion. Aktiviert wird sie entweder über die Home-Taste, die auf dem iPhone gedrückt werden muss, oder über die Spracherkennung: »Hey, Siri!« Pablo liebte Siri. Er fand es witzig, mit ihr zu kommunizieren und sie Dinge zu fragen, die er nicht wusste. Nach seinem Tod hat er schnell verstanden, wie er noch immer Siri auf dem iPhone meiner Mama und auf meinem aktivieren kann, ohne dass wir die Geräte im Betrieb haben. Ab und zu meldet sich auf unseren iPhones Siri. Manchmal mit der Botschaft: »Ich bin da!«

∞

Die Steuerung unseres Autos ließ er auf dem Heimweg von Österreich spinnen. Wir kauften uns dort ein halbes Jahr nach seinem

Tod auf einem Campingplatz mitten in den Bergen einen feststehenden Wohnwagen inklusive massivem, winterfestem Vorbau. Auf der Fahrt nach Österreich hörte ich einen Podcast eines Mediums an. Sie erklärte, wie Verstorbene in die Elektrik eines Autos eingreifen können. Ralph, der immer wieder bei diesen Themen Zweifel hegte, stellte auch diese Aussage des Mediums infrage. Während der Heimfahrt schrieb mir meine Oma eine WhatsApp. Sie informierte mich, dass Pablo ihr in der Nacht einen erneuten Besuch abgestattet hatte. Pablo besucht oft meine Oma. Ralph beschwerte sich:

»Warum schwirrt unser Sohn bei so vielen anderen Familienmitgliedern herum und mir schickt er nie ein eindeutiges Zeichen? Ein Zeichen, dass ich auch als solches wahrnehmen kann!«

»Ralph, du darfst dich nicht beschweren. Alle Zeichen, die dir Pablo bisher geschickt hat, stellst du infrage! Wie deutlich muss er noch werden?«

Während wir uns darüber unterhielten, staute sich der Verkehr auf der Autobahn. Ralph reihte sich auf der linken Spur ein. Wir zuckelten im nervenaufreibenden Stop-and-go. Die Warnleuchte »Fehler Motorsteuerung« blinkte im Cockpit auf.

»Miriam, wir haben ein Problem! Unser Auto nimmt kein Gas mehr an. Es ist in das Notprogramm übergegangen!«

Das konnte nicht sein. Unser neuwertiges Auto war erst zwei Wochen zuvor zum Service in der Werkstatt. Ralph wechselte mit schleifender Kupplung und eingeschaltetem Warnblinker von der linken Spur über die mittlere Spur auf die rechte Spur. Der Standstreifen konnte aufgrund einer Baustellenabsperrung nicht befahren werden. Fünf Kilometer – bis zur nächsten Raststätte – fieberten wir, dass wir es bis dahin schafften und nicht mitten im Stau liegen blieben. Dort angekommen, stellte Ralph den Motor ab. Wir stiegen aus, um im Motorraum zu prüfen, ob ein Marder im Auto gewesen war und vielleicht ein Kabel angefressen hatte. Keine Anzeichen von einer Marderspur. Noch 250 Kilometer lagen vor uns. Ralph schaltete den Motor wieder an. Gespannt warteten wir auf die Fehlermeldung, die Gott sei Dank ausblieb. Gas nahm das Auto auch wieder normal an und so fuhren wir ohne weitere Zwischenfälle nach Hause. »Tja, Ralph, jetzt hast du dein eindeutiges Zeichen erhalten!« Schmunzelnd schaute ich ihn von der Seite her an. Um den restlichen Funken Zweifel auszuräumen, vereinbarte ich für den Folgetag einen Werkstatttermin. Nachmittags rief mich der Serviceberater verwundert an: »Frau Winkler, Sie können Ihr Auto abholen. Im Fehlerspeicher war kein Fehler angezeigt. Wir haben nichts gefunden. Ihr Auto ist in Ordnung!«

∞

Ein Aufmunterungszeichen sendete mir Pablo, als ich im Mai 2020 voller Ärger im Bauch mit dem Auto in das drei Kilometer entfernte Dorf fuhr. Ich sollte einen Botengang erledigen und wurde hierfür aus meinem Schreib-Flow für dieses Buch gerissen. Der Botengang war schnell erledigt. Kartons in den Kofferraum einladen – und schon war ich wieder auf dem Heimweg. Als ich gerade auf Höhe des Ortsausgangs fuhr, stellte sich mein Autoradio von »leise, ich höre nichts« auf »laut, ich bin doch nicht taub«. Der Liedtext schallte durch das Auto: »Sieben Tage, sieben Nächte, sieben Wunder und noch mehr. Doch das eine wird uns bleiben und das geb ich nie mehr her!« Da ich mittlerweile für diese Zeichen sensibilisiert bin, wusste ich sofort – Pablo ist da. Am gleichen Abend zog ich nach meiner Meditationsrunde eine Karte aus meinem spirituellen Kartenset. Hier können Verstorbene über die Intuition Botschaften senden. Pablo bestätigte seine Anwesenheit vom Morgen. Die Botschaft der Karte lautete: »Achte heute auf Musikzeichen!«

∞

Hellsichtige sind in der Lage, das für uns Unsichtbare zu erkennen und zu sehen. Nur wenige besitzen diese stark ausgeprägte mediale Fähigkeit. Ein hellsichtiger Teenager, dessen Namen ich hier zum Schutz für ihn nicht nennen möchte, berichtete unserem Pfarrer sein Erlebnis mit Pablo. Kurz nach Pablos Tod besuchte er gemeinsam mit seiner Familie Pablos Grab. Als er gedankenversunken vor dem Grab stand, tauchte plötzlich Pablo vor ihm auf. Genau so, wie er am Ende seiner Lebenszeit ausgesehen hatte. Er winkte dem Teenager zu und grinste ihn mit seinem typischen verschmitzten Gesichtsausdruck an. Kinder sind grundsätzlich hellsichtiger als wir Erwachsene. Sie sind in der Lage, die Energieschwingungen leichter zu empfangen.

Unser Pfarrer hielt in der Grundschule eine Unterrichtsstunde über »Das Leben nach dem Tod« ab. Er wollte von den Kindern wissen, ob und welche verstorbenen Familienmitglieder sie nach deren Tod gesehen haben. Erstaunlicherweise berichteten die Kinder von verstorbenen Familienhunden und einige auch von ihren verstorbenen Opas. Ein Junge rief ganz aufgeregt und deutete in die Ecke des Klassenzimmers: »Ich habe gerade Pablo gesehen! Er stand dahinten!« Ein weiterer Junge bestätigte ganz aufgeregt die Aussage des anderen Jungen. Er habe definitiv Pablo an der gleichen Stelle gesehen.

∞

Auch über Naturzeichen können Verstorbene ihre Anwesenheit zeigen. Ein sehr beeindruckendes Zeichen schickte Pablo seiner Freundin Lilly. Lilly war mit ihrer Mama auf dem Heimweg vom Klavierunterricht. Eine Woche davor hatten sie beide auf dem Hinweg zum Klavierunterricht eine Begegnung mit Pablo. Sie standen mit ihrem Auto an einer Kreuzung von einem Sträßchen kommend, das über Wiesen und Felder auf eine Bundesstraße führt. Ein

Schatten huschte an ihrem Auto vorbei. Lilly berichtete mir, dass im gleichen Moment ein Blitz durch ihren gesamten Körper fuhr. Ihr Gefühl sagte ihr, dass Pablo sich zeigte. Enttäuscht darüber, dass er sich dieses Mal nicht gezeigt hatte, ließ sie im Wald die Autoscheibe herunter und rief in den Wald: »Pablo, wo bist du heute?« Zu Hause angekommen, wollte sie die Treppenstufen zu ihrer Wohnung hinaufgehen. Jede einzelne Stufe war mit einem Regenbogen gekennzeichnet.

Die Regenbogenfarben waren fünf Minuten später verschwunden.

∞

Verstorbene können sich auch auf Bildern zeigen. Auch hier tauchte bei seiner Freundin Lilly ein vorher nicht gekanntes Phänomen auf. Lilly spielte mit ihren Playmobil-Pferden am Blumentopf ihrer Mama. Diese fotografierte die aufgestellten Pferde und zeigte Lilly das Bild auf dem Handy. Lillys Blick fiel auf den Blumentopf. Entsetzt fragte sie ihre Mama: »Mama, wessen Gesicht ist da im Blumentopf zu sehen?«

∞

Pablos Zeichen über Bilder gingen weiter. Wahrscheinlich hatte er jetzt verstanden, wie dies funktioniert. Meine Mama bat ihn, ein eindeutiges Zeichen zu schicken. Wir waren unterwegs zu einer Shoppingtour. Ralph, meine Mama und ich. Sie beschäftigte sich während der Autofahrt mit ihrem Handy, stöberte ihre Bildergalerie durch. Immer wieder erzählte sie uns von ihrer Erinnerung an Pablo, wie dieser zwei Monate vor seinem Tod mit meinen Eltern bei meiner Oma zu Besuch war und dort einen Döner Kebab mit Besteck aß. Hier gibt es auch ein Bild, welches sie sich ständig anschaute.

Wie auch auf dieser Autofahrt. »Miriam, schau dir das Bild an. Das gibt's doch nicht. Schau mal in das Bild, das an der Wand hängt!« Ich nahm das Handy und staunte beim Anblick nicht schlecht. Wie kann das sein? Wie funktioniert das? Pablos Gesicht ist in diesem Bild – im Bild – an der Wand. Eigentlich stellt dieses im Original eine Landschaft auf Mallorca dar.

∞

Auf dem Fliegerfest, fünf Monate nach Pablos Tod, zeigte er natürlich auch seine Anwesenheit. Schließlich war er über diese zwei Tage »das« Thema. Unser Pfarrer erzählte sonntags Pablos Unfallgeschichte und klärte die Zuschauer über die Wichtigkeit einer Organspende auf. Ralph Faber flog für Pablo mit seiner roten Morane (Flugzeug). Samstags war ich tagsüber nicht auf dem Fliegerfest. Ralph organisierte das Ein- und Aussteigen der Fluggäste. Während die rote Morane in der Luft war, flog ein uns unbekannter Kunstflugpilot für die anwesenden Zuschauer seine Show über dem Fluggelände. Ralph beobachtete das Spektakel vom Boden aus. Er traute seinen Augen nicht, als er dieses Bild am Himmel sah.

Sofort schickte er mir das Bild mit diesem Text: Pablo ist auch da! Der Pilot kannte weder uns noch Pablos Geschichte. Und Michael erzählte diese erst sonntags. Am Abend aßen wir gemeinsam mit Ralph Faber zu Abend. Ich bedankte mich bereits nach dem ersten Flugtag im Namen von Pablo bei ihm, denn alle Flugeinnahmen sollten an Kiwi e.V. gespendet werden. Er sah mich mit glasige Augen an und erzählte:

»Eigentlich wollte ich es euch gar nicht erzählen. Pablo ist heute bei einem Flug dabei gewesen. Ich hatte bei diesem Flug nur einen Passagier, der neben mir saß. Die Rückbank war frei. Als ich oben in der Luft war, bekam ich das Gefühl, dass hinter mir jemand sitzt. Ruckartig drehte ich meinen Kopf über meine Schulter nach hinten. Pablo saß genau hinter mir. Dieser Schlingel! Ich spürte ganz genau seine Anwesenheit!«

Ich zeigte ihm das Bild mit dem »P«, welches Ralph am Nachmittag fotografiert hatte. »Ich glaube dir das! Pablo war hier. Schau dir das Bild an, welches Ralph fotografiert hat, als du in der Luft warst!«

Ein Jahr später besuchte Pablo wieder Ralph Faber. Unser Sohn weiß ganz genau, wer ihn wahrnehmen kann. Diese WhatsApp leitete Ralph uns weiter:

Hallo Ralph,

ich muss dir unbedingt etwas sagen! Ich lag heute früh hellwach in meinem Bett und habe an Pablo gedacht. Auf einmal klopfte eine kleine Meise bestimmt zwei bis drei Minuten lang an mein Fenster. Das war Pablo. Ich bin mir ganz sicher! Hab mich riesig darüber gefreut! Das war kein Zufall! Er hat sich bemerkbar gemacht!

∞

Seinen Anfangsbuchstaben »P« zeigte er bei seiner Freundin Lilly ...
oder wollte er ihrer Mama ein Zeichen schicken? Auf dem Wohn-
zimmerfußboden lag ein »P« – geformt aus einem Teppichfussel.

∞

Pablo zeigte sich auch über seine Stimme. Diesmal bei seiner Cousine Leni. Leni hatte an einem Samstag Reitunterricht. Zu Lebzeiten war ich mit Pablo selbst sehr oft im Pferdestall gewesen. Dort
durfte er auch immer wieder auf den Pferden sitzen und einige
Runden drehen. Reitunterricht wollte er allerdings nicht nehmen.
Leni ritt mit ihrem Pferd auf dem Reitplatz im Freien. Sie erzählte
mir: »Tante: Pablo war heute beim Reiten dabei. Er hat auch mit
mir gesprochen. Er sagte: Leni, ich sitze genau hinter dir; du reitest
gut! Und dann hat er noch mal mit mir gesprochen: Leni, du reitest
sogar sehr gut!« Ich fragte Leni, wie sie seine Stimme wahrnehmen
konnte. Sie erklärte mir, dass die Stimme über den Wind kam.

∞

Kurz danach bekam Leni wieder Besuch von Pablo – morgens im Bett. Sie wachte auf, weil sie einen unangenehmen Druck in ihrem Rücken spürte. Leni rief ihre Mama: »Mama, schnell, komm rüber zu mir. Pablo ist da! Er hat mir gerade mit seinem Finger in meinen Rücken gebohrt!«

∞

Mit ihrer feinstofflichen Energie können Verstorbene Gegenstände verschwinden und herunterfallen lassen oder Bilder von der Wand abhängen. Pablo ließ ein Regal bei seiner Freundin Lilly von der Wand fallen. Das Regal hängt direkt über Lillys Klavier im Wohnzimmer ihrer Eltern. An diesem Tag war ich zu Besuch und unterhielt mich mit Lillys Mama im Garten, als ein riesiger Knall unser Gespräch unterbrach. Wir rannten sofort ins Haus, um nach Lilly zu schauen, die weinend und erschrocken im Wohnzimmer auf der Couch saß. Verstreut auf dem Boden lagen das Regal und Blumentöpfe inklusive Blumen und Bilder. Alle Gegenstände, die auf dem Regal gestanden hatten. Lilly erklärte uns, dass sie auf der Couch lag und sich auf YouTube ein Video anschaute, als plötzlich das Regal von der Wand fiel. Mir war sofort klar, wer dahintersteckte. In Gedanken tadelte ich Pablo, weil er Lilly, ihrer Mama und mir einen riesigen Schrecken eingejagt hatte. Mein Verdacht, dass Pablo auf sich aufmerksam machte, verstärkte sich, als wir erkannten, dass alle Gegenstände unbeschadet blieben. Gott sei Dank auch das neue Klavier.

∞

Der Delfin, den uns unsere Hausärztin direkt nach Pablos Tod mit nach Hause gegeben hatte, spielt noch immer eine Rolle in der Arztpraxis. Einige Wochen nachdem wir ihn in Pablos Zimmer gestellt hatten, musste Ralph wegen eines gesundheitlichen Problems zu unserer Ärztin. Nach ihrer Behandlung erzählten wir ihr die ersten Geschichten von Pablos Zeichen. Sichtlich erleichtert über unsere Schilderungen verriet sie uns Folgendes: »Als ich Ihnen damals diesen Delfin mitgegeben hatte, saß ich spätabends allein in meiner Arztpraxis. Ich hatte noch jede Menge Bürokratie zu erledigen. Meine Gedanken waren bei Ihnen und Pablo, als ich diesen Delfin fiepen hörte. Erschrocken fuhr ich hoch, um nachzuschauen, ob Sie den Delfin ohne mein Wissen wieder zurück in die Praxis gebracht hatten. Doch ich konnte ihn nirgends finden. Am nächsten Tag vergewisserte ich mich bei einer meiner Arzthelferinnen. Auch diese versicherte mir, dass der Delfin nicht mehr in der Praxis ist!« Vor kurzer Zeit, ein Jahr nach Pablos Tod, war ich mit meinem Papa in der gleichen Arztpraxis. Die Arzthelferin sagte mir, dass dieser Delfin regelmäßig um die gleiche Uhrzeit noch immer durch die Praxis fiept. Sie und die Ärztin würden dieses Geräusch wahrnehmen.

∞

Exakt sechs Monate nach Pablos Unfalltag – am 12. Oktober 2019 – bekamen wir ein neues kreatives Zeichen. Verstorbene können uns mit ihrer Energie Gegenstände schicken – Federn zum Beispiel, die an ungewöhnlichen Orten auftauchen. Federn finden wir seither immer und überall. Mein Papa ging morgens auf seine Terrasse, wo auch Pablos Unfallort ist. Dort brennt immer eine Kerze, die meine Mama jeden Abend anzündet. An diesem Tag war dort – angelehnt an die Kerze – eine Feder.

Ich stand an diesem Morgen auf und ging in mein Lesezimmer. Ralph war mit Anton zum Morgenspaziergang unterwegs. Als ich nach dessen Rückkehr zur Wohnungstüre lief, erwartete mich eine Sauerei auf dem Flurboden. Wie konnte das passieren? Außer mir war doch niemand in der Wohnung! Quer verteilt lagen dort kleine Seramis-Steine. Ich machte ein Foto und schickte dieses an meine

Schwägerin. Aufgeregt rief sie mich an und erzählte mir, dass auch sie am Tag zuvor eine Verwüstung durch Seramis-Steine bei Lenis Logopädin vorgefunden habe: Melanie gab Leni in der Praxis ihrer Logopädin ab. Während Leni ihre Stunde absolvierte, erledigte Melanie einige Besorgungen. Als sie zurückkam, um Leni abzuholen, musste sie klingeln. Die Logopädin öffnete ihr. Beide waren verwundert, der gesamte Eingangsbereich war übersät mit Seramis-Steinchen. Keiner war in der Zwischenzeit in die Praxis gegangen oder aus ihr heraus. Am Abend erklärte unser Familienfreund Fritz, dass auch er sich heute gewundert hatte; seine Kellertreppe war übersät mit Seramis-Steinen.

∞

Pablo hatte bereits bei Leni gezeigt, dass Verstorbene sich auch über Stimmen bemerkbar machen können. Hier zwei unterschiedliche Geschichten: Die erste passierte mir, als ich mich an meinem freien Tag zu einem Mittagsschlaf ins Lesezimmer legte. Kaum war ich weggedöst, klingelte zuerst mein Handy, welches ich ignorierte. Kurz darauf klingelte unser Festnetz, welches ich auch ignorierte. Gerade wieder am Einschlafen hörte ich meinen Namen durch eine sehr markante Männerstimme rufen. Erschrocken fuhr ich hoch. Was ist passiert? Wer ruft mich? Langsam realisierte ich, dass ich allein im Haus war. Woher kam diese Stimme?

Die andere Geschichte ereignete sich zu Weihnachten. Dieses Mal hatten wir Zeugen dabei. Meine Eltern, Ralph und ich verbrachten unser erstes Weihnachten ohne Pablo gemeinsam in unserem Wohnwagen in Österreich. Abends spielten wir Rommé. Über das Radio hörten wir dabei Musik. Ralph war am Verlieren. Er ist ein schlechter Verlierer. Er regte sich über sein neues Kartenblatt auf, stöhnte laut und erbost:

»Mann – Mann – Mann!«
Kaum hatte er die drei Worte ausgesprochen, wurde der Liedtext im Radio unterbrochen und eine männliche Stimme sprach in der gleichen Ausdrucksweise:
»Mann – Mann – Mann!«
Danach spielte das Radio das unterbrochene Lied weiter.

∞

Immer wiederkehrende Zahlenwiederholungen können eine Grußbotschaft von Verstorbenen oder vom eigenen geistigen Team sein. Uhrzeiten wie 11 Uhr 11 oder 12 Uhr 12, Zahlenkombinationen wie 888 oder 555. Medien schreiben, je häufiger die Synchronitäten auftauchen, umso sensibler und feinfühliger wird man für die geistige Welt. Mir passiert es immer öfter, dass ich genau um 11 Uhr 11 auf meine Handyuhr schaue.

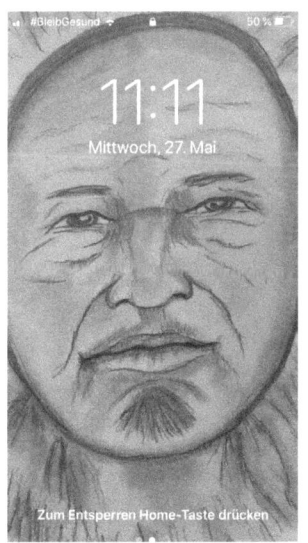

∞

Für Ralphs ersten Geburtstag nach Pablos Tod bekam ich den Impuls, einen Seelentröster aus Pablos Kleidungsstücken speziell für ihn nähen zu lassen. Über einen Podcast erfuhr ich von einer Schneiderin, die die Gabe besitzt, Verstorbene zu spüren und deren Infos wahrzunehmen. Eine ganze Tasche voller Kleidungsstücke von Pablo gab ich bei ihr ab. Rechtzeitig zu Ralphs Geburtstag überreichte sie mir peinlich berührt ihr neu kreiertes Werk. Sie konnte sich nicht erklären, was sie aus Pablos Kleidungsstücken genäht hatte. Sie folgte einfach Pablos Anweisungen. Ich konnte mir auch nicht erklären, was dieses »Ding« darstellen sollte. Aber Ralph, berührt von seinem einmaligen Geschenk, wusste sofort, was es ist. Ein Ball symbolisiert ihre gemeinsame Leidenschaft zum Fußball. Zeitgleich stellt dieser Ball auch eine Krake dar. Ralph stellte sich zum Abschluss ihres Fußballtrainings immer ins Tor und rief Pablo zu: »Ich bin der Krake!«

∞

An Pablos zweitem Jenseitsgeburtstag kommunizierte ich morgens in Gedanken mit ihm. Ich wünschte mir von ihm ein klar erkennbares Zeichen im »Außen« und ging im Anschluss meinen alltäglichen Tätigkeiten nach. Am Nachmittag trank ich einen Kaffee. Als ich meine Kaffeetasse in die Spülmaschine räumen wollte, entdeckte ich sein Zeichen.

∞

Mit Abstand das emotionalste Zeichen schickte uns Pablo vier Monate nach seinem Tod. Es ging um seine Organspende. Ralph und ich äußerten immer wieder, dass wir gerne erfahren würden, wer Pablos Herz erhalten hat. Meine Freundin Sandra stellte den Organspendebrief (siehe Seite 127) kurz nach Pablos Tod auf Instagram.

Hallo ihr Lieben,

in Absprache mit den Eltern von Pablo möchte ich diesen Brief mit euch teilen. Seit dem 12. April ist nichts mehr, wie es war. Unser kleiner, hübscher, schlauer und für uns ganz besonderer Nachbarsjunge, der beste Freund unserer Tochter, ist durch einen tragischen Unfall ums Leben gekommen. Es wird nichts mehr so sein, wie es war, aber wir sind so unsagbar stolz auf unseren kleinen, großen Helden Pablo und seine wundervollen Eltern, die mit ihrer großartigen Entscheidung, Pablos Organe zu spenden, vier anderen Kindern die Chance gegeben haben, ein gesundes, glückliches Leben zu führen. Wir sind so unsagbar stolz auf euch!

Vielleicht hilft es dem einen oder anderen von euch, sich durch diesen offenen Brief von Pablos Tante aus dem Herzen heraus für einen Organspendeausweis zu entscheiden. Ich führe diese kleine Karte, die Leben retten kann, auch mit mir. Ich wünsche all denen, die vielleicht schon Jahre auf ein Spenderorgan warten müssen, alles, alles Liebe. Gebt die Hoffnung bitte nicht auf.

Vier Monate lang war dieser Post bereits auf der Instagram-Seite meiner Freundin, als sich tatsächlich eine Frau meldete. Genau an dem Tag, als ich morgens bei meinem Physiotherapeuten zur Behandlung war und er mir sagte: »Miriam, deine Energie ist heute ganz anders. Heute kommt irgendwas Besonderes!«

Zum Schutze der Beteiligten werde ich nicht näher auf Details und Personen eingehen. Aber wir erfuhren über diese Frau, dass am Tag von Pablos Organentnahme ein kleines Mädchen in einem deutschen Bundesland ein Herz erhalten hat. Alles passte perfekt zusammen. Ich wusste sofort, das ist sie. Mein Körper reagierte mit einem unbeschreiblichen Gänsehautgefühl – und Pablo legte noch einmal ein Zeichen nach. Zwei Wochen danach suchte meine Schwägerin in ihrer »Krimskrams Kiste« nach einem Geschenk. Ihr fiel ein Herzanhänger in die Hände. Diesen hatte Pablos Cousine Leni in einer Wunderüberraschungstüte erhalten. Darauf stand der gleiche Name, den das Mädchen hat, welches Pablos Herz erhalten hatte.

Liebe ..., wir wünschen dir von Herzen alles Glück dieser Welt, Gesundheit und noch sehr viele Lebensjahre. Du hast ein großes, liebevolles, ehrliches, leidenschaftliches Herz erhalten! Danke – an die unbekannte Frau, die die Familie der kleinen ... über mehrere Ecken kennt und die uns diese kostbare, wertvolle Information zukommen ließ!

∞

Eine traurige Information ließ mir Pablo ein Jahr nach seinem Übertritt ins Jenseits in einer Meditation zukommen. Ich verband mich in der Meditation mit der geistigen Welt. Vor meinem inneren Auge erschien Pablo mit einem Mädchen an der Hand. Gedanklich fragte ich ihn, wer denn dieses Mädchen sei. Pablo übermittelte mir, dass dies das Mädchen ist, welches bei der Organtransplantation seine Leber erhalten hat. Er erzählte weiter, dass dieses Mädchen leider verstorben sei und bei ihm in der geistigen Welt ist. Den anderen drei Kindern gehe es hervorragend. Eine Woche vor dieser Information kontaktierte ich unseren Organspendenkoordinator. Wir wollten wissen, wie es den Organempfängern geht. Zwei Tage nach Pablos Information rief er mich zurück und bestätigte sie. Das Mädchen mit Pablos Leber ist verstorben. Den anderen drei Kindern geht es supergut.

Pablos Nachtodzeichen, eine Welt, die uns vor seinem Tod fremd war. Ja, auch ich verstehe nicht, wie all diese Zeichen funktionieren. Wie die geistige Welt es schafft, uns hier auf der Erde mit diesen unterschiedlichen Phänomenen zu erreichen. Ich muss es nicht verstehen, sondern alldem einfach vertrauen und meine Aufmerksamkeit weiterhin auf die Zeichen richten sowie ihnen Raum in meinem Leben geben. Getreu nach dem Motto: »Energie folgt der Aufmerksamkeit.«

Und so wurde ich mit einem Herz in einer Melonenschale überrascht.

Die ungewöhnliche Reise meiner Trauerverarbeitung

Das Leiden ist Teil des Lebens und niemand ist dagegen gefeit. Ich glaube nicht, dass mein »spiritueller« Weg der Trauerverarbeitung der richtige für alle ist, die einen Verlust erleiden. Jeder Mensch ist individuell. Und genauso wie es viele Menschen gibt, gibt es mit Sicherheit auch viele Möglichkeiten, seine ganz persönliche Trauer zu verarbeiten. Jeder darf das für sich selbst entscheiden und nach Möglichkeiten Ausschau halten, die für ihn stimmig sind und die ihm Heilung bringen. Wahrscheinlich kann auch nicht jeder meine Trauerverarbeitungsreise verstehen. Das ist auch nicht meine Erwartungshaltung.

Mein Leben, mein Weg, meine Reise!

Auch bei mir gibt es Tage, an denen die Balance zwischen Alltag, Arbeitsleben, Trauer, Ausbildung und den Bemühungen, den Ansprüchen meiner Familie und unseren Freunden gerecht zu werden sowie den eigenen Bedürfnissen nachzukommen, ein großer Spagat ist. Wenn eine Trauerwelle im Anmarsch ist, lasse ich mich darauf ein und durchlebe das Gefühl. Manchmal ist es schwer, daraus wieder in den inneren Frieden zu kommen. Immer öfter jedoch geht es schnell und leicht. Ich persönlich finde es wichtig und sehe es als meine Eigenverantwortung an, den Schmerz der Trauer zuzulassen, mich ihm hin- und ihm ausreichend Raum zu geben.

Ich wäre ganz sicher nicht dort, wo ich heute stehe, wenn ich mich nicht auf die spirituelle Reise eingelassen hätte. Ich wurde und werde noch immer von Pablo inspiriert. Er hat mich auf diesen Weg gestellt. Davon bin ich fest überzeugt und dafür bin ich ihm unendlich dankbar. Aber das war auch schließlich unser Deal im Krankenhaus. Du erinnerst dich?

»Pablo, ich verspreche dir, ich werde nicht eingehen wie eine verwelkte Blume. Ich werde weiter in meinem Leben glücklich sein. Ich will für dich glücklich sein. Allein schaffe ich das aber nicht, ich brauche deine Hilfe und deine Unterstützung!«

Ich werde an meinem Schmerz nicht zerbrechen. Ich stelle mich dieser Herausforderung, durchlaufe meinen ganz eigenen Trauerprozess, um herauszufinden, wie ich als Individuum mit dem Tod meines Sohnes umgehen kann. Die Verantwortung hierfür zu übernehmen war mir von Anfang an sehr wichtig. Ich wollte diese nicht an Ärzte und Therapeuten abgeben und suche immer wieder aufs Neue nach Möglichkeiten, welche mein Befinden positiv beeinflussen.

Kurz nach Pablos Tod gaben mir die Gespräche mit unserem Pfarrer Michael sehr viel Halt und Kraft. Eine Kerze, die ich nach seinem Tod ein halbes Jahr lang jeden Abend für Pablo anzündete, wurde für mich zu einem wichtigen Trauerritual.

Parallel zu den Gesprächen mit unserem Pfarrer waren und sind noch immer die Besuche bei meinem Physiotherapeuten für meinen Körper eine riesige Hilfe und Unterstützung. Durch Pablos Unfalltod befand sich dieser in einem traumatisierten Zustand. All meine Organe versteckten sich hinter einer Schutzmauer, die energetische Schwingung, die innere Balance war nicht mehr im Gleichgewicht. Steffen, mein Physiotherapeut, von dem ich mich bereits vor Pablos Tod behandeln ließ, hatte mir als trauernder Mama gegenüber glücklicherweise keine Berührungsängste. Noch vor Pablos Abschiedsfeier lag ich auf seiner Behandlungsliege. Ich weiß noch sehr genau, dass bei diesem Termin zwischen uns kein einziger Wortwechsel stattfand. Mein Bruder Manuel begleitete mich und war auch mein Chauffeur. Noch immer war ich körperlich nicht in der Lage, selbst ein Auto zu fahren. Ich lag schweigend, kraft- und energielos auf seiner roten Liege, Steffen erledigte seinen Job. Ein Blickkontakt sowie ein Zunicken reichten zur Verständigung völlig aus. Eine Woche später begleitete mich meine Mama. Rückblickend würde ich sagen, sie diente als Schutzmauer, denn ich wollte nach wie vor nicht verbal kommunizieren und nicht mit Steffen über meine Gefühle und über meinen Schmerz reden. Er konnte sie ohnehin ohne einen Wortwechsel spüren und wahrnehmen. Er verstand es auf eine einzigartige Weise, meine Blockaden und Spannungen durch einen feinstofflichen Energieausgleich wiederherzustellen. »Energie« leitet sich von der altgriechischen Sprache ab und bedeutet »wirkende Kraft«. Durch seine Heilarbeit fanden mein Körper sowie mein innerer Zustand zu seiner natürlichen Ordnung zurück. Meine Energie konnte dadurch wieder frei fließen und ich fühlte mich nach jeder Behandlung lebendiger. Somit war ich dann beim dritten Behandlungstermin bereit, mein Auto selbst zu fahren und ihm meine traumatischen Erlebnisse zu schildern. Steffen wirkte nicht nur positiv auf meinen Körper, auch mein Bewusstseinszustand veränderte sich durch unsere Gespräche ins Positive. Er lehrte mich, wie ich meine Emotionen und die Wellen des Schmerzes annehmen, einatmen, spüren, ausatmen, freilassen und aus mir herausfließen lassen kann. Der Schmerz war körperlich spürbar. Ich fühlte ihn überwiegend in meinem Bauch. Mein Magen verkrampfte sich, jede einzelne Faser in ihm zog sich zu einem schmerzlichen Klumpen zusammen und ich bekam beinahe keine Luft mehr. Noch heute gehe ich regelmäßig zu ihm. Meine körperliche Energie und meine Belastbarkeit sind zu fast 100 Prozent zurück. Ich spüre recht schnell, was, wer und welche Situationen meinen Energiehaushalt schrumpfen lassen. Dadurch habe ich gelernt, mir und meinem Körper die Auszeiten und Ruhephasen zu geben, die er zum Auftanken benötigt. Ich muss nicht den Schein nach außen aufrechterhalten, wenn meine innere Stimme das Gegenteil spricht.

Nach Pablos Tod fing ich an, stapelweise Bücher über den »Tod« und über das »Leben nach dem Tod« zu lesen. In jedem Buchladen, an dem ich vorbeikam, durchstöberte ich stundenlang die »spirituelle Abteilung«. Wöchentlich lieferte der Paketdienst bei uns zu Hause neue Büchersendungen an. Unser acht m² kleines Lesezimmer wurde zu meinem Rückzugsort. Hier fühlte ich mich sicher und geborgen. Zuerst wollte ich verstehen, was mit der Seele nach dem körperlichen Tod passiert. Wohin sie geht, wie sie auf unser Leben noch immer Einfluss nehmen kann. Ich verschlang ein Buch nach dem anderen. Manchmal studierte ich mehrere Bücher zeitgleich. In diesen Büchern wurde ich auf ein für mich hochinteressantes Thema aufmerksam. Es soll Menschen geben, die die Gabe besitzen, mit Verstorbenen zu kommunizieren – diese nennt man »Medium«. Nächtelang durchforstete ich YouTube, schaute unzählige informative Videos von diesen Medien und hörte mir bei jeder Gelegenheit hierzu Podcasts an. Plötzlich kamen meine Erfahrungen, die ich als Kind und junge Frau mit der geistigen Welt hatte, sehr präsent in meiner Erinnerung hoch. Die Bilder, als ich zum ersten Mal eine verstorbene ältere Dame in Schleierform vor mir sah, oder die damaligen Gefühle, als eine Energie an meinem Kinderbett saß und mir sanft über meinen Kopf strich. Damals machten mir diese Erlebnisse und die Gegenwart der geistigen Welt unglaubliche Angst und ich drückte sie in die hinterste Ecke in meinem Gedächtnis. Auch meine Erfahrungen über die Aura eines menschlichen Körpers und den dazugehörigen Energiefluss während meiner Prana (Lebensenergie) Ausbildung kamen in mein Gedächtnis zurück.

Je mehr ich über die geistige Welt gelesen, gehört und durch Pablos Zeichen erkannt hatte, umso mehr wollte ich darüber in Erfahrung bringen. Kurzerhand meldete ich mich für den Workshop »Einen Tag mit deinem Geistführer« im Oktober 2019 an. Hier durfte ich mehr über die geistige Welt erfahren und erleben. Anfang November 2019 nahm ich meine Mama, meine zwei Freundinnen und meine Tante mit zu einem Live-Demoabend, bei dem ein Medium fünf Jenseitskontakte für das Publikum demonstrierte. Unter unzähligen Verstorbenen, die von circa 40 Zuschauern »mitgebracht« wurden, kamen an diesem Abend mein Opa und die Mama meiner Freundin durch. Das Medium bekam von unseren Verstorbenen präzise Informationen übermittelt und gab diese ungefiltert an uns weiter. Für uns bestand kein Zweifel. Das Medium kommunizierte tatsächlich mit meinem Opa und mit der Mama meiner Freundin. Aufgedreht von diesem Erlebnis fuhren wir wie wild gackernde Hühner nach Hause und ich vereinbarte meinen ersten Jenseitskontakt zu Pablo, der Ende November 2019 stattfand. Jeder einzelne Jenseitskontakt auf dem Live-Demoabend sowie die drei Jenseitskontakte zu Pablo brachten mir Heilung und wandelten meinen »Glauben« an die geistige Welt in ein »Wissen« um.

Ich glaube an das Schicksal und ich glaube daran, dass unser Lebensplan festgelegt wurde, bevor wir hier auf der Erde inkarniert sind. Ich glaube daran, dass Pablo und ich unser Schicksal gemeinsam bestimmt haben. Ich glaube daran, dass selbst dieser tragische, schmerzliche Verlust etwas Gutes mit sich bringt. Ich glaube an keine Zufälle mehr! Meine Trauertherapie ist das Erfahren der geistigen Welt. Hier vor allem das eigene Praktizieren und das Spüren von Energien der Verstorbenen.

Beim Workshop »Sensitivität und Medialität«, den ich im Januar 2020 besuchte, durfte ich zum ersten Mal einen Jenseitskontakt zu einem Verstorbenen eines Seminarteilnehmers herstellen. Ich hatte im Voraus keinerlei Informationen, weder zum Seminarteilnehmer selbst noch zu seinen lieben Verstorbenen. Als ich anfing, mich auf den Kontakt einzulassen, mich von der geistigen Welt führen zu lassen, baute sich eine Energie hinter meinem Nacken auf. Während ich noch überwältigt von diesem einzigartigen Gefühl war, schossen mir Bilder über diese verstorbene Person in meine Gedanken. Ich berichtete dem Seminarteilnehmer alles, was ich an Bildern, Gefühlen und Schriftzügen, die ich vor meinem inneren Auge sehen konnte, erhielt. Etwa zehn Minuten lang sprudelte ich die Details heraus. Der Seminarteilnehmer konnte alle Informationen verstehen und bestätigte mir somit, dass es tatsächlich funktionierte.

Wir können die Verstorbenen wahrnehmen, spüren und mit ihnen auf telepathische Weise kommunizieren. Jeder Mensch besitzt diese Gabe, die wir leider im Kindesalter durch das Verdrängen und Unterdrücken zum Großteil verlieren. Bei mir war sie Gott sei Dank nur im Schlummerzustand. Der Schleier zu dieser Welt öffnet sich mir immer mehr. Besonders bei meinen täglichen Meditationen, wenn ich das Gedankenkarussell meines Verstandes zum Stillstand bringe und meine Frequenz zu einer höheren Schwingung anhebe, befinde ich mich in einer fühlbaren Verbindung zur geistigen Welt. Vielleicht wurde mir die besondere Gabe von einer meiner Omas vererbt. Sie sieht ihren verstorbenen Mann immer wieder. Manchmal als Lichtwesen – vor kurzer Zeit stand er in materialisierter Körperform vor ihr. Verstärkt nahmen die paranormalen (übersinnlichen) Phänomene bei ihr zu, als Pablo in die geistige Welt ging. Auch er besucht meine Oma regelmäßig.

Durch Pablos Heimkehr in die Ewigkeit wurde mein Kompass völlig neu kalibriert. Ich habe die Entscheidung getroffen, der geistigen Welt zu vertrauen, ihr Glauben zu schenken und mich von ihr führen und leiten zu lassen. Ich bin der Schöpfer meines Lebens, ich erschaffe es nach meinem Glauben. Wenn ich an Abhängigkeit glaube, werde ich Abhängigkeit erleben. Wenn ich Verantwortung an andere abgebe, dann werde ich auch das erleben. Ich glaube und vertraue der geistigen Welt. Ich bin der Schöpfer meines Lebens, du bist der Schöpfer deines Lebens!

Jenseitskontakte

Bei einem Jenseitskontakt stellt ein Medium Kontakt zu einem Verstorbenen her. Ein seriöses Medium möchte vorab keinerlei Informationen über den Verstorbenen oder über die Person, die zum Jenseitskontakt kommt. In einem Jenseitskontakt geht es immer um Heilung. Der Verstorbene gibt Informationen durch, die der Hinterbliebene zu diesem Zeitpunkt benötigt, und versucht, sich über seinen Charakter und über Situationen aus seinem Leben zu identifizieren. Auch gibt er Situationen durch, die nach seinem Übertritt ins Jenseits im Leben der Hinterbliebenen passiert sind.

Ich habe unsere Jenseitskontakte mit Pablo ungefiltert niedergeschrieben. Wir durften alle Sitzungen mit einem Aufnahmegerät aufzeichnen.

1. Jenseitskontakt – 7 Monate nach Pablos Tod – Miriam
2. Jenseitskontakt – 9 Monate nach Pablos Tod – Miriam und Ralph
3. Jenseitskontakt – 10 Monate nach Pablos Tod – Heidrun und Gerd (meine Eltern)

Der erste und dritte Jenseitskontakt fand bei dem wundervollen, einfühlsamen Medium Annette Meng in Heidelberg statt. Der zweite Jenseitskontakt war bei einem Medium in Frankfurt. Die unterschiedlichen Arten der Medien erkennt man beim Lesen der Jenseitskontakte. Da der erste und der dritte Jenseitskontakt beim gleichen Medium stattfanden, impfte ich vorab meine Eltern, bei der Begrüßung des Mediums und während der Sitzung kein Wort über mich zu verlieren. Somit stellten wir Annette Meng auf die Probe. Würde sie Pablo anhand seiner Energie erkennen? Jeder Jenseitskontakt hatte eine Trefferquote von 95 Prozent.

Jenseitskontakt
November 2019, Miriam

Medium: Dein Sohn ist da. Kannst du verstehen, dass du mit der Trauer anders umgehst als die anderen? Kannst du auch verstehen, dass du deinen Sohn wahrnimmst? Er ist ganz aufgeregt neben mir. Ich mache jetzt erst mal einen Schritt nach dem anderen. Er ist so aufgeregt. Aber kannst du schon verstehen, dass du weißt, dass dein Sohn bei dir ist? Weil er mir sofort sagt: »Die Mami weiß, dass ich da bin.« Er sagt auch ganz auffällig »Mami!«.

Er zeigt mir auch sofort seinen Papa. Er gibt mir zu verstehen, dass du mit der Situation anders umgehst als sein Papa und du seinen Papa auffängst. Das ist das Erste, was er dir sagen möchte, er möchte sich bei dir bedanken, dass du seinen Papa auffängst.

Was ich von seinem Charakter wahrnehme, er ist so unbeschwert und voller Leichtigkeit. Er lacht neben mir. Er muss ein Sonnenschein gewesen sein. Er schiebt mir immer wieder einen Ball hin. Das muss für ihn ein Lieblingsspielzeug gewesen sein.

Ich kann ihn vom Alter schwer einschätzen. Auf der einen Seite kommt er mir durch den Ball und das Spielen sehr kindlich rüber. Auf der anderen Seite nehme ich bei ihm eine enorme Weisheit wahr. Eine Tiefgründigkeit. Jetzt weiß ich nicht, ob er als Kind einfach schon sehr weit war. Ich bin keine Mama und deshalb tue ich mich mit dem Alter schwer. Ich nehme ihn nicht älter als zehn Jahre wahr, aber von seiner Energie und wie er rüberkommt, würde ich ihn wesentlich älter schätzen.

Er hat keine Geschwister, oder? Weil er mir sagt, dass er keine Geschwister hat.

Er muss so ein Kind »Everybody's Darling« gewesen sein. Ich habe das Gefühl, er war schon überall beliebt und er muss auch tolle Freunde an seiner Seite gehabt haben.

Er stellt mir immer wieder ein Fahrrad hin. War das Fahrrad für ihn wichtig? Er muss allgemein sehr sportlich gewesen sein. Das Fahrrad war für ihn immer ein Stück Freiheit. Er zeigt mir immer wieder auf einen Fahrradhelm. Hast du immer geschaut, dass er den Fahrradhelm aufsetzt?

Miriam: Ja!

Medium: Er sagt: »Der Helm war immer wichtig!« War er mit seinem Papa immer mal bei sportlichen Veranstaltungen, wo eine Art »Männertime« war?

Miriam: Ja!

Medium: Okay. War das ein besonderer Sport? Ich weiß, dass es der Sport nicht ist. Er fängt immer wieder mit Baseball an. Und ich glaube immer etwas Besonderes. Okay, war es in einem Stadion? Er fängt jetzt anders mit mir an. Kannst du ein Stadion verstehen?

Miriam: Ja!

Medium: Wenn ich es richtig verstehe, okay, war es doch Fußball. Er nimmt mich schon ein bisschen hoch, aber so muss er auch gewesen sein. Er lacht sich neben mir jetzt echt einen ab, weil ich Baseball geglaubt habe. Okay, war es Hoffenheim? Oder will er mir damit 1. Bundesliga sagen? Er hat dort einen Lieblingsspieler gehabt. Er fängt immer von einem Spieler an, wo er ein Trikot mit Unterschrift hatte. Da ist er megastolz drauf gewesen.

Miriam: Dennis Geiger.

Medium: Kenne ich nicht. Was er mir immer wieder gibt, ist ein Maskottchen, was dort herumrennt, was er immer so lustig fand. Er gibt mir zu verstehen: »Es ging nicht nur um das Spiel, sondern die ganze Atmosphäre.« Warst du aber auch mal dabei?

Miriam: Einmal.

Medium: Er selbst hat auch Fußball gespielt. War er in einem Verein? Und er war auch gut. Er meint, so ziemlich gut. Und das hat er auch mit Herzblut gemacht.

Jetzt fängt er von seiner Beerdigung an. Waren die Fußballer auf seiner Beerdigung? Er zeigt mir eine große Beerdigung und zeigt, dass auch vom Fußball jemand da war. Er steht mit ganz großen Augen neben mir und sagt: »Ich hatte nicht gedacht, dass so viele zur Feier kommen.« Er zeigt es mir immer so groß und dass er es total faszinierend fand. War die Trauerfeier sehr bunt? Weil er mir das Lied von Sarah Connor »Mit all deinen Farben« gibt, und er gibt mir zu verstehen, dass es ganz bunt war. Habt ihr auch Luftballons steigen lassen? Und sind dort auch Zettel drangehangen mit Botschaften an ihn? Kannst du das verstehen?

Miriam: Ja!

Medium: Oh, ich bekomme Gänsehaut. Ich soll dir sagen, dass er jede Botschaft gelesen hat. Das darf jeder wissen. Er hat alles mitbekommen. Für ihn war es wunderschön zu lesen, was die Menschen ihm sagen wollen.

Hat die Fußballmannschaft für ihn ein Spiel gemacht? Oder wurde an einem Spiel besonders an ihn gedacht?

Miriam: Ja!

Medium: Dafür möchte er sich auch bedanken. Er ist total berührt, wie viel für ihn gemacht worden ist.

Er weicht mir mit seinem Unfall immer aus. Hat der Unfall etwas mit Wasser zu tun?

Miriam: Nein!

Medium: Okay, was will er mit Wasser? Wart ihr dieses Jahr zusammen am Meer? Weil er mir immer wieder das Wasser hinstellt und mir davon etwas erzählen möchte. Er gibt mir immer ein Schwimmbad. Wart ihr im Urlaub in einem Klub? Er hat sich dort total wohlgefühlt. Er fand es so cool, euch als Eltern gehabt zu haben. Er erklärt es jetzt symbolisch. Ihr habt ihn in Freiheit erzogen und habt ihn nicht in Normen gedrängt und er gibt mir zu verstehen, mit dem Urlaub, er durfte in das Schwimmbad, wann er wollte, als Symbol, wie frei er aufwachsen durfte. Dafür möchte er sich mega bedanken, weil er jetzt aus dem Jenseits noch mal verstärkt gesehen hat, was für coole Eltern er hat und wie er er selbst sein durfte, und dafür möchte er sich noch mal bedanken. Das fand er megaschön. War an dem Unfall ein Auto beteiligt? Er zeigt mir immer wieder einen weißen Transporter oder Lieferwagen. Weiß nicht, worauf er hinausmöchte. Okay, kannst du Krankenwagen verstehen? Kam der Krankenwagen noch mal? Er rollt jetzt von hinten das Feld auf.

Miriam: Ja!

Medium: Okay, der weiße Transporter. Er hat mir jetzt ein rotes Kreuz auf den Transporter gemalt. Warst du in der Nähe des Unfalls? Weil er mir immer sagt: Du bist dabei gewesen. War es im Freien? Weil er mir immer wieder »draußen« zeigt. Was er mir immer wieder gibt, ist ein langer Weg. Kannst du verstehen, dass es eigentlich was »Banales« war und doch so große Auswirkung hatte? Er zeigt mir immer wieder ein Stolpern, wie wenn er hingefallen wäre. Kannst du »Kopf« verstehen? Weil er mir immer wieder eine Kopfverletzung gibt, und ich habe immer das Gefühl, dass er gestürzt ist. Also ich bekomme immer »Kopf« und dass er hingefallen ist.

Miriam: Das Fenster zeigt er nicht?

Medium: Nein. Aber Sturz und Kopf. Du kannst verstehen, dass es ein Unfall war? Kannst du verstehen, dass manche Menschen etwas anderes gesprochen hatten? Er sagt mir immer wieder: Sag ihr, es war ein Unfall! Er konnte nichts dazu. Es war wirklich ein Unfall. Er hat das Gefühl gehabt, wie manche Menschen gesprochen hätten, dass er selbst ... Das möchte er gleich zur Seite schieben. Das ist ihm ganz wichtig.

Er wusste, dass er in diesem Leben nicht alt werden wird. Unbewusst. Er hat sich ein Leben ausgesucht, wo er die Erfahrung machen musste/durfte, nicht alt zu werden. So wie er es mir gibt, war es schon klar, dass es keine Krankheit ist, woran er stirbt, sondern ein Unfall. Er gibt mir aber auch zu verstehen, dass es ein anderer Unfall auch hätte sein können. Es war jetzt aber dieser Unfall. In seinem Lebensplan stand, dass er in diesem Leben nicht alt werden würde. Trotzdem soll ich dir sagen, dass er in seinem Sturz nach unten wie gebettet war. Er gibt mir immer Bilder, wie wenn die Engel ihn nach unten getragen hätten. Sah es so aus? Ich soll dir sagen, dass er eigentlich schon drüben war, bevor er aufgeprallt ist. Das habe ich so auch noch nie gezeigt bekommen. Du sollst wissen, dass er keine Sekunde Angst oder Schmerzen hatte und dass er wie hinübergetragen worden ist. Letztendlich war es der Kopf, mit dem er aufgeprallt ist, und das war für den Körper die Todesursache. Er zeigt mir immer jemand, der vom Fenster runtergeschaut hat. Stellt sich euch die Frage, wie es passiert ist? Ist da noch was im Raum? Er sagt, wie wenn er das Gleichgewicht verloren hat. Dass er eigentlich nur schauen wollte und das Gleichgewicht verloren hatte. War an diesem Tag ein Familienfest oder eine Familienzusammenkunft? War jemand im Garten? Er zeigt, dass eine Zusammenkunft war.

Miriam: Mein Papa war im Garten.

Medium: Er meint, es war jemand im Garten und es waren mehrere Familienmitglieder zu Hause.

Was er mir jetzt zeigt, ist sein Grab. Hast du da etwas »Buntes« stehen? Er zeigt mir immer etwas Buntes. Er findet das Grab megacool. Es ist so anders als die anderen Gräber. Habt ihr etwas von einem Fußball auf dem Grab? Ich weiß jetzt nicht, ob es ein Ball ist oder etwas vom Verein. Er muss mit Symbolen mit mir arbeiten. Ich habe aber das Gefühl, es muss Richtung Fußball sein.

Miriam: Seine Urne ist ein Fußball.

Medium: Ah, ja. Das ist es. Weil er mir immer das Runde zeigt. Für ihn ist es auf seiner Wolke megacool zu sehen, wie ihr so respektvoll mit dem Tod umgegangen seid und ihm bis zum Schluss gegeben habt, was ihm im Leben wichtig war. Hat jemand ein schwarzes Armband getragen? Glaube, er fängt wieder vom Fußball an.

Miriam: Der Verein hat in Trauerflor gespielt.

Medium: Okay. Das findet er megaspannend, was da alles passiert ist. Habt ihr an seiner Trauerfeier besondere Lieder gespielt? Er gibt mir immer fetzige Musik. Nicht dieses Kirchliche. Er gibt mir jetzt wieder Sarah Connor. Die hat ein Lied »Das Leben ist schön«. Ihr habt dieses Lied gespielt? Genauso ist es, soll ich dir sagen. Dieses Lied ist wichtig, weil du dich wohl immer gefragt hast, ob es tatsächlich so ist, wenn man stirbt. Es ist so. Er fand es megacool, die ganzen Farben zu sehen, dass ihr bunt wart und dass ihr ihn gefeiert habt. Nicht die Trauer, sondern ihr habt ihn gefeiert. Dafür ist er so dankbar, dass ihr so damit umgegangen seid. Er sagt: Das wäre nicht er gewesen, wenn nur Menschen in Schwarz und in Trauer gewesen wären.

Das hat er schon mal gesagt. Er ist in diesem Moment gestorben. Er ist zwar mit dem Krankenwagen weggekommen, und trotzdem soll ich dir sagen: Seine Seele ist zu Hause rübergegangen und er hat körperlich das Ganze gar nicht mehr mitbekommen. Du hast es gespürt und er will dich darin bestätigen. Das ist auch die Bestätigung, die er meint, du würdest es wahrnehmen.

Er macht sich im Moment Sorgen um seinen Papa. Er muss verschlossen sein in seiner Trauer. Auch die Oma. Er zeigt mir immer Papa und Oma. Er möchte dir sagen, dass sein Papa mit der Trauer anders umgeht als du. Sein Papa würde sich Gedanken zum Thema »Schuld« machen. »Er hat immer so viele Fragezeichen!«, sagt dir dein Sohn, wie er gestorben ist. Er macht sich immer Gedanken, was man alles hätte anders machen können, damit der Unfall nicht passiert wäre. Die Botschaft von deinem Sohn an seinen Papa ist ganz klar: »Er soll mit diesem Scheiß aufhören!« Das hätte niemand verhindern können, dass es leider sein Weg in diesem Leben war. Er legt mir das Buch »Kinder in der geistigen Welt« hin. Das möchte er seinem Papa schenken. Da ist alles ganz genau erklärt. Vielleicht kann er dann ein bisschen Frieden mit dem Unfallthema schließen. Jetzt fängt er von Weihnachten an. Ihr sollt dieses Jahr das Weihnachtsfest ein bisschen wie seine Trauerfeier sehen. Er weiß, dass es schlimm für die Familie ist. Ihr sollt im Positiven an ihn denken. Er wird bei euch sein. Du spürst ihn. Feiert ihr in der Familie? Er zeigt mir nicht nur dich und deinen Mann, sondern mehrere Familienmitglieder. Ihr sollt es euch gut gehen lassen und euch bewusst machen, dass er da ist.

Jetzt fängt er mit einem See an. Was er immer mit dem Wasser will? Er zeigt mir immer einen See. Bei dem See ist er ganz aufgeregt und sagt: »Den See gibt's!«

Miriam: Ja, bei uns im Dorf!

Medium: Dieser See ist für ihn enorm wichtig. Er hat einen brutalen Bezug zum Wasser. Da hat er sich wohlgefühlt. Habt ihr dort Enten gefüttert oder gibt es dort Enten? Weil er Enten zeigt und meint: Dort hatte er immer so schöne Momente mit dir.

Miriam: Ja!

Medium: Was er auch megacool fand: dass du eine Mama warst, die ihn immer in seiner Entwicklung gehen gelassen hat. Du hast ihm nie Druck gemacht. Er gibt mir jetzt die Schule. Du hast ihn immer ein Stück frei entfalten lassen. Du hast ihm nie den Druck gemacht: »Jetzt setze dich hin, du musst das noch lernen«. Ja, die Schule war wichtig, das hatte er schon verstanden, aber er hatte nie den Druck gehabt. Dafür möchte er sich bedanken. Er gibt mir dazu immer ein Freiheitsgefühl.

Worin er dich jetzt bestärken möchte: mehr deiner Intuition zu folgen. Er sagt: »Mama, du bist so gut!« Du musst dich manchmal zu klein in gewissen Dingen machen. Er zeigt mir Azubis und dass du für manche eine Säule im Leben bist. Er sagt: Du darfst noch mehr in deinem Leben tun. Es sind noch mehr Menschen da, die deine Hilfe brauchen. Das ist die Sicht von deinem Sohn.

Geht es um ein Pflegekind? Er fängt von einem Geschwisterkind an und sagt: »Das Thema steht im Raum!« Er wird erwachsen, dein Sohn. Ich soll dir sagen, wenn ihr den Wunsch habt, dann sollt ihr dem nachkommen. Ihr werdet nie dazu neigen, dieses Kind als ihn zu sehen. Ihr seid Eltern, wo das Kind sich so entwickeln darf, dass es frei sein darf. Für ihn ist es kein Ersatz. Ich habe eher das Gefühl, wenn ihr kein Kind bekommt, sorgt er dafür, dass ein Kind in eure Familie kommt. Er fängt immer von Pflegefamilie an. Euer Sohn möchte euch damit zeigen, dass ihr die besten Eltern der Welt seid. Bei ihm ist nur Licht und Liebe und er sieht, wie cool ihr als Eltern seid, und das kann er nur jedem Kind wünschen. Und wenn ihr euch nicht dafür entscheidet, dann sollst du für die Jugendlichen da sein. Er meint: »Meine Mama hat eine ganz besondere Art, mit Jugendlichen umzugehen. Die brauchen meine Mama!«

Er sagt aber auch, dass du dich auf den spirituellen Weg machen darfst. Ein Kind zu verlieren ist die schlimmste Erfahrung, die man machen kann, und trotzdem sagt er: Du hast dir ihn als Sohn ausgesucht, bevor ihr auf die Welt inkarniert seid. Eure Seelen haben gewusst, welche Erfahrung ihr hier machen werdet. Für dich war es so vorgesehen, dass du mehr in die Spiritualität gehst, dass du dem, was du wahrnimmst, anfängst zu vertrauen. Er sagt: »Die Mama hat schon vor mir, bevor ich ins Jenseits ging, Dinge wahrgenommen und sie war in diesem Glauben drin!« Er möchte dich darin bestärken. Was er mir auch gibt: dass er sehr nah ist bei dir. Dass er dich weiterhin sehr eng begleiten wird, weil er für dich eine Art Geisthelferfunktion eingenommen hat.

Ich habe das Gefühl, er zeigt sich viel. Er zeigt immer auf das Handy. Entweder blinkt das Licht? Er ist ganz kreativ. Das wird noch besser. Er fängt ja erst da drüben damit an Party zu machen.

Miriam: War er das mit dem Vogel am Fenster?

Medium: War das ein kleiner Vogel? Rotkehlchen oder Meise? Kleine Vögel sind für mich Leichtigkeit pur. Hat er immer reingeschaut? Er zeigt mir ein Vögelchen, das am Fenster reinschaut. Ja, der war von ihm. Ich bekomme auch immer ein Eichhörnchen. Ich weiß jetzt nicht, ob du immer ein Eichhörnchen siehst und an ihn denken musst. Er ist schon sehr weit im Zeichenzeigen. Es ist wahnsinnig bei ihm. Er gibt mir auch immer den Fernseher. Jetzt weiß ich nicht, ob mal bei jemandem von euch der Fernseher mal an- oder ausging oder mal leiser oder lauter wurde. Das ist auch er.

Miriam: Ja, bei seiner Cousine!

Medium: Du musst dir vorstellen, ihm geht es jetzt megagut, wo er ist. Er ist immer noch bei euch. Für ihn gibt es die Trennung nicht. Er macht sich noch immer einen Spaß mit euch, wie er es auch zu Lebzeiten gemacht hat. Auch bei seiner Cousine, da lacht er neben mir und sagt: »Ich habe einen Riesenspaß.« Er darf jetzt der »Pumuckl« der Familie sein. Hast du dir schon einmal Gedanken gemacht, ein Buch zu schreiben? Diese Geschichte und wie du die Trauer empfindest aufzuschreiben?

Miriam: Ja!

Medium: Weil er immer sagt: Du sollst es machen. Er gibt mir das Buch, aber das geht weiter. Für mich ist es nicht nur dieses Buch. Er stellt dich immer wie eine Rednerin hin und dass es auch darum geht, dass du Menschen an die Hand nehmen darfst, wie du die Trauer und wie du die Welt siehst. Er sagt: »Meine Mama ist so ein positives Beispiel!«, auch ich ziehe schon die ganze Zeit meinen Hut vor dir, wie man auch mit Trauer umgehen kann. Er stellt mir auch immer einen Trauerzirkel hin, Facebook mit einer Trauergruppe. Wie wenn dein Weg auch in diese Richtung gehen wird. Trauerbegleitung und trotzdem kommt er auf das Körperliche zurück. Dass es im Trauerprozess auch wichtig ist, sich auszupowern.

Er fängt jetzt noch mal mit seiner Cousine an. Hängt sie im Moment in ihrer Trauer fest? Er macht sich ein bisschen Gedanken um sie. Sie würde mit der Verarbeitung nicht so zurechtkommen.

Miriam: Möchte er etwas zu seiner Organspende sagen?

Medium: Sein Herz hat ein Mädchen bekommen? Ihr ist es besonders wichtig, sich bei euch zu melden. Das Mädchen wird euch irgendwann aufsuchen. Wurde noch mehr gespendet? Weil er sagt: »Es wurde noch mehr gespendet!« Bei den anderen Organen fühle ich seine Energie und Aufmerksamkeit nicht. Er schaut nach seinem Herz, weil für euch die Verbindung zu seinem Herzen am stärksten ist. Weil auch er so ein »Herzensmensch« war. Damit war er auch einverstanden, falls ihr euch das fragt. Er sagt: Er braucht seine Organe jetzt nicht mehr. Für ihn war es so selbstverständlich und okay.

Trägst du irgendwas bei dir oder an dir von ihm? Weil er mir immer wieder auf die Kette zeigt. Es muss ein Schmuckstück sein, das du mit ihm in Verbindung bringst. Findet er megacool. Das freut ihn, dass du ihn so bei dir trägst.

Hat er Baseballcaps gehabt? Trägt jemand von ihm eine Käppi? Oder wollte jemand von ihm eine haben? Weil er sagt: »Eine Käppi darf man abgeben.« Also wenn jemand fragt, ist es okay. Dafür möchte er auch »Danke« sagen. Ihm hat es an nichts gefehlt. Er zeigt mir seine Caps, er zeigt mir seine Nike-Sneaker und die Markenkleider. Er sagt: Er hat eine so schöne Kindheit gehabt und das wünscht er sich für jedes Kind.

Er fängt jetzt mit einem Hund an. Kannst du verstehen, der Hund muss ihn wahrnehmen. Ihr habt den Hund noch? Er zeigt mir, dass der Hund manchmal wie in eine Richtung schauen würde und mit dem Schwanz wedelt. Der Hund nimmt ihn wahr.

Manchmal muss ein Lied im Radio kommen, das du mit ihm in Verbindung bringst. Manchmal steuert er das, dass das Lied im Radio kommt, wenn du das Radio anmachst. Das ist eine Art »Grußbotschaft« von ihm.

Bei seinem Papa habe ich das Gefühl, dass er sich da im Auto bemerkbar macht. Da setzt er sich immer ins Auto und lässt Lichter aufblinken. Jetzt weiß ich nicht, ob er einfach seine Anwesenheit spürt oder ob da manchmal ein Licht angeht, wo man sich nicht erklären kann. Das ist er. Da sagt er: »Wenn der Papa Feuerwerk möchte, dann bekommt er das!« So extrem war er ja auch.

Er spricht jetzt von seinem Kinderzimmer. Habt ihr überlegt, Dinge von ihm wegzugeben? Ihr sollt das so machen, wie es für euch gut ist. Ihr sollt alles in eurem Tempo machen und euch nicht stressen.

Was er noch megacool fand, war die Traueranzeige von ihm. Die zeigt er mir. Die muss auch sehr speziell gewesen sein. Habt ihr eine

Danksagung machen lassen? Weil er mir die Traueranzeige durchstreicht, die gab es wohl nicht, aber irgendwas muss trotzdem von ihm in der Zeitung gewesen sein. Kannst du das verstehen? Das fand er megacool. Die Art und Weise, wie ihr es gemacht habt.

Miriam: Richtig. Es war eine Dankesanzeige. Eine Traueranzeige wollten wir nicht.

Medium: Er dankt euch. Er dankt der gesamten Familie, dass er zu dieser Familie gehört. Er sagt immer wieder: »Ich habe die coolsten Eltern der Welt!« Das möchte er euch noch mal sagen und dass er sich wirklich für alles bedanken möchte und sagen, wie sehr er euch liebt. Es gibt kein Wort dafür, wie er dich anschaut. Wirklich diese bedingungslose Liebe. Er weiß, das ist meine Mama; und er ist megastolz darauf, dass du seine Mama bist, und ich habe auch das Gefühl, dass er im Jenseits auch damit angibt. Ein bisschen wie der »Checker vom Neckar – ey, das ist meine Mama«. Er dankt dir, dass du eine Mama bist, wo er sich nicht so viele Sorgen machen muss, wie er es bei anderen Freunden im Jenseits erlebt, wo die Eltern selbst kurz vor dem Selbstmord stehen. Sondern dass du so damit umgehst und damit unheimlich viel Heilung in die Welt bringst und bringen wirst. Du sollst wissen, dass er dich bei allem, was du machst, unterstützen wird.

Er ist euer Kind, da ist er megastolz drauf!

Er gibt mir Bilder, wie wenn er nicht verstorben wäre. Du musst wahnsinnig seine Präsenz spüren und ihr müsst auch Unterhaltungen führen. Was er sagt: Es müssen auch Dialoge sein, wo du eine Antwort bekommst, wie Hellwissen, und die Antwort ist von ihm. Das soll ich dir bestätigen. Nicht ins Zweifeln kommen, ob das dein Ego ist. Das ist er.

Ist mal irgendwas in der Wohnung umgefallen oder heruntergefallen? Ein Buch oder ein Bild? Wo auch er ist. Er hat eine so wahnsinnige Energie, da kann auch mal was umfallen oder herunterfallen.

Miriam: Ja, eine Bettflasche!

Eine Frage hätte ich noch. Zwei Tage vor seinem Unfall hat er geträumt. Er sagte: »Mama, ich habe etwas ganz Furchtbares geträumt!« Als ich fragte, was er geträumt hatte, meinte er: »Darüber möchte ich nicht sprechen!« Hatte er von seinem Unfall geträumt?

Medium: Er hat geträumt. Ja, auch von einem Unfall, aber es war eher ein Radunfall. Er gibt mir auch zu verstehen, dass drei Tage bevor das passiert ist, seine Seele unbewusst wusste, dass jetzt seine Zeit gekommen ist. Er muss auch ein bis zwei Sätze gesagt haben, wo du im Nachhinein denkst, er muss es geahnt haben. Das gibt er mir zu verstehen. Er sagt auch: »Ich habe mich verabschiedet!«, und du würdest es im Nachhinein auch wissen, dass es so war.

Er ist echt ganz klar. Du kannst megastolz auf ihn sein. Für das, dass er erst so kurz im Jenseits ist, macht er das megagut mit der Kommunikation. Er ist so präsent. Die Verbindung wird sich nie zwischen euch verlieren.

Hast du eine Kiste oder Gedenkkiste für ihn gemacht? Er zeigt mir eine Kiste mit Erinnerungen. Für mich ist es gerade unlogisch. Er zeigt mir, dass sein Zimmer noch da ist, und trotzdem zeigt er mir eine Kiste mit speziellen Erinnerungen.

Miriam: Ja, die Oma sammelt die Notizzettel mit seinen alten Aufschriften.

Medium: Er will einfach zeigen, dass er noch alles mitbekommt. Und der Papa soll aufhören zu zweifeln. Sein Papa würde ihn schon wahrnehmen, aber er zweifelt. Er bekommt Zeichen und dann sagt er: »Das kann nicht sein.« Dabei bekommt er die deutlichsten Zeichen von allen. Er muss ihn auch viel mit den Augen lenken. Dass er Schriftzüge sieht. Sein Papa soll wieder zum Fußball gehen. Er soll wieder mehr rausgehen. Der Papa sei der beste Trainer. Er möchte ihm ein bisschen einen Arschtritt geben, damit er wieder mehr rausgeht.

Habt ihr von der Klasse ein Plakat bekommen oder irgendwas Geschriebenes?

Miriam: Wir haben ein Buch bekommen.

Medium: Das findet er megaschön. Dass die Klasse auch an euch gedacht hat. Warst du noch mal in der Klasse?

Miriam: Ich nicht, aber der Pfarrer.

Medium: Weil er sagt: »Die Klasse wurde abgeholt.« Dafür möchte er sich auch bedanken. Das ist so ein geniales Kind. Er möchte sich einfach bedanken, dass seine Mitschüler so abgeholt wurden.

Miriam: Wie fand er seine Buchpräsentation, die der Pfarrer für ihn gemacht hat?

Medium: Er lacht neben mir und meint: »Speziell!« Ich soll dir sagen, dass er weiß, dass der Pfarrer ein guter Mensch ist, und er echt cool ist. Aber das muss nicht so ganz, wie er es gemacht hätte, gewesen sein. Er sagt: »Der Pfarrer hat so einen Stock im Arsch!« Das muss ein herzensguter Mensch sein, aber er hätte es flippiger gemacht. Im Pfarrer steckt viel mehr, als er rauslässt. Hat der Pfarrer bei der Trauerfeier die Rede gehalten? Er fand es richtig cool, wie er ihn dort dargestellt hat, aber da hat er ihm fast ein bisschen leidgetan. Der muss ganz schön geschwitzt haben, ihn dort so rüberzubringen.

Ihr sollt ihn so in Erinnerung behalten, wie er war, so unbekümmert. Er ist so voller Leichtigkeit, und das hat er euch zu verdanken. Er kam dort ins Jenseits, andere müssen dort ihren Film anschauen, was sie nicht verstanden hatten, und sein Lebensfilm war recht kurz, weil es nur positiv war.

Miriam: Kann er auch sagen, wer ihn abgeholt hat?

Medium: Ja, was ich die ganze Zeit sehr präsent neben ihm wahrnehme, ist eine Oma. Das müsste deine Oma sein. Eine total herzliche, weibliche Energie und die hat ihn auch abgeholt. Sie hat sich ihm auch angenommen. Bei ihr ist er. Ich nehme aber auch einen Opa wahr. Total herzlich. Ihm geht es dort richtig gut. Was er mir noch zeigt, ist ein Hund, der bei ihm ist.

Gefühlt, wie er es mir zeigt, die beste Oma und der beste Opa. Er ist dort so geborgen und gut aufgehoben. Dein Bruder ist dort fürs »Fez machen« da. Aber er ist mehr bei euch. Er unterstützt euch, gut weiterzumachen. Er wird euch wirklich euer Leben lang unterstützen.

Er fängt wieder vom Schreiben an. Schreibst du manchmal etwas auf, oder hat irgendjemand ihm einen Brief geschrieben? Du sollst das Buch schreiben!

Jenseitskontakt Januar 2020
Miriam und Ralph

Medium: Es ist eine unglaubliche Nervosität in der geistigen Welt. Es ist auf jeden Fall eine große Vorfreude, aber auch ein »O Gott, wie soll ich es denn sagen?«. Zu wem möchtet ihr den Kontakt, um wen geht es?

Miriam: Nimmst du denn schon jemanden wahr?

Medium: Ja, aber nur diese extreme Nervosität und dieses »O Gott, wie soll ich es denn sagen?«. Und ich merke ein Freuen, dass ihr da seid. Ich habe ganz viele Bilder im Kopf und habe das Gefühl, ich bekomme es überhaupt nicht geordnet, und merke, alles gleichzeitig euch hinschmeißen zu wollen, und habe unglaubliche Energie und das Gefühl, dass die Person eigentlich nicht zu stoppen war. Sehr viel positive und freudige Energie. Ich merke die ganze Zeit, dass ich eigentlich nur am Lachen bin und versuche irgendwo ernst zu bleiben, weil ich so viel Lebensfreude darin spüre und auch eine Leichtigkeit, aber das Gefühl habe, als ob man sich entweder nicht verabschieden konnte oder dass es sehr plötzlich gekippt ist, weil ich immer wieder das Gefühl habe, euch aufmuntern zu wollen, und diese Bilder alle gar nicht geordnet bekomme. Ich habe sehr viele Impulse, ich muss erst mal fragen: Wie ist die Verbindung? Geht es um eine jüngere Person? Weil ich immer das Gefühl habe, dass es um ein Kind oder um jugendliche Energie geht. Weil so viel in meinem Kopf ist und ich das Gefühl habe, so viel mitgenommen zu haben in relativ kurzer Zeit. Also ich spüre immer wieder das Gefühl, eigentlich im Leben noch nicht fertig gewesen zu sein, aus eurem Blickwinkel. Aber so viel mitgenommen zu haben an Erinnerungen, Liebe und Gefühlen, dass es für drei Leben gereicht hätte. O Gott, okay, ich kriege es kaum geordnet.

Miriam: Meine Bitte, ruhig so zu erzählen, wie er auch war, ohne Rücksicht!

Medium: Ich muss schauen, was er mir gibt. Für mich ist es euer Sohn. Ich kann ihn vom Alter nicht ganz einschätzen. Ich merke unglaublich wache Energien. Ich habe das Gefühl, auch als er ganz klein war, unglaublich viel mitgenommen zu haben. Er hat euch gefordert. Auch als Baby und Kleinkind. Er war nicht das leichteste Baby und Kleinkind. Wenn man ihn wo hingesetzt hat, dann wollte er immer dabei sein. Kannst du [Miriam] verstehen, dass er auch dich manchmal an die Grenzen deiner Energie gebracht hat? Er lacht darüber im Nachhinein und sagt: »Ich habe ja nicht viel Zeit gehabt.« Ich merke, alles mitnehmen zu wollen, was irgendwie geht, und er ist aber immer am Lächeln, er war als Baby schon sehr freundlich, sehr offen, immer unglaublich wissbegierig. Er ist aber nicht als Baby gestorben, weil er mir immer zeigt, dass ich da beginnen soll, er aber älter geworden ist. O Gott, es ist aber wirklich viel. Er ist sehr schnell immer mit allem gewesen und habe das Gefühl – Licht an und ich bin da. Er gibt mir immer das Gefühl, er konnte sich auch schon mal selbst mit sich beschäftigen, aber draußen und rauszuwollen. Er zeigt mir auch immer die Natur bei dir [Ralph] sehr stark. Warst du immer mit ihm sehr viel draußen und unterwegs? Das sind sehr tolle Erinnerungen und merke, dass er dich immer noch rausschickt und du dich nicht zu Hause verkriechen sollst. Zu Hause sind der Schmerz und die Trauer stärker. Er zeigt mir, dass er dich rausschickt. Ich sehe immer die Natur bei euch. Relativ nah um die Wohnumgebung herum. Ihr wohnt nicht mitten auf dem Feld, aber ich sehe die Bäume und euch am Waldrand entlanglaufen. Er zeigt mir, dass es sehr schöne Erinnerungen sind und er immer Neues erfahren und dazulernen wollte, da gab es keine Grenzen.

Er ist unglaublich nervös!

Er zeigt mir auch, dass er überall beliebt war und dass er viele Freunde und einen großen Freundeskreis hatte. Er aber nicht jeden an sich rangelassen hatte. Er kam mit jedem klar, hatte wenige ganz enge Freundschaften, die waren besonders. Aber grundsätzlich ist er nirgends angeeckt. Für mich hat er eine hohe soziale Kompetenz darin gehabt. Ich merke, er macht keinen Unterschied zwischen den Menschen und Freunden, und wie er zu jedem nett und freundlich war. Er ist aber in der Schule gewesen? Weil er mir immer das Lernen und die Schulthemen gibt und ich das Gefühl habe: »Ja, das war okay«, er war kein schlechter Schüler, aber es gibt tausend wichtigere Dinge. Es hat ihm nicht immer super Spaß gemacht, er ist überall klargekommen, so empfinde ich es, aber da braucht man nicht groß darüber reden. Ich habe schon das Gefühl, dass du [Miriam] ihn manchmal motivieren musstest. Ich merke, von ihm aus muss das jetzt nicht sein. Aber ihr seid auch nicht groß aneinandergeraten, was die Schule betrifft. Ich habe immer das Rausgehen. Wann bin ich fertig und wann kann ich wieder rausgehen. Ich fühle ihn sehr selbstständig, schon als er relativ jung war, dass er ein eigenes Gefühl dafür hatte: Was brauche ich jetzt? Was möchte ich jetzt? Und du und die Lehrer ihn nicht in Bahnen pressen konntet.

Ich habe immer ein eigenes Zeitgefühl, ein eigenes Verständnis dafür und merke, dass er unglaublich dankbar ist, euch als Eltern gehabt zu haben, weil ihr ihn eben nicht in diese gesellschaftliche richtige Bahn pressen wolltet. Er fühlt sich für mich schon im jüngeren Alter sehr erwachsen im Kopf an, aber [dass] er so manches nicht umsetzen konnte. Er hat sich über sehr viele Sachen Gedanken gemacht, mehr als man es ihm für sein Alter angesehen hat. Er hat manchmal nicht verstanden, warum er das jetzt so machen soll. Er hat nicht rebelliert, aber er fand es nicht gut. Ich merke trotzdem manchmal so eine Zerrissenheit in ihm, was die Gleichaltrigen und seine Auffassungsgabe betraf. Ich habe immer das Gefühl wie weiter zu sein wie andere, und dass das manchmal nicht leicht für ihn war. Er wollte in Gruppen mehr dazugehören, er ist überall akzeptiert, aber so richtig drin fühle ich ihn manchmal nicht.

Er hat unglaublich viel Energie im Körper. Ich sehe ihn die ganze Zeit am Sportmachen. Er hat Verschiedenes ausprobiert und verschiedene Dinge waren ihm wichtig. Er zeigt sich immer am Rennen. Er hat ein sportliches Talent.

Es tut ihm unglaublich leid, wie die Umstände seiner Todesursache waren. Er bekommt mit, wie sehr ihr am Kämpfen seid. Er zeigt mir eure Hoch- und Tiefphasen. Er sagt: Es ging zum Schluss sehr schnell und dass es für ihn gut war. Er gibt mir eine Schwäche und einen Druck im Brustkorb und wie Beklemmungen. Aber kein Schmerz im Körper. Er zeigt mir keine lange, schwere Krankheit, er zeigt sich mir fit die ganze Zeit. Er gibt mir das Gefühl, dass sein Tod nicht Absicht war, aber dass er noch [so was] wie eine Verantwortung dafür übernimmt, was passiert ist und wie es passiert ist. Er erklärt, dass er einerseits sehr intelligent war und sich viele Gedanken gemacht hat, aber er manchmal die Grenzen testen musste. Diese Selbstständigkeit und selbst bestimmen zu wollen. Er zeigt mir, dass man sich auf seinen Tod nicht vorbereiten konnte. Es war für euch ein Schock. Es tut ihm so leid, dass man sich nicht richtig verabschieden konnte. Es ist ganz plötzlich passiert. Er gibt mir immer das Gefühl wie ein großer Druck im Brustkorb und dann sehr plötzlich das Bewusstsein zu verlieren. Ich habe immer das Gefühl, dass es ihm in diesem Moment selbst nicht so bewusst war und er es gar nicht mitgekriegt hat. Ich fühle keine Sorgen und keinen Leidensweg. Ich habe das Gefühl, mir wird es schwindelig, und ein Nicht-richtig-Realisieren, was passiert. Könnt ihr verstehen, dass er vorher noch unterwegs war? Für mich ist [es] ganz seltsam zu spüren, weil es für mich kein klassischer Unfall ist. Aber körperlich ist es ein Unfallgefühl und er gibt mir das Gefühl, eine Mitschuld zu tragen und es so nicht gewollt zu haben. Er ist für mich in diesem Moment nicht klar gewesen und er hat es in diesem Moment nicht mitbekommen. Der Schwindel ist das letzte Gefühl, was ich von ihm bekomme. Kein Realisieren, keine Angst, kein Leidensweg. Ihr wart nicht direkt dabei, eine leichte Zeitverzögerung. Er hat keine Verletzungen gehabt. Ich habe das Gefühl, dass er nicht mehr zu Bewusstsein gekommen ist, auch wenn man sehr schnell helfen wollte. Er zeigt mir Chaos um ihn herum. Ich habe das aber nicht mehr in seinem Körper. Ich habe das Gefühl, als ob man ihm nicht mehr helfen konnte. Es war in diesem Moment schon zu spät. Er gibt mir immer das Gefühl, dass er das so nicht hat kommen sehen, dass es keine Absicht war und dass es ihm ganz, ganz wichtig ist. Ihm ist es ganz wichtig, dass ihr wisst, er hat es in diesem Moment nicht richtig realisiert. Hast du ihn angesprochen? Ich höre deine Stimme, das hat er noch mitbekommen, aber da war er schon nicht mehr so richtig da. Hat er auf dem Boden gelegen? Er zeigt mir immer das Liegen auf dem Boden. Er hat deine Panik gemerkt; und das ist das Letzte, was er so mitbekommt. Es ist etwas passiert, was starke körperliche Auswirkung hatte, ohne dass es ein typischer Unfall war. Ich kenne das so nicht. Er wollte es auf jeden Fall so nicht. Aus seinem Blickwinkel war es leichtsinnig. Er hat die Dramatik in dem Ganzen, wie das passiert ist, nicht erkannt, obwohl er in so vielen Bereichen so erwachsen und so intelligent war, zeigt er mir hier einen Leichtsinn. Mit wem hatte er vorher noch Kontakt? Da ging es ihm noch gut.

Hatte er eine Freundin? Ich merke immer eine emotionale Verbindung zu einem Mädchen. Er zeigt mir die noch vorher und dass sie das nicht glauben konnte, was passiert ist. Sie war ihm sehr wichtig. Dass sie auch nicht das typische Mädchen ist. Es fühlt sich sehr kumpelhaft an. Für sie tut es ihm auch leid. Ich habe immer das Gefühl, als ob sie ihn manchmal auch spürt. Als ob er sie besucht.

Ihm ist es wichtig, dass ihr wisst, dass er sich nichts gedacht hat. Ich fühle keine Mutprobe etc. Es ist ein Unfall gewesen. Ihm ist es auch wichtig, dass ihr wisst, dass er nicht gelitten hat, er hat es nicht realisiert, und ab da, wo ich deine Stimme höre, hat er sein Bewusstsein komplett verloren und nichts mehr vom Krankenwagen und dem Chaos [rings]herum mitbekommen.

Gibt es ein Armband, was nach seinem Tod erst wichtig wurde? Er zeigt mir immer, dass es an ihn erinnert und es eine Verbindung zu ihm ist und er sich dafür bedankt und sagt: »Darüber bin ich immer bei dir!«

Er möchte lieber darüber etwas erzählen als über die Todessituation. Er wechselt das Thema und sagt: »Jetzt lass uns lieber über etwas Schönes reden!«

Jetzt sehe ich da an deinem Arm etwas. Ein Tattoo oder so, ich erkenne es nicht, er zeigt mir aber, dass es für ihn ist oder was für ihn mit dabei ist. Er war dabei, als du das hast tätowieren lassen. Er sagt, dass es schon schmerzhaft war, aber dir das egal war. Ich habe das Gefühl, dass du ihn in diesem Moment gespürt hast. Er stellt sich an deine rechte Seite, als er mir das zeigt, und ich spüre [so was] wie eine Wärme und Kribbeln hier. Ich soll das bestätigen, dass dieses Kribbeln und die Wärme von ihm ein Zeichen sind.

Er schickt euch auch unterschiedliche Zeichen. Er schickt dich [Ralph] immer raus, er fährt bei dir im Auto mit, und wenn du unterwegs bist, ist er dabei. Er zeigt mir immer dich im Auto und diesen Blick an den Himmel. Wenn ihr Naturphänomene seht oder die Sterne am Himmel, ist er immer dabei.

Er ließ bei dir [Miriam] über deine Schulter etwas hereinfliegen. Eine Libelle oder Schmetterling, worüber er sich auch gezeigt hat. Es muss ein- oder zweimal nach seinem Tod gewesen sein.

Konntet ihr euch noch von ihm verabschieden? Weil er mir immer das Gefühl gibt, ihr habt euch noch verabschiedet, aber er konnte es nicht in dem Sinne. Dass das ganz wichtig war und euch ganz viel Zeit gegeben wurde. Er sagt mir, dass es schön war, auch wenn es traurig war.

Was hast du ihm noch in seinen linken Arm gelegt? Dafür bedankt er sich noch. Das zeigt er mir von außen, da war er nicht mehr mit seinem Körper verbunden. Er hat es mitbekommen.

Er lässt mir die ganze Zeit Musik spielen. Ich habe das Gefühl, er schickt euch Musik, aber es muss auch noch was sein, wo er sich für die Musik bedankt. Er zeigt mir Musik, die mit seiner Trauerfeier zusammenhängt. Gab es ein Lied, was einen deutschen Text hat? Er zeigt mir immer die Verbindung und deutsche Wörter und bedankt sich für den Song und er fand es so toll, dass es was ganz Besonderes war.

Er zeigt mir immer noch ein Mädchen, das da war, das ganz wichtig ist. Vom Gefühl muss es zur Familie gehören. Ich sehe immer das eine Mädchen mit einer Blume in der Hand, was ganz besonders ist. Helle Blumen, die nicht unbedingt zu einer Beerdigung passen. Ich sehe immer ein Mädchen mit einer Sonnenblume.

Er malt mir ein Unendlichkeitszeichen, ist die Acht oder das Unendlichkeitszeichen für euch noch wichtig? Bekommt ihr das manchmal, wenn ihr das seht, dass ihr dann an ihn denkt? Er schickt mir, dass ihr grundsätzlich auf die Acht oder auf das Unendlichkeitszeichen achten sollt. Das Zeichen ist immer von ihm. Und dass er das Tattoo total toll findet.

Was ist mit einem T-Shirt von ihm? Er zeigt mir immer ein T-Shirt und übergibt dir [Miriam] das und ich habe immer das Gefühl, [als] ob du entweder aus einem T-Shirt etwas gemacht hast, er zeigt mir immer, dass du das Shirt nicht anhast, aber dass es für dich wichtig ist und du daraus was Neues hast machen lassen. Das findet er eine tolle Idee, da hat er sich voll darüber gefreut und findet das super. Ist es wie ein Kissen, oder was hast du daraus gemacht? Weil er es mir wie so umgestaltet gezeigt hat.

Miriam: Ja, das hat eine Schneiderin gemacht, die Verstorbene spürt. Das war ein Geburtstagsgeschenk für meinen Mann.

Medium: Er zeigt es mir dreidimensional, dass man es wie so im Arm halten kann. Er findet das super. Hat er selbst auch Fußball gespielt? Weil er mir das Vereinsding schon zeigt. Mal mehr Interesse, mal weniger Interesse.

Wart ihr nach seinem Tod irgendwo, wo man von oben weit schauen konnte? Ich habe immer das Gefühl, als ob man auf einem Berg steht und weit schauen kann und er da mit dabei war und er es total schön findet und er dieses Gefühl euch gerne im Alltag geben möchte. Als ob ihr euch dort wie verbunden gefühlt habt. Als ob man ihm dort näher gewesen ist. Er zeigt mir diesen Überblick von dort und diese Freiheit darin. Ich habe immer das Bild, das müsst ihr euch abspeichern, und so geht es ihm die ganze Zeit mit euch, dass er zu jeder Zeit da sein kann und dass er immer diese Freiheit spürt und er auch dieses Gefühl für euch möchte.

Was hast du [Miriam] ihm geschrieben? Er zeigt mir dich schreibend wie einen Brief oder wie etwas in einem Heft und [wie] du was schreibst, was an ihn gerichtet ist. Er zeigt mir immer, dass das wichtig ist und du das noch mal machen sollst. Weil er das super findet, mit dir zu schreiben.

Hast du [Ralph] manchmal technische Probleme mit deiner Uhr? Weil er zeigt auf deine Uhr und ich sehe ein Handy, wo ein Licht angeht. Was will er damit? Er zeigt mir, dass ein Licht angeht, ohne dass man ein Licht angemacht hat, aber auf einem technischen Gerät. Und wenn das Licht angeht, sehe ich immer Zahlenwiederholungen: 11 Uhr 11, 12 Uhr 12. Ich weiß nicht, was oder wen er meint. Es geht für mich wie allein an.

Habt ihr eine Frage? Er ist jetzt ruhiger. Ihm war es so wichtig zu sagen, dass er seinen Unfall so nicht gewollt hat.

Miriam: Sein Lebensplan würde mich mal interessieren, wenn er dazu was sagen möchte.

Medium: Das Erste, was er dazu gezeigt hatte, war, dass er nicht viel Zeit auf dieser Welt gehabt hatte und dass er irgendwo auf Seelenebene das Gefühl hatte, dass er nicht so viel Zeit hat wie andere. Ich habe das Gefühl, sein Leben war unglaublich reif an Erlebnissen und Emotionen, Begegnungen, und er gibt mir das Gefühl, dass er unglaublich viel hinterlassen hat bei vielen Menschen, und das gar nicht so bewusst. Er zeigt mir nicht nur die ganz engen Verbindungen, sondern eben auch bei Mitschülern und Bekannten und Eltern von Bekannten, also dass er immer noch Teil ist und darüber geredet wird. Ja, er hat eine unglaublich positive Ausstrahlung, er ist immer irgendwie der, der andere aufheitern will, und dass er diese Energie in die Welt gebracht hat und dass er da ganz viele Fuß-

spuren hinterlassen hat und dass das etwas Wichtiges ist. Ich habe das Gefühl, für ihn persönlich war es gar nicht so wichtig, wie lange, eher wie viel er erleben durfte. Ich habe auch immer dieses Austesten. Mich erleben zu wollen, selbst ausprobieren und nicht jemand anders erzählt es mir. Hat er manchmal auch Aussagen gemacht oder Sätze gesagt, wo ihr gedacht habt: »Hä, das ist nicht normal für dieses Alter?!« Weil er mir immer diese andere Intelligenz zeigt und ich das Gefühl habe, als ob er nicht als Baby auf die Welt kam, sondern fertig so und dass all das, was er durch euch auf dieser Welt erleben durfte, super Sachen waren, aber es darum nicht ging, etwas zu erreichen, sondern dass er die Menschen inspiriert hat und dass er das immer noch tut. Als ob er immer noch eine WLAN-Verbindung zu dieser Welt hat, nicht nur zu euch. Über die Liebe seid ihr natürlich immer verbunden mit ihm, aber als ob er immer noch …
Also ich habe ein unglaubliches dreidimensionales Denken bei ihm, als ob er andere Zusammenhänge und andere Auffassungsgaben und die Welt immer aus einem anderen Blickwinkel gesehen hat und dass das immer noch was ist, wo er Menschen inspiriert. Ich kann gar nicht genau sagen, auf welche Art, für mich fühlt es sich wissenschaftlich an. Wenn er 50 oder 60 geworden wäre, habe ich immer so das Gefühl, er hätte irgendwelche Innovationen in die Welt gebracht. Er hatte sich nie mit der einfachsten Lösung zufriedengegeben, sondern wollte etwas entwickeln und besser machen; und dass er das noch immer auf die Welt bringt.

Ich fühle ihn komischerweise auch zu Lebzeiten mit dem Jenseits verbunden. Als ob dieser Unfall Schicksal war und man es hätte nie im Leben verhindern können.

Hat er sich auch für Planeten und Sterne interessiert, weil er mir immer das Universum zeigt? Er zeigt mir immer diese Weite des Universums. Und immer irgendwie bei Nacht die Sterne anschauen und als ob er da irgendwie ein Wissen darin hatte, dass er eigentlich nicht von dieser Welt kommt.

Ja, ich habe ihn körperlich sehr viel jünger, als er geistig manchmal gewirkt hat.

Miriam: Was macht er so den ganzen Tag? Bei wem ist er?

Medium: Er zeigt sich mir immer bei euch. Das ist schwierig zu verstehen, dadurch, dass es in der geistigen Welt keinen Raum und keine Zeit gibt. Die Bilder, die ich bekomme, sind bei euch. Wenn er bei Ralph mit im Auto sitzt oder zu Hause, oder wenn ihr in die Natur geht, dann fühle ich ihn mit dabei.

Ihr habt selbst keinen Hund gehabt, oder? Weil er mir einen Hund zeigt, aber ich ihn nicht als seinen eigenen spüre. Es war nicht sein eigener, aber er zeigt ihn mir. Er hat ihn in der geistigen Welt getroffen und ich habe ihn als Begleitung und Freund an seiner Seite. Obwohl die sich nicht zu Lebzeiten kannten, ist er wichtig für ihn.

Ich spüre noch eine liebevolle männliche Begleitung, aber keine enge Verbindung. Er zeigt mir einen Mann, wo irgendwas im Bauchraum war. Eine Krebserkrankung, wo ich keine emotionale enge Verbindung zwischen den beiden spüre.

Er beschäftigt sich viel mehr bei euch als mit dem Jenseits.

Ich sehe ihn in den Abendstunden bei dir [Miriam] ganz präsent, wenn dein Tagesbewusstsein ein Stück anders ist. Hast du kurz nach seinem Tod immer ein Ritual mit einer Kerze anzünden gehabt? Ich habe das Gefühl, dass es jetzt nicht mehr so wichtig ist, es war aber ganz wichtig, und dass er darüber auch versucht hat, dir Zeichen zu schicken. Also wenn eine Kerze sehr geflackert hat. Da sehe ich ihn sehr präsent zu dieser Zeit bei euch.

Miriam: Möchte er etwas zur Organspende sagen?

Medium: Ich habe das Gefühl, wenn ihr die Organe gespendet habt, dann hat er das nicht mitbekommen. Ich habe ab dem Zeitpunkt auf dem Boden und deine Stimme hören keinen richtigen Kontakt mehr zum Körper. Egal wie lange er am Leben gehalten worden ist; was danach noch war, kann er mir nicht aus seinem Körper heraus zeigen. Aus seinem Blickwinkel – es war zu Hause, oder? Er zeigt mir immer, er ist zu Hause gestorben und das ist für ihn wichtig. Er kann mir zum Krankenhaus nichts mehr aus seinem Körper heraus sagen. Er zeigt sich mir immer schlafend. Ich habe das Gefühl, eben euch wurde die Zeit gegeben, damit ihr euch verabschieden konntet, und das hatte mit seinem Tod nichts mehr zu tun, sondern er durfte zu Hause sterben.

Für ihn ist es gut; wenn man Gutes damit tun kann, ist es super.

Miriam: Seine Freundin möchte wissen, ob er in Pudding badet.

Medium: Mit Sicherheit. Ich habe es aber eher wie Wackelpudding. Kein Schokopudding oder so was. Sondern eher wie auf Wackelpudding hüpfen, wie auf Wolken tanzen. Grüner Wackelpudding und es fühlt sich ziemlich lustig an.

Miriam: Unser Pfarrer möchte wissen, ob er Jesus kennengelernt hat oder ob es Jesus überhaupt gibt.

Medium: Okay. Er zeigt es mir so, dass für ihn dieses Thema Jesus so war wie Gott treffen. Es ist nicht diese reale Person Jesus, wie man [es] in den Geschichten so hat. Er hat die Verbindung zu Gott gemeint, aber nicht in diesem kirchlichen Sinne. Er gibt mir das Gefühl, das dort überall Wunder sind und dort überall Licht und Liebe ist und dass er die Verbindung immer faszinierend fand. Stimmt es, dass ihr nicht unbedingt kirchlich seid? Weil er mir zeigt, dass es euch irritiert hat, wenn er davon was gesagt oder gefragt hat. Dass ihr offen in jede Richtung seid, aber ihr nicht gläubig im kirchlichen Sinne seid. Für ihn war Jesus Gott. Er zeigt mir die Kinderbibel. Er fand die Geschichten faszinierend, weil es seine Verbindung zu seinem Ursprung fühlbar gemacht hat. Er hat immer gefühlt, er kommt woandersher. Aus seinem Blickwinkel ist Jesus keine Person, er zeigt eher Licht und Liebe, Regenbogen und ganz bunte Farben. Das gibt er mir als Bild zu Jesus.

Er hat sich euch ausgesucht, das hat er von Anfang an gesagt, dass er sich die besten Eltern ausgesucht hat für seinen Charakter und für das, was er auf der Welt erleben wollte. Und das habt ihr ihm geschenkt. Auch wenn er nicht lange bleiben konnte und er auch ungefragt gekommen ist, er hat immer seinen eigenen Kopf gehabt, habe ich das Gefühl. Das ist eine Last, die ihr tragt, aber auch ein unglaubliches Geschenk, was ihr mit ihm bekommen habt und was ihr ihm auch gegeben habt. Dass ihr ihn so gelassen habt, wie er war, und ihr ihn da nie begrenzt habt. Wenn manches auch erst im Nachhinein Sinn macht und es schmerzhaft ist, ist es trotzdem was, das Sinn gemacht hat, warum er sich euch ausgesucht hat und er zu euch kommen durfte. Er hatte einen Plan. Er hat einen tollen Humor! Er findet es gerade unglaublich lustig.

Ihm ist es wichtig, dass ihr ihn im Alltag spüren könnt und ihr nicht mit seinen Zeichen hadern sollt. Ihr habt noch Aufgaben auf dieser Welt und dann wird er euch irgendwann abholen und ihr könnt wieder zusammen sein.

Ich habe immer das Gefühl, du [Miriam] musst schreiben. Ich weiß nicht, warum. Aber du musst noch mehr schreiben. Ich weiß nicht, ob du über ihn oder eure Geschichte aufschreiben musst, aber er schiebt dich immer. Das sollst du unbedingt machen, er hat da noch einen Plan mit dir. Es ist wichtig, das noch in die Welt zu bringen.

Und bei dir [Ralph] habe ich das Gefühl, du musst auf den Berg und raus in die Natur. Der Alltag ist hart, zeigt er mir. Das »funktionieren müssen«. Dass du [Miriam] das anders kannst, aber dass der Papa [Ralph] das nicht so gut kann, zeigt er mir und dass er sich da Sorgen macht. Immer wieder diese Auszeit ist wichtig.

Miriam: Woher konnte er Geige spielen?

Medium: Ich habe immer diese WLAN-Verbindung ins Jenseits. Er zeigt mir, dass er inspiriert worden ist, und er zeigt mir immer einen toten Geiger im Jenseits. Er erinnert mich immer an diesen David Garrett, aber älter und in komischen Anziehsachen. Aber auch schmal und mit längeren Haaren. Er hat ihn von der geistigen Welt aus inspiriert, es auszuprobieren. Er hat es nicht über längere Zeit gelernt, oder hat er Unterricht gehabt?

Miriam: Ja, er hatte Unterricht!

Medium: Weil ich immer so das Gefühl habe, ja das war ganz nett, aber irgendwie hat er das mitgebracht. Ich habe nicht das Gefühl, dass es seine Leidenschaft gewesen ist und er von sich aus ganz viel selbst geübt hat. Er hat es einfach gekonnt.

Für ihn ist wichtig, dass ihr die Verbindung spürt, dass ihr die Liebe spürt, dass ihr wisst, er ist immer bei euch. Und dass du [Miriam] auf die Impulse im Kopf achtest. Er ist sehr schnell, wenn du eine

Frage oder ein Thema oder eine Bitte hast. Das Erste, was kommt, ist sofort die Antwort. Du musst nicht darüber nachdenken. Er war vorher schon unglaublich nervös, bevor ihr da wart. Er braucht keine Zeit. Je länger du meditierst, umso langweiliger wird es ihm. Du musst nichts groß tun, außer deine Gedanken ein Stück zur Ruhe bringen.

Jenseitskontakt Februar 2020
Mama und Papa

Medium: Okay, bei mir ist die ganze Zeit schon jemand da. Er zeigt sich als junger Mann. Wäre er jetzt ein junger Mann? Oder war er ein junger Mann, als er gestorben ist?

Mama: Nein!

Medium: Aber er war ein Kind, als er gestorben ist? Was ich zuerst wahrnehme, ist eine wahnsinnige Leichtigkeit. Er war ein Kind, das gerne gelacht hat. Er lacht neben mir und freut sich, dass Sie da sind. Er gibt mir eine Unbeschwertheit. Ich muss lachen, weil er so goldig ist. Ich muss immer an den Michel aus Lönneberga denken und an ihn denke ich immer, wenn ein Kind so unbeschwert ist und ein Wildfang. Er zeigt mir, er hat das genossen. Hat er sehr ländlich gelebt? Er zeigt mir, dass er zum Spielen viel draußen war. War es vor dem Haus grün? Er geht aus dem Haus raus und es ist grün. Er gibt mir eine Wiese und ich habe das Gefühl, dass ein Wald und Bäume gleich in der Nähe waren und er zum Spielen immer draußen war. Er war kein Kind wie heute, die drinnen sitzen und Computer spielen, sondern er war viel draußen. Er zeigt mir immer einen Traktor. War ein Traktor in der Nähe oder hatte er einen Spieltraktor? Ist es Ihr Kind, nein, Sie sind Oma und Opa, oder?

Mama: Ja, Oma und Opa!

Medium: Können Sie verstehen, dass Sie viel Zeit mit ihm verbracht haben? Haben Sie in der Nähe gewohnt? Er zeigt mir keine Distanz zwischen Ihnen und dass er auch mit Ihnen groß geworden ist. Haben Sie sogar im gleichen Haus gelebt?

Mama: Ja!

Medium: Okay, dann verstehe ich es, weil er immer sagt: Sie waren zu Hause. Ich habe auch immer das Gefühl, dass er viel bei ihnen war und er ein Oma- und Opa-Kind war. Wenn die Eltern ihn aufgeregt haben, ist er zu Oma und Opa. Er hatte immer eine Leichtigkeit gehabt. Sind Sie handwerklich geschickt? Weil er mir immer auf Ihre Hände zeigt.

Papa: O ja, ich kann schon viel selbst machen!

Medium: Wie wenn er Ihnen manchmal zugeschaut hat und Sie ihm was erklärt haben. Er gibt mir immer Holz, machen Sie auch was mit Holz? Können Sie verstehen, dass er immer dabei war und geschaut hat und Sie haben ihn immer miteinbezogen, wenn etwas zu machen war? Hat er auch mal was halten dürfen? Werkzeug, einen Hammer?

Papa: Ja, Werkzeug und Hammer!

Medium: Da ist er ganz stolz drauf, weil er sagt: »Das darf nicht jedes Kind, ich durfte es beim Opa!« Was er immer schön fand: Sie beide haben ihm immer viel zugetraut, was andere nicht immer haben, er kann was. Gab es in diesem Haus einen Hund? Er zeigt mir immer einen Hund.

Mama: Ja!

Medium: Okay. Es war auch sein bester Freund, gibt er mir zu verstehen. War der Hund auch mal mit draußen? Manchmal ist der Hund da und manchmal ist der Hund nicht da.

Mama: Ja, er lebt im Haus!

Medium: Okay, er zeigt, mal ist er da und mal ist er nicht da.

Mama: Ja, mal ist der Hund bei seinen Eltern und mal bei uns!

Medium: Okay, jetzt verstehe ich, warum er mir das so zeigt.

Er muss echt ein Sonnenschein gewesen sein. Er zeigt sich mir wirklich nur lachend, wie man sich ein Kind so wünscht. Er ist unheimlich dankbar darüber, wie er groß werden durfte. Mit dieser Leichtigkeit. Er hat nicht viele Sorgen gehabt, er durfte einfach nur »sein«. Hat er ein Fahrrad gehabt? Er stellt mir immer ein Fahrrad hin und er konnte schon ohne Stützräder fahren, weil er mir die Stützräder abmacht und sagt: »Ich konnte schon ohne Stützräder fahren!«

Papa: Ja!

Medium: Haben Sie es ihm beigebracht? Irgendjemand hat ihn am Anfang gehalten und dann einfach losgelassen. Hat er auch einen Helm aufgehabt? Weil er sagt: »Helm ist immer wichtig beim Fahrradfahren!«

Mama: Ja!

Medium: Er war auch im Kindergarten, er fängt jetzt davon an. Gibt es dort einen großen Sandkasten? Vermutlich schon, das gibt es ja in jedem Kindergarten. Er möchte mir damit zeigen, dass er ein »Schaffer« war, auch im Kindergarten. Er war niemand, der in der Ecke saß und ein Buch gelesen hat, sondern er rennt sofort in den Sandkasten, will spielen, holt Wasser, macht Matsch und baut. Es war ein richtiger »Bub«.

Hat er auch ein Geschwisterkind?

Mama: Nein!

Medium: Nicht. Okay. Er zeigt mir – wie einen besten Freund, der immer bei ihm zu Hause war, der ihm wichtig war. Es fühlt sich an wie ein Geschwisterkind und die zwei waren sich sehr eng. Hat diejenige direkt in der Nachbarschaft gewohnt?

Mama: Ja!

Medium: Er fängt jetzt von der Feuerwehr an. War sein Papa in der Feuerwehr oder meint er Sie damit? Weil er mir immer Feuerwehrautos hinstellt. Hat er auch mal bei der Feuerwehr schauen dürfen?

Papa: Ja!

Medium: Weil er mir zeigt, dass er sich auch in die Fahrzeuge reinsetzen durfte. Was als Kind ja auch etwas Besonderes ist. Da leuchten die Augen richtig und er zeigt mir ganz große Augen. Er sagt mir, dass er immer Feuerwehrmann werden wollte. Da freut er sich gerade wie »Schnitzel«. Er ist ganz aufgeregt. Hat er auch mal das Martinshorn anmachen dürfen? Er zeigt mir immer das blaue Licht und lacht dabei ganz laut. Er gibt mir nicht das »Tatütata«, er zeigt mir nur das blaue Leuchten. Hat er auch mal Ihren Feuerwehrkittel anziehen dürfen? Er zeigt mir immer Ihren Feuerwehrkittel.

Papa: Da wäre er drinnen versoffen! Meinen Helm hat er manchmal aufgesetzt.

Medium: Dann habe ich das falsch verstanden. Aber er hat den festen Wunsch gehabt, in die Jugendfeuerwehr zu gehen.

Papa: Ja!

Medium: Sein Opa war und ist immer noch sein Held. Denn der ist der Feuerwehrmann. Mit der Oma durfte er in der Küche schnippeln. Er zeigt ganz stolz, bei ihr durfte ich mehr wie andere Kinder, weil sie mir mehr zugetraut hat.

Für sein Alter muss er auch sehr redegewandt gewesen sein. Ich habe das Gefühl, er hat viel gesprochen, mehr wie andere in seinem Alter. Können Sie verstehen, dass er auch manchmal so »Weisheiten« gesagt hat? Ich habe das Gefühl, er war vom Denken viel weiter wie er eigentlich vom Alter her war. Manchmal im Nachhinein glauben Sie, wie wenn er es schon gewusst hatte, dass er nicht alt werden würde.

Mama: Ja!

Medium: Ging sein Tod schnell? Er möchte nicht wirklich darüber reden. War es ein Unfall?

Mama: Ja!

Medium: Okay, dann ging es schnell – schnell, was passiert ist. Er stellt mir ein Auto hin und sein Fahrrad. Der Unfall war aber bei Ihnen zu Hause, oder? Weil er mir immer das Haus zeigt. Ist der Krankenwagen gekommen? Er fängt jetzt von hinten an. Und der Notarzt muss auch gekommen sein. Er zeigt es mir jetzt am Körper. War der Kopf verletzt?

Mama: Ja!

Medium: Okay. Er zeigt mir, dass er sofort sein Bewusstsein verloren hat. Ist er gestürzt? Weil er mir immer zeigt, dass er wie nach vorne kippte und runtergefallen ist.

Mama: Ja!

Medium: Okay. Haben wir den »Pablo« hier?

Mama und Papa: Ja!

Medium: Okay, jetzt erkenne ich ihn. Er hat sich gut versteckt. Jetzt macht alles Sinn. Weil er eben zu mir gesagt hat, du kennst mich doch. Jetzt weiß ich, warum ich die ganze Zeit so lachen muss.

Waren Sie [Mama] an dem Tag auch auf dem Grundstück? Aber Sie haben es nicht direkt gesehen? Sie haben nicht gesehen, was passiert ist. Erst als er unten lag.

Mama: Ja!

Medium: Ich soll Ihnen sagen, dass es nicht schlimm war. Er hat keine Schmerzen gespürt. Er gibt mir jetzt wieder – und das hat er schon bei seiner Mama gezeigt –, er ist wie runtergetragen worden. Er gibt mir zu verstehen, dass man am Körper nicht gesehen hat, was passiert ist. Er lag da, als würde er schlafen. Er zeigt mir die Aufregung, die es in der Familie gab, und Sie [Papa] waren in diesem Moment ziemlich klar. Weil er sagt, der Opa hat alles gemanagt. Haben Sie die Rettung geholt? Weil er sagt, Opa wusste, was zu tun war.

Papa: Das hat er richtig erkannt!

Medium: Und Sie haben die Ruhe bewahrt. Sie haben gewusst, was zu tun ist. Haben Sie auch eine Art »Erste Hilfe« gemacht? Oder geschaut bei ihm? Weil er mir zeigt: Der Opa hat sich runter-gebeugt und hat mit mir gesprochen. Ich soll sagen, dass er alles mitbekommen hat, auch wenn die Augen zu waren. Sie haben so eine ruhige Art gehabt, dass Sie auch ihn beruhigt haben. Er hat jedes Wort mitbekommen und er hat so ein Vertrauen zu Ihnen ge-habt, dass er wusste, wenn Opa da ist, ist alles gut. Deswegen hat er auch keine Schmerzen gehabt. Er wusste: Opa ist da und jetzt kann mir nichts mehr passieren. Er zeigt mir, dass er vom Krankenwagen mitgenommen worden ist und auch ins Krankenhaus gekommen ist. Er legt sich in ein Krankenbett und zeigt mir die Herzmaschine und dass er dort überwacht worden ist. Er sagt: »Oma und Opa waren bei mir im Krankenhaus!« Er war im Koma, er zeigt, dass er nicht mehr zu Bewusstsein kam. Sie haben mit ihm geredet im Krankenhaus. Er hat alles gehört. Sie haben ihm immer Mut zuge-sprochen und ihm gesagt, dass Sie immer für ihn da sind. Er möchte sich dafür bedanken. Das hat ihm unheimlich gutgetan, dass er das von Oma und Opa gehört hat, dass Sie auch da sind. Er wusste, Sie werden sich auch um Mama und Papa ein Stück weit kümmern. Er wusste immer, Sie sind die tragende Rolle. Er zeigt mir, dass er dann doch im Krankenhaus verstorben ist, er lässt die Herzlinie auf »null« gehen.

Was er ihnen sagen möchte, er ist megadankbar, dass er so eine Oma und Opa hat und dass Sie mit im Haus waren. Das hat ihm unheimlich viel bedeutet. Er sagt: Er hat zwei Mamas und Papas gehabt. Das zeigt mir, dass das Verhältnis zwischen Ihnen sehr eng war. Er lacht und sagt: Sie haben ihn immer verstanden. Sie haben ihn immer so gesehen, wie er war, und ihm immer mehr zugetraut für sein Alter. Er hat so wachsen dürfen, und darüber war er sehr froh.

Ist in der Familie noch ein junger Mann? Er spricht jetzt nicht von seinen Eltern. Der junge Mann muss sich verantwortlich für seinen Tod fühlen. Er würde sehr mit dem, was passiert ist, hadern, aber er spricht nicht darüber. Dem sollen Sie sagen, dass es ihm gut geht, dass alles gut ist, wie es ist.

Er lässt immer wieder Luftballons steigen. Können Sie etwas damit anfangen? Er lässt die Luftballons hochgehen. Und waren die bunt?

Mama und Papa: Ja!

Medium: Weil er sagt, das hat ihm so Spaß gemacht zuzuschauen. Waren da Kärtchen dran? Ich soll sagen, dass er alles mitbekommen hat, was für ihn gemacht worden ist, und dass er das so schön fand, dass ihm so gedacht worden ist.

Jetzt fängt er von einem Sandkasten und einem Bagger an. Es muss in der Familie noch ein Kind sein. Das kommt mit seinem Tod nicht ganz zurecht. Man soll ihr sagen, dass er bei ihr ist, und er passt auf sie auf. Sie soll nicht immer so traurig sein.

Gehen Sie [Papa] gerne in die Berge oder wandern? Er zeigt mir die Berge.

Papa: Ja, der Berg ruft!

Medium: Wollten Sie ihn mal mitnehmen? Weil er sagt: »Opa, ich bin dabei!« Er findet es spannend, das alles mit Ihnen zu erleben. Haben Sie eine Männergruppe, mit der Sie manchmal gemeinsam in die Berge gehen?

Papa: Ja!

Medium: Weil er sagt: »Der Opa ist nicht allein. Das sind mehrere, die wandern!« Das sollen Sie weiterhin machen. Er sagt: »Das tut meinem Opa gut!«

Papa: So, Heidrun, hast du das gehört?

Medium: Die Oma soll auch schauen, dass es ihr gut geht. Er sagt: Sie machen viel zu wenig für sich. Sie sollen schauen, dass Sie auch mal rauskommen aus dem ganzen Drama. Ich muss so lachen, er setzt Sie immer in einen Pool an eine Bar. Einfach wohin, wo es warm ist und wo es Ihnen gut geht. So ist er, er will nur das Beste für seine Oma.

Wofür er Ihnen dankt: dass Sie seine Eltern so aufgefangen haben. Sie waren immer da und haben zurückgesteckt. Sie sollen sich dabei nicht vergessen, weil auch Sie trauern, auch Sie haben ihr Enkelkind verloren.

Er zeigt mir, dass er zu Hause noch unheimlich präsent ist und Sie müssen es auch mitbekommen, wenn er da ist. Er gibt mir immer wieder Gänsehaut. Haben Sie immer wieder mal ein Gänsehautgefühl, wenn er da ist? Er gibt mir wieder den »Michel aus Lönneberga«. Er muss zu Hause noch immer sein »Unwesen« treiben. Vom Gefühl her greift er auch in die Elektrik ein. Ist, als wurde mal eine Uhr verstellt? Er lacht darüber, das ist einfach seine Art. Fällt Ihnen [Papa] manchmal was herunter?

Papa: Hm?

Medium: Er zeigt mir, wenn manchmal sowieso schon etwas auf der Kippe steht, dann würde er es herunterwerfen. Er ist unheimlich quirlig. Er ist reine Energie und damit lenkt er Ihre Energie. Ich muss immer auf die Uhr schauen, wenn es 11 Uhr 11 ist. Schauen Sie [Mama] manchmal auf die Uhr und dann steht da dann eine Doppelzahl? Das ist auch er. Geht ein elektrisches Gerät manchmal an? Radio oder Fernseher? Ich höre, dass ein Gerät immer mal angeht, obwohl Sie es nicht angemacht haben.

Papa: Ja, der Fernseher!

Medium: Er freut sich darüber. Als Kind war er auch so, dass er gerne etwas angestellt hat. Nichts Schlimmes, eher etwas Schönes, wo Sie darüber lachen mussten.

Gehen Sie oft an sein Grab? Er zeigt mir seinen Grabstein. Ist dort ein Windrad? Er zeigt mir immer einen Gegenstand, der sich im Wind bewegt. Es muss auch etwas Buntes und Selbstgemachtes drauf sein. Sein Grab ist individuell. Sind dort auch Steine oder Sand drauf?

Mama: Ja!

Medium: Es erinnert ihn an seinen Sandkasten. Sie kümmern sich auch um sein Grab. Er zeigt mir, dass Sie immer schauen, dass es ordentlich ist und schön aussieht. Dafür möchte er sich bedanken. Er sagt: »Ich habe das schönste Grab dort!« Er ist ganz stolz. Ich soll sagen, dass er dort gar nicht ist. Er ist immer bei Ihnen. Er geht mit Ihnen hin und geht mit Ihnen wieder weg. Sie sprechen dort immer mit ihm. Sie begrüßen ihn dort. Er sagt: »Oma und Opa reden dort mit mir und sagen ›Hallo Pablo, da sind wir wieder – und jetzt gehen wir wieder!‹.« Er zeigt mir einen Vogel. Wenn Sie dort sind. Oder ist das zu Hause? Er zeigt mir kleinere Vögelchen, die Radau machen, und [dass] Sie hinschauen müssen. Das ist auch er.

Papa: Ja, bei uns zu Hause!

Medium: Sind Sie mit ihm mal irgendwo hingefahren? Er setzt sich bei Ihnen ins Auto hinten rein. Ein Ausflug, nicht nur einkaufen. Kein Freizeitpark. Da sind Sie einen Tag mit ihm geblieben. Er zeigt mir einen großen Spielplatz und Tiere, die er auch gefüttert hat.

Mama: Ja!

Medium: Das war für ihn ein besonderer Tag. Da hatte er viel Spaß gehabt. Es war mit Ihnen immer besonders, aber er fand es schön, dass Sie mit ihm auch Ausflüge gemacht haben und dass er noch mehr erlebt hat.

Ist er mal Schlittschuh gefahren? Er fängt von einer Eisbahn an. Können Sie [Papa] Schlittenfahren verstehen? Er zeigt mir Schnee und stellt mir einen Schlitten hin.

Papa: Ja!

Medium: Da hat er riesigen Spaß gehabt. Da muss er noch kleiner gewesen sein. Ich soll sagen, dass er sich wirklich an alles erinnert. Sie müssen mit ihm zusammen auf einem Schlitten gefahren sein. War das ein Holzschlitten? Er stellt mir einen Holzschlitten hin und sagt, dass er mit dem Opa den Berg heruntergefahren ist. Er stellt mir ein »Rutscherle« hin und einen größeren Holzschlitten.

Papa: Ja, hat er beides gehabt!

Medium: Weihnachten war für ihn auch ein besonderes Fest. Klar, Weihnachten ist für Kinder immer besonders. Sie haben im Haus alle zusammen gefeiert. Gab es immer einen großen Baum? Mit wem hat er ihn geschmückt? Er zeigt, dass er immer helfen durfte. Und war im Freien auch ein Baum geschmückt?

Papa: Ja!

Medium: Er zeigt die Lichterkette am Baum draußen. Opa hat das immer alles gemanagt. Der Opa ist immer der Held. Opa hatte für alles eine Lösung. Er hat auch den Baum zum Leuchten gebracht.

Die Oma hat ihm, als er noch kleiner war, immer vorgelesen. War da ein Wimmelbuch dabei? Er zeigt ein Wimmelbuch, in dem er immer mit Ihnen geschaut hat.

Mama: Ja!

Medium: Das hat er immer so genossen. Die ruhige Zeit mit der Oma. Haben Sie ihn auch manchmal in den Kindergarten gebracht und manchmal geholt?

Mama: Ja!

Medium: Haben Sie ihm manchmal auch sein Pausenbrot gemacht? Ich muss lachen. Er stellt mir bei Ihnen immer eine Tupperdose hin, wo etwas drinnen ist. Und es war besonders, wenn die Oma da was reingemacht hat. Anders als bei seinen Eltern. Da gab es etwas, was es bei der Mama nicht gegeben hätte.

Mama: Ja!

Medium: Das war gut. Ich muss immer an Süßigkeiten denken. Er war schon ein »Zuckerschnütchen«. Er hat einen unglaublichen

Bewegungsdrang gehabt. Er muss sich sehr gerne bewegt haben. Er rennt dauernd. Er hat Fußball gespielt und er war immer draußen. Ich soll Ihnen sagen: Das ist noch immer so. Er kann sich bewegen, er hat keine Schmerzen, ihm geht es wirklich richtig gut. Es ist alles, wie wenn das Drama nicht passiert wäre. Nur dass er die Seite gewechselt hat, leider.

Haben Sie [Mama] etwas genäht oder haben Sie ihm Kleider gekauft? Er fängt mit Kleidung an. Etwas Besonderes.

Mama: Gekauft!

Medium: Mit der Oma war es immer cool einzukaufen. Ich muss jetzt erst mal schauen, warum das anders wie mit der Mama war. Da gab es schon mal etwas, wo es bei seiner Mama nicht gegeben hätte. Auch Kleidungsstücke. Die Oma hat nicht so auf das Geld geschaut. Wenn ihm etwas gefallen hat, dann hat er es von Ihnen bekommen. Aber er hätte das nie ausgenutzt. Hatte er auch eine Baseballmütze? Haben Sie ihm eine gekauft?

Mama: Ja!

Medium: Er sagt: »Eine war von der Omi!« Für ihn sind Sie coole Großeltern. Der Opa, der der Held ist und immer alles zum Laufen bringt. Die Oma, die ihm sogar eine Baseballmütze kauft. Er hat sich bei Ihnen immer wohlgefühlt.

Er stellt mir jetzt eine Giraffe hin. Waren Sie mit ihm auch im Zoo?

Mama: Ja!

Medium: Hatte er zu Giraffen einen besonderen Bezug? Hatte er auch ein Stofftier, das eine Giraffe war? Er zeigt mir die Giraffe im Zoo und dass er aber auch zu Hause eine Giraffe hat.

Mama: Ja, doch!

Medium: War er bei einer größeren Sportveranstaltung? Er zeigt mir ein großes Stadion. War er dort?

Mama: Ja!

Medium: Ich muss jetzt immer an Hoffenheim denken. Er zeigt mir das blaue Trikot und dieses Maskottchen dort. Waren Sie beim Fußball dabei oder war er dort mit seinem Papa?

Mama: Mit seinem Papa!

Medium: Gut, das muss für ihn ein großes Highlight gewesen sein. Wollte er Fußball spielen oder hat er Fußball gespielt?

Mama: Ja!

Medium: Er zeigt mir, dass er einen Lieblingsspieler gehabt hatte. Aber er gibt mir auch Bayern München. Ist jemand von Ihnen Bayern-Fan? Neben Hoffenheim gibt er mir immer noch Bayern München.

Er ist unheimlich dankbar, dass er bei Ihnen groß werden durfte und dass Sie so nah bei ihm dran waren und er immer einen Zufluchtsort hatte. Ich muss jetzt lachen, weil er sagt: Eigentlich hat er diesen nie gebraucht, aber er hat immer gewusst, er ist gut aufgehoben und er ist gut behütet.

Mama: Ja, das stimmt!

Medium: Und mit dem Opa hat er manchmal gevespert.

Papa: Ja! Fragen Sie ihn mal, warum er mir noch kein Zeichen gegeben hat! Ich warte noch immer darauf.

Medium: Okay. Pablo! Er gibt mir bei Ihnen Bilder, eine Schraube fällt herunter oder andere Dinge, die herunterfallen. Sie denken in diesem Moment aber nicht daran, dass es von ihm sein könnte. Da lacht er. Er ärgert Sie aus Liebe. Nicht weil er Sie veräppeln möchte. Er sagt auch: »Opa, du siehst doch die Vögel!« Das ist auch ein Zeichen von ihm. Ich habe ihm jetzt gesagt, er soll sich mehr anstrengen. Aber nicht böse sein, wenn es jetzt rundgeht. Er zeigt mir auch das Auto. Haben Sie das Gefühl, wenn Sie Auto fahren, dass er da ist? Er zeigt mir jetzt seinen Kindersitz und setzt sich mit ihm – ordentlich, wie er ist – hinten rein. Er würde bei Ihnen noch immer mitfahren. Kann auch passieren, dass mal der Scheibenwischer angeht oder ein Licht aufblinkt. Haben Sie mal eine Verletzung am Finger gehabt?

Papa: Ja! [Wobei ich glaube, dass Pablo Ralph gemeint hat]

Medium: Das hat ihm leidgetan!

Papa: Was sagt er zu unserem Geheimzeichen [zeigt den Mittelfinger]?

Medium: Er lacht darüber und meint, dass seine Mama das aber nicht so gut fand. Er hat aber eigentlich nie verstanden, was das Zeichen bedeutet. Vielleicht stellt er sich jetzt aber auch besser hin.

Er zeigt mir noch, dass man seinen Geburtstag auch draußen feiern konnte. Da war es teilweise schon warm. Hatte er im Mai? Oder ist da ein anderes Fest?

Mama: April!

Medium: Seine Geburtstage fand er auch toll. Es wurde immer im Haus besonders für ihn geschmückt. Er zeigt mir eine Lichterkette und Luftballons. Man hat gesehen, dass er Geburtstag hatte. Das fand er auch schön.

Geht am Backofen mal das Licht nicht? Steht ein Ofen im Wohnzimmer? Können Sie verstehen, dass der Ofen an ist und die Flammen manchmal viel höher steigen als normal? Der Ofen ist zu, aber es sieht so aus, als würde Luft reinkommen? Das ist er, er macht eine Art »Luftzug« rein.

Haben Sie [Papa] im Haus eine Werkstatt oder einen Raum, wo das ganze Werkzeug ist? Einen Männerraum? Ein Raum, wo alles steht? Haben Sie eine Werkbank?

Papa: Ja!

Medium: Jetzt bin ich kein Handwerker, aber haben Sie Geräte, die dort angeschlossen sind und nicht in einer Box sind? Er würde ein Gerät einfach einschalten. Schauen Sie mal in Zukunft. Da möchte er sich jetzt darauf konzentrieren.

Können Sie verstehen, wenn Sie handwerklich vor sich hin wursteln, dass Sie ihn da besonders wahrnehmen? Weil er sagt: Sie kommen da zur Ruhe und Sie würden ihn da wahrnehmen. Und wenn Sie am Haus etwas arbeiten, steht er dabei und schaut zu. Er geht immer noch mit Ihnen mit, um zu schauen. Und er zeigt mir Ihren Akkuschrauber. Hat er von Ihnen einen Akkuschrauber geschenkt bekommen?

Papa: Ja!

Medium: Weil er sagt: »Ich brauche Opas Akkuschrauber nicht, ich habe selbst einen gehabt!« Haben sie in der Wohnung oder im Haus etwas verändert? Oder reden sie über eine Veränderung?

Papa: Ja!

Medium: Okay, deshalb. Er möchte damit sagen, dass er immer noch alles mitbekommt. Hat es etwas mit neuen Möbeln zu tun? Denn er möchte Möbel aufbauen. Da wird er helfen, auf seine Art und Weise.

Papa: Fragen Sie ihn mal, ob er das Werkzeug noch hat, mit dem er mir helfen möchte.

Medium: Er sagt: »Opa, hier drüben habe ich kein Werkzeug mehr, aber das Werkzeug ist bei dir und ich werde dabei helfen!« Er zeigt mir einen Akkuschrauber, einen Hammer und eine Wasserwaage. Er zeigt mir immer auf ein Regal und sagt: »Ich baue das mit auf!«

Mama: Wir wollen das Bad renovieren. Da war er immer ganz stolz darauf und fragte immer den Opa, wann sie anfangen würden, das alte Bad mit dem Hammer rauszuhauen.

Medium: Deshalb der Hammer. Er hat mir einen Hammer mit einem runden Teil gezeigt. Also keinen spitzen Hammer, sondern einen runden.

Papa: Ja, das ist sein Lieblingshammer!

Medium: Ah, okay. Er sagt: »Den Hammer benötigt er beim Renovieren.« Sie sollen sich das Bad schön gestalten und sich schöne Fliesen aussuchen.

Mama: Weiß er auch etwas über seine Organspende?

Medium: Ja, er weiß es. Aber bei diesen Menschen ist er nicht. Er konzentriert sich auf seine Familie. Die Spende war für ihn in Ordnung. Er braucht die Organe nicht mehr.

Er ist wirklich sehr viel bei Ihnen. Ich soll Ihnen auch sagen, dass das normal ist. Als Verstorbener ist man viel bei seiner Familie. Da soll man sich jetzt keine Sorgen machen. Das ist normal. Er ist trotzdem beim lieben Gott und es geht ihm gut.

Schmetterlinge zeigt er mir jetzt noch. Wenn Sie Schmetterlinge sehen und an ihn denken, dann sind die Schmetterlinge auch von ihm.

Papa: Fängt er sie noch immer ein? Mit Kescher oder ohne Kescher?

Medium: Nein, er rennt nur nach! Er zeigt sich heute lieb, soll ich sagen.

Papa: Oh, ausnahmsweise!

Medium: Jetzt muss er selbst lachen.

Mama: Schaut er auch noch nach seinen Hasen?

Medium: Ja! Ist der Stall im Freien? Er geht an einen Stall, der draußen ist, und schaut nach. Hat sich zu Lebzeiten aber auch nicht immer darum gekümmert. Das hat eher der Opa gemacht. Ausmisten hat er nicht so gerne gemacht. Aber haben wollte er sie. Er ist wenigstens ehrlich.

Jetzt weiß ich nicht, ob Sie am Waldrand wohnen. Er zeigt mir jetzt wieder den Wald und stellt mir ein Reh hin. Hat er das mal gesehen?

Mama: Ja, er hat viele Rehe gesehen!

Medium: Er bekommt noch immer alles mit und checkt noch immer alles ab.

Und dass er Sie liebt, seine Oma und seinen Opa. Da geht mir das Herz mit auf, wie er das zeigt.

Eine große Dankbarkeit, die er fühlt. Dass er so eine Oma und so einen Opa gehabt hatte, wo er so etwas wie ein zweites Zuhause hatte und noch immer hat. Und sein Opa, sein »Hero«! Er hat mit Ihnen wursteln dürfen und das war für ihn das Größte. Er hat kein Spielzeug benötigt, weil er immer bei Ihnen mitarbeiten durfte. Er hat das »Rabauke« sein, »Bub« sein dürfen durch und durch genossen.

Grüße an alle in seiner Familie. Er ist immer bei jedem und versucht, sich auch bei jedem zu zeigen. Das ist ihm ganz wichtig!

Geistige Welt und Lebensplan

Jeder von uns hat ein geistiges Team – Seelenwesen, die uns im irdischen Leben begleiten, leiten und führen. Sie kennen unseren Lebensplan und sie versuchen, uns in unserem Leben zu unterstützen. Ihre Aufgabe ist es nicht, uns vor Krankheit, Unfällen oder schlechten Erfahrungen zu schützen. Erfahrungen gehören zum menschlichen Leben dazu. Ohne Erfahrungen kann unsere Seele nicht wachsen. Deshalb haben wir uns alle für das Abenteuer »menschliches Leben« entschieden. Das Leben in allen Facetten zu erfahren. Die geistige Welt sendet uns Zeichen und Signale, die wir wahrnehmen können. Hierzu müssen wir in einen veränderten Bewusstseinszustand eintauchen, das Tagesbewusstsein abschalten und das »Fühlen« zulassen. Wir treffen die Entscheidung, ob wir nach links oder nach rechts gehen. Der freie Wille ist uns überlassen. Ich denke, je weiter wir uns von unserem Lebensplan, oder auch Seelenplan genannt, entfernen, umso mehr leiden wir bei einer Aufgabe oder Herausforderung.

Meinen ersten Geistführerworkshop besuchte ich im Oktober 2019. Die Geistführer zeigen sich uns in menschlicher Form, damit wir – mit unserem verkopften Verstand – sie annehmen können. Sie sind reine Lichtenergien. Verstorbene Seelen können die Funktion eines Geisthelfers einnehmen. Pablo ist aktuell mein Geisthelfer. Ganz egal, ob Verstorbene die Funktion eines Geisthelfers einnehmen, jeder Verstorbene meldet sich nach seinem Übertritt ins Jenseits bei seinen Hinterbliebenen. Sie wollen uns wissen lassen, dass es ein Leben nach dem Tod gibt und dass es ihnen gut geht.

Ich möchte niemanden von der geistigen Welt überzeugen noch davon, dass wir meiner Meinung nach alle aus bestimmten, unterschiedlichsten Gründen auf der Erde sind, um verschiedenste Aufgaben zu erfüllen. Leben heißt zu erfahren, zu wachsen, sich stetig zu verändern. Mit dem Fluss zu fließen, an nichts festzuhalten. Das Leben steht nicht still, es verändert sich in jeder Sekunde. Wachstum entsteht nicht, wenn wir unseren Alltag leben und unsere Routinetätigkeiten erledigen. Wachstum entsteht, wenn wir über unsere Grenzen hinauswachsen, Ängste überwinden, »Neues« wagen. Das ist meine eigene Wahrheit. Es ist jedem selbst überlassen, woran er glauben möchte. Auch ich werde im Ungewissen über das bleiben, was tatsächlich nach dem körperlichen Tod kommt, was hinter dem Sinn meines Lebensplans steckt. Jedoch habe ich durch Pablos Botschaften einen Anhaltspunkt und ich habe keine Angst mehr, meinen eigenen Körper zu verlassen und in die geistige Welt überzutreten. Für mich gibt es keinen Tod mehr, für mich gibt es nur noch das ewige Leben.

Im Internet bin ich auf ein Medium aufmerksam geworden, das Verstorbenen-Porträts und Geistführer-Porträts zeichnet. Wie die Medien in meinen Jenseitskontakten möchte auch sie keinerlei Informationen von und über ihre Auftraggeber. Sie hat sich anhand meines Namens mit ihrem Geistführer und meinem geistigen Team verbunden. Im Mai 2020 erteilte ich ihr per E-Mail den Auftrag, für mich ein Geistführer-Porträt zu zeichnen. Zwei Wochen später erhielt ich per Einschreiben mein Porträt inklusive einer Botschaft meines geistigen Teams, die zu diesem Zeitpunkt für mich wichtig und annehmbar war.

Epilog

Pablos Lebenszeit auf der Erde war kurz, sehr kurz, nicht sinnlos, sondern sehr außergewöhnlich und besonders. Meine Kosmetikerin sagte einmal zu mir: »Miriam, es sind nicht die Jahre, die zählen, sondern das Leben, die Erfahrungen und die Intensität in ihnen.« Wir durften sehr intensive acht gemeinsame Lebensjahre mit Pablo verbringen. Pablo – für mich ein Geschenk Gottes.

Ich erinnere mich an ein Gespräch mit Michael bei einem seiner abendlichen Besuche, vielleicht vier Monate nach Pablos Tod. Wir unterhielten uns über »Glückseligkeit«. Was bedeutet Glück für mich? Können wir trotz dieser äußerst schmerzhaften Erfahrung weiterhin Lebensglück empfinden? Meine Antwort auf diese Frage fiel mir erstaunlicherweise leicht: Ja! Ich bin glücklich!

Das Glück liegt tief in meinem Inneren – im Herzen. All meine Erinnerungen und Erfahrungen, die ich gemeinsam mit Pablo erleben durfte, erfüllen mich mit Glück und großer Dankbarkeit. Sie tragen mich auf meinem neuen Lebensweg.

Ich habe für mich den wundervollsten Ehemann an meiner Seite, die beste Familie, die man sich wünschen kann, und großartige Freunde, die mich in meinem Leben begleiten und unterstützen. Wie sollte ich da nicht glücklich sein? Ich habe meinen Fokus auf die innere Fülle, auf den inneren Frieden, auf die Freude sowie auf die Dankbarkeit gelegt und nicht auf das Leid oder auf die Trauer.

Durch unsere Erfahrung, dass das »menschliche« Leben von einer Sekunde auf die andere vorbei sein kann, wurde ich nochmals dafür sensibilisiert, was im Leben tatsächlich wichtig ist. Materialismus,

Konsumwahn, im Arbeitsleben immer schneller, höher und weiter zu kommen benötige ich nicht mehr. Die Jagd nach dem schönen, äußerlichen Schein ist beendet. Für mich geht es um mein persönliches Wohlergehen, glückliche Lebensmomente einzusammeln, inneren Frieden sowie innere Fülle zu empfinden, still zu werden, mit meinem Herzen zu hören. Die Liebe zu fühlen. Dankbar zu sein. Durch Erfahrungen zu wachsen und nicht an ihnen zu zerbrechen. Im »Jetzt« zu leben, annehmen, was ist. Das Leben in allen Facetten genießen. Vertrauen. Mein Leben selbstbestimmt führen. Mich an meine wahre Herkunft zu erinnern. Das bin ich meiner Seele schuldig.

Pablos Übertritt ins Jenseits ist für mich zeitgleich ein Türöffner, meiner Intuition – die Sprache der Seele –, sowie meinen medialen Fähigkeiten zu vertrauen. Eine kosmische Einweihung. Der Zweifler in mir, der hin und wieder die geistige Welt infrage stellte, ist leise geworden. In der Bibel steht geschrieben: »Frage, und es wird dir geantwortet werden. Klopfe an, und die Tür soll sich dir öffnen.« Was für mich übersetzt heißt: Ein Lehrer wird erscheinen, wenn der Schüler bereit ist. Ich bin bereit und erfreue mich an meiner zweijährigen Ausbildung zum »sensitiven und medialen Berater«, die im September 2020 bei »Annette Meng und pink spirit« begonnen hat. Sie ist ein weiterer großer Schritt heraus aus meiner gewohnten Komfortzone. Ich tausche meine berufliche Rolle als »Ausbilderin« und bin selbst wieder »Auszubildende«. Vielleicht ist es mutig von mir, vielleicht aber auch völlig verrückt. Wenn ich mich nicht auf diese Reise begebe, werde ich es nie herausfinden. Eine neue Erfahrungswelt, die über mein herkömmliches Denkmuster hinausgeht. Auch hier bin ich fest davon überzeugt: Es passiert nichts rein zufällig. Eine Tür zu einer Welt, die einem Wunder gleicht.

Ich wünsche mir für alle meine Lieben, dass sie zu ihrer Lebensfreude zurückfinden. Dass sie aus der Ohnmacht der Trauer herauskommen und zurück in ihre eigene Kraft kommen. Bleibt nicht in eurem Schmerz gefangen, findet zurück in die Leichtigkeit. Schließt Frieden mit unserem gemeinsamen Schicksal. Das ist auch Pablos größter Wunsch. Er ist noch immer bei uns und ist Teil unserer Familie. Die Verbindung zu ihm bleibt dauerhaft bestehen. Wir müssen ihn nicht »loslassen« – wie einige Mitmenschen mit ihren unqualifizierten Ratschlägen empfehlen. Was heißt überhaupt »loslassen«? Pablos Körper mussten wir »freigeben«, jedoch seine Seele, sein ewiges Bewusstsein nicht. Durch die Liebe und unsere gemeinsamen Erinnerungen sind und bleiben wir immer mit ihm verbunden. Das ist meine Wahrheit. Bleibt in der Verbindung eurer eigenen Wahrnehmung. Lebt im »Hier« und im »Jetzt« und lasst das Leben leuchten.

Dieses Buch erfüllt mich mit Stolz, Dankbarkeit und Demut. Pablos große Reise ist perfekt – perfekt in meiner Wahrnehmung.

Im Herzen verbunden

Miriam

Nachwort
Pfarrer Michael Roth-Landzettel

Seit vielen Jahren schon begleite ich als Pfarrer Menschen in der Trauer. Ich treffe mich mit ihnen vor der Bestattung, gestalte die Trauerfeier und manchmal treffe ich mich auch danach noch mit den Hinterbliebenen.

Schon immer war es meine feste Zuversicht, dass es den Verstorbenen nach dem Tod wunderbar geht und nichts weniger als das Paradies auf uns wartet. Seit ich etwa 18 war, begleitet mich die Vorfreude darauf, irgendwann selbst dort zu sein. Diese Botschaft versuchte ich bisher immer den Trauernden zu vermitteln.

Aber erst durch Pablo habe ich gelernt, was wirklich nach dem Tod mit uns passiert. Sein reges Wirken nach seinem Tod hat bestätigt, DASS es weitergeht und WIE es weitergeht, nämlich wunderbar und gut. Er ist vollkommen glücklich, ohne Hadern oder Wehmut, sondern voll perfekter Freude. Durch Pablo habe ich neu dazugelernt, WO der Himmel ist – nämlich nicht ganz weit weg oder ganz woanders, sondern direkt neben uns.

Jesus sagte einmal: »Das Reich Gottes ist mitten unter euch« (Lukasevangelium 17,21b). Über Jahre habe ich den Satz mit vielen anderen sehr übertragen verstanden. Nämlich so, dass Jesus und sein Reich der Liebe überall dort erfahrbar sind, wo Menschen nach Gottes Willen leben und einander lieben. Mittlerweile bin ich mir sicher, dass Jesus das viel wörtlicher gemeint hat: Gott, seine Realität, seine Gegenwart und damit der Himmel. Also der Ort, an den wir nach dem Tod kommen, ist „mitten unter uns". Neben uns, wie in einer anderen Realität oder Dimension ist Gottes Reich und die

Grenze dahin ist nicht hart und unüberbrückbar, sondern deutlich schwammiger und weicher, als wir das meistens denken. Die Verstorbenen können Zeichen schicken und wir können, wenn wir uns darauf einlassen, diese Zeichen wahrnehmen. Und alles, was hier passiert, ist den Verstorbenen nicht verborgen, sondern sie sind live dabei; „mitten unter uns".

Seitdem ich von Pablos Wirken nach seinem Tod weiß, spreche ich das Thema „Begegnungen nach dem Tod" bei so gut wie jedem Trauergespräch an. Und in bestimmt zwei Dritteln aller Gespräche erzählt mir mindestens einer der Angehörigen, dass er so etwas auch schon erlebt hat. Zum Teil ist sogar eine richtig große Erleichterung dabei: „Endlich kann ich mal darüber reden. Ich hatte mich nie getraut, darüber zu sprechen. Die Leute würden mich ja für verrückt halten." Selbst in der eigenen Familie gibt es die Hemmungen, darüber zu sprechen. Aber ist der Damm erst einmal gebrochen, fängt einer nach dem anderen an zu erzählen.

So war es auch in meiner eigenen Familie. Meine Mutter hatte schon vor etlichen Jahren eine Begegnung mit ihrer besten Freundin, von der sie uns nie erzählte. Erst als ich anfing, über die vielen Begegnungen zu sprechen, die mir im Rahmen der Trauerfeiern erzählt wurden, konnte sie darüber reden.

Pablo, sein Tod und seine Begegnungen danach hatten und haben eine große Wirkung auf seine Familie, allen voran seine Eltern, aber auch noch weit darüber hinaus. Diese Mauer des Schweigens zu durchbrechen ist eine davon. Und so wurde er ein Segen für viele Menschen. Daran muss ich immer wieder denken. So auch, als vor Kurzem Johannes 12,24 Predigttext war: »Wenn das Weizenkorn nicht in die Erde fällt und erstirbt, bleibt es allein; wenn es aber erstirbt, bringt es viel Frucht.« Erst dadurch, dass Pablo gestorben ist, konnte er danach seiner Familie und anderen begegnen. Erst dadurch konnte er zu einem Segen für so viele Menschen werden.

Nicht in allem sehen wir einen Sinn, aber alles, auch das Schlimme, kann in uns eine Kraft entfalten und in und durch uns zum Segen für uns selbst und für andere werden. Pablo hat durch seinen Tod Miriam die Augen über ihre Gabe geöffnet, er hat mir geholfen, Menschen besser in ihrer Trauer zu begleiten, und er hat schon unzähligen Menschen Trost, Kraft und Hoffnung geschenkt.

Am Tag von Pablos Beerdigung, dem Ostersonntag 2019, war die Losung Jesaja 45,9. Dort steht: »Weh dem, der mit seinem Schöpfer hadert, eine Scherbe unter irdenen Scherben! Spricht denn der Ton zu seinem Töpfer: Was machst du?« Wer das Schicksal nicht annehmen kann, der fühlt sich wie so eine Scherbe: zerbrochen, am Boden, zerstört – nur eine Scherbe unter vielen Scherben. Seit Pablos Familie aufgehört hat zu hadern, sind sie frei geworden, wieder zu leben. Nicht ohne Pablo, sondern mit Pablo. Er hat ihnen wieder gezeigt, dass das Leben schön ist, einen Sinn hat und alles gut ist, auch wenn es anders ist, als sie es sich vorgestellt und gewünscht hatten.

Einer der wichtigen Bibeltexte bei seiner Bestattung war: »Ich lebe und ihr sollt auch leben.« Es ist ein Satz, den ursprünglich Jesus zu seinen Jüngern sagte, als er von seinem bevorstehenden Tod sprach. Vollständig steht dort: »Es ist noch eine kleine Zeit, dann sieht die Welt mich nicht mehr. Ihr aber seht mich, denn ich lebe, und ihr sollt auch leben.« Das ist es, was alles verändert: Dass der, den wir lieben, nicht tot ist, sondern lebt. Und dass wir ihn sehen können, er sich zeigen kann und wir diese Zeichen wahrnehmen.

Dass ich davon erfahren durfte, dafür bin ich Pablo sehr dankbar. Genauso wie seinen Eltern, dass sie mich an ihrer Art, mit der Trauer umzugehen, teilhaben lassen. Meine Aufgabe sehe ich seitdem darin, dies möglichst vielen bewusst zu machen und dem Reich Gottes in unserer Gesellschaft, aber auch in unserer Kirche wieder Raum zu geben.

Herzlichst

Pfarrer Michael Roth-Landzettel

1 www.exuperysprinz.de/zitate/man-sieht-nur-mit-dem-herzen-gut-das-wesentliche-ist-fuer-die-augen-unsichtbar/
2 www.losung.net
3 Ebd.
4 www.arte-maria.de/info/taufspruch-psalm-bibelspruch irischer segenswunsch-widmung-taufe-.html
5 Zit. nach: www.derandereort.wordpress.com/2013/07/11/wenn-morgen-ohne-mich-beginnt/
7 Ebd.
8 http://www.kirche-in-elbe.de/cds-und-lieder/information/moegen-engel-dich-begleiten.html
  Wir danken Jürgen Grote für die freundliche Abdruckgenehmigung.
9 Aus: H. A. Mertens, Brot in deiner Hand. Geschichten für Kinder von der Bedeutung des heiligen Mahles, München 1982, zit. nach: www.materialboerse.ejo.de/der-baecker-von-paris
10 www.tagesrandbemerkung.at/2015/04/14/viele-menschen-treten-leben-nur-wenige-hinterlassen-spuren-deinem-herzen
11 www.zitate.eu/autor/antoine-de-saint-exupery-zitate/

Dank

Es gibt so vieles, wofür ich dankbar bin. Normalerweise nehmen Danksagungen in Büchern keinen großen Platz ein. Aber das würde meiner Dankbarkeit all diesen Menschen gegenüber bei Weitem nicht gerecht werden.

Zuerst möchte ich mich bei meinem wundervollen Sohn Pablo bedanken. Danke, dass du mir deine Lebenszeit geschenkt hast und in mein Leben gekommen bist, obwohl du nicht geplant warst. Du bist mein allergrößtes Geschenk. Durch dich wurde mein Leben wertvoll und lebendig. Danke, dass du meinen Blickwinkel zum Thema »Tod« verändert hast. Danke, dass du weiterhin in meinem Leben präsent bist und ich viel von dir und der geistigen Welt lernen darf. Ein gebrochenes Mamaherz ist ein seltsamer Seelenheiler. Ich bin nach wie vor deine Mama, auch wenn du mir ins Jenseits vorausgegangen bist. Ohne deine Aufforderungen aus der geistigen Welt wäre dieses Buch nie zustande gekommen. Du bist mein Anker, mein Halt, mein »Alles«, mein Mentor und mein Lebenslehrer. Du hast einen einzigartigen, energetischen Abdruck auf dieser Erde und bei sehr vielen Menschen hinterlassen. Wir werden uns irgendwann wiedersehen. Davon hast du mich überzeugt. Ich freue mich auf den Tag, an dem auch ich meine Aufgaben hier auf der Erde erledigt habe und du mich abholen wirst. Unsere Liebe hört niemals auf. Ich liebe dich!

Großer Dank an meinen Herzensmenschen, meinen Mann Ralph. Mein Fels in der Brandung. Danke für dein »Sein«. Wir gehen seit 16 Jahren gemeinsam durch »gute« sowie durch »schlechte« Zeiten. Wir sind vom Leben auf die härteste Probe gestellt und mit der härtesten Herausforderung konfrontiert worden. Ich finde, bisher meistern wir das sehr gut. Du lässt mich meinen eigenen Weg gehen – und doch gehen wir gemeinsam. Du gibst mir den Raum, anders sein zu dürfen. Du lässt mich leuchten und bist der Verstärker auf meiner spirituellen Reise. Wir halten uns an unser Versprechen im Krankenhaus, alles gemeinsam nach unserem Gefühl sowie nach unseren Vorstellungen zu entscheiden. Wir leben unser Leben – und nicht ein Leben, welches das Umfeld von uns einfordert. Durch Pablos Tod sind wir einander noch viel tiefer verbunden. Ich liebe dich!

Ohne meine Eltern wäre ich nicht hier auf dieser Erde. Ich bin euer viertes und jüngstes Kind, die einzige Tochter. Danke, dass ihr mir das Leben geschenkt habt. Ihr seid die besten Eltern, die ich mir wünschen kann. Wie hat Pablo im Jenseitskontakt gesagt? Ihr seid zu Beginn seines Übertritts für Ralph und mich die starke Säule gewesen. Ihr habt viel für uns aufgefangen, obwohl auch ihr tief in der Trauer und in der Ohnmacht gesteckt habt. Ihr musstet selbst euren zweiten Sohn zu Grabe tragen und jetzt auch noch euren innig geliebten Enkelsohn. Ich weiß, welche einzigartige, tiefe Verbindung ihr zu Pablo hattet, und ich weiß, dass ihr ihn genauso vermisst wie wir selbst. Pablo ist noch immer bei euch, denn er liebt euch nach wie vor. Er wird euch abholen kommen, wenn euer letzter Tag hier auf der Erde gekommen ist. Bis dahin genießt und lebt euer Leben. Habt Spaß.

Meine Brüder Niki und Manuel. Auch wenn wir alle drei grundverschieden sind und unser Kontakt mal mehr und mal weniger besteht, ihr seid immer da, wenn unsere Familie zusammenhalten muss und wir einander benötigen. Danke, ihr habt uns, jeder auf seine Weise, in dieser schweren Zeit den Rücken gestärkt.

Melanie, meine Schwägerin, unsere treue und gute Seele. Immer auf Abruf, wenn ich dich brauche. Ich weiß, dass es für dich besonders schwer war. Du konntest uns nicht im Krankenhaus unterstützen und du konntest dich dort nicht von Pablo verabschieden, da du selbst nach einer Notoperation erst das Krankenhaus verlassen hattest. Danke für dein großes Herz!

Torsten, mein Bruder in der geistigen Welt. Danke, dass du mir Kraft und Energie aus der geistigen Welt schickst. Danke, dass du für Pablo im Jenseits eine wichtige Rolle spielst. Ich möchte mir nicht vorstellen, welchen Schabernack ihr euch zusammen ausdenkt.

Danke an meine Schwiegereltern Werner und Elisabeth sowie an die Familie von Ralphs Schwester Anja. Durch die große Wohnortentfernung konntet ihr wenig Anteil an Pablos Leben nehmen. Ich hoffe, dass ihr durch dieses Buch erfahren könnt, welchen außergewöhnlichen Enkelsohn, Neffen und Cousin ihr habt. Auch ihr alle seid sofort nach Pablos Unfall an unserer Seite gewesen und habt uns durch eure Anwesenheit ein Stück durch die schwere Zeit getragen. Pablo freute sich immer, wenn wir bei euch zu Besuch waren. Danke!

Leni, meine Nichte und mein Patenkind. Du hast nicht nur deinen Cousin, sondern auch zeitgleich deinen besten Freund, der für dich wie ein Bruder war, verloren. Ich bin unglaublich stolz auf dich. Du bist offen für Pablos Zeichen und beziehst ihn noch immer in dein Leben mit ein. Danke hierfür, dadurch lebt er immer noch unter uns weiter.

Fritz, du kennst mich schon mein ganzes Leben lang. Du hast Pablo so viele Dinge gelehrt und hast ihm dein handwerkliches Verständnis und Geschick weitervermittelt. Pablo fühlte sich bei dir immer wohl und er hatte auch kein Problem damit, dass er ab und zu mal bei dir verweilen musste, wenn Ralph und ich länger arbeiten mussten. Du warst für ihn nicht nur irgendein 66-jähriger alter Mann. Du hast ihm viel gegeben. Er vertraute dir blind. Danke, dass du auch für uns immer da bist und deine Tür immer für uns offen steht.

Danke an meine beste Freundin Patrizia. Unsere Freundschaft besteht mittlerweile seit 23 Jahren. Du hast alles stehen und liegen gelassen und bist nach meinem Anruf sofort zu uns in die Klinik nach Würzburg gekommen. Hast mir durch dein Dasein den Rücken gestärkt, den Schmerz gemeinsam mit uns ausgehalten, obwohl du selbst gelitten hast und emotional am Ende warst. Die ganze Klinikzeit über warst du da und hast uns im Anschluss noch lange zu Hause umsorgt. Danke für deine Freundschaft.

Sandra, du bist von einer flüchtigen Nachbarin zu einer meiner besten Freundinnen geworden. Deine Familie musste das erste halbe Jahr nach Pablos Übertritt mächtig zurückstecken. Wie viele Lillet- und Sektflaschen haben wir gemeinsam geleert? Wie viele Zigaretten haben wir gedampft? Wir haben zusammen gelacht und zusammen geweint. Danke für deine kostbare Zeit. Danke, dass wir in dieser schweren Zeit zueinandergefunden haben. Ich erinnere mich immer wieder gerne an deine Erzählung, dass du vor Pablos eindringlichem Blick Angst hattest!

Lilly, Pablos beste Freundin. Du bist ein ähnlicher Wildfang, wie es auch Pablo zu seiner Lebenszeit war. Immer wenn ich dich sehe, erinnerst du mich mit deiner Art, mit deiner Gestik und Mimik an

Pablo. Ich kann sehr gut verstehen, warum ihr beide zueinandergefunden habt. Du bist ein Sonnenschein. Danke, dass du ihm viel von eurer gemeinsamen, kurzen Zeit geschenkt hast.

Danke an Michael, unseren Pfarrer. Du hast uns in unseren dunkelsten Stunden das Licht gezeigt. Deine Gespräche sowie deine tägliche Anwesenheit im Krankenhaus und anschließend über Wochen bei uns zu Hause sind unbezahlbar. Deine Worte sind wie Medizin. Du hast dich auf all unsere Wünsche, welche die Abschiedsfeier von Pablo sowie seine Urnenbestattung betrafen, eingelassen. Das ist nicht selbstverständlich. Du warst sofort bereit, die Rede beim großen Fußballspiel zu halten, die Zuschauer auf dem Fliegerfest zu sensibilisieren, und du hast Pablos ausgewähltes Buchpräsentationsprojekt seiner Lehrerin und seinen Mitschülern in einem Überraschungsbesuch vorgestellt. Für mich bist du ein wertvoller Freund geworden.

Unsere allergrößte Wertschätzung und unser größter Respekt gilt dem gesamten Ärzteteam und Pflegeteam der Uniklinik Würzburg. Unser ganz besonderer Dank gilt Pablos Neurologen, der Kardiologin sowie den beiden Krankenschwestern und seinem Pfleger. Ihr leistet eine unglaubliche Arbeit und vergesst dabei den wichtigsten Faktor, den »Menschen«, nicht.

Herzlichen Dank an unseren DSO-Koordinator. Du hast die Grenze deiner emotionalen Abgrenzung fallen lassen. Das bedeutet uns noch immer enorm viel. Wir wissen, dass es in deinem Job weder für dich persönlich noch für deine psychische Gesundheit förderlich ist, eine emotionale Bindung zu Hinterbliebenen aufzubauen. Mit deiner menschlichen, empathischen, authentischen Art hast du uns Halt und Vertrauen geschenkt. Wir werden uns dir durch unsere gemeinsame kurze Geschichte immer verbunden fühlen.

Lieber Steffen, mein Physiotherapeut, mein Zuhörer und, auch wenn du das nicht gerne hörst, mein Psychologe. Ohne dein Zutun würde ich heute körperlich, energetisch und psychisch nicht so gefestigt sein, wie ich es bin. Deine Arbeit ist definitiv nicht von der »Stange«. Sie ist außergewöhnlich großartig – speziell. Mit deiner Fähigkeit dienst du der Menschheit. Du hast mich spüren lassen, wie es sich anfühlt, wenn Bewusstsein und Körper getrennt voneinander agieren. Das war ein hammergeiles, nicht in Worte zu fassendes Gefühl. Du bist einer der wenigen Menschen, denen ich bedingungslos vertraue. Danke, dass du ohne Rücksicht auf deine eigenen Gefühle tief in meinem emotionalen Schmerz gegraben hast! Danke für dein unermüdliches Engagement.

Annette Meng, das pinke Medium, das Sprachrohr der geistigen Welt mit deinem Geistführer Gibi. Ich bin Pablo megadankbar, dass er mich zu dir geführt hat. Du bist für mich die Queen der Jenseitskontakte. Du hast mir sowie meiner Familie mit deinen Jenseitskontakten »Heilung pur« geschenkt. Ich fühle mich geehrt, deine Schülerin sein zu dürfen.

Danke an Alexandra. Durch dich bekamen wir die einmalige Gelegenheit und Chance, die Zuschauer des Fußballspiels Hoffenheim gegen Braunschweig für unser Herzensthema »Organspende« zu sensibilisieren.

Danke an Ralph Faber für deine Rundflüge mit der roten »Morane«. Danke für deine großzügige Spende an Kiwi e.V. und danke für deine Offenheit, was das Thema »geistige Welt« betrifft. Du bist ein sehr einfühlsamer, authentischer Mensch.

Georg, zu deiner Lebenszeit warst du mein Arbeitskollege, mein Lehrer und Wegbegleiter. Ich durfte dich durch deine Krebserkrankung begleiten, musste dich leider viel zu früh im Alter von 53 Jahren über die Regenbogenbrücke gehen lassen. Gerade aus der »schweren Zeit« konnte ich sehr viel von dir lernen. Danke, dass du noch immer Einfluss auf mein Leben nimmst, und danke für deine wertvolle gedankliche Inspiration aus dem Jenseits, als ich am Krankenbett von Pablo saß: »Miriam, du musst es anders machen als alle anderen, sonst überlebst du das nicht!«

Matthias Freund, Sie sind mein Vorgesetzter in meinem beruflichen Leben. Was habe ich für ein großes Glück! Sie tragen nicht diese unnahbare Maske und spielen nicht die Rolle eines autoritären, machtgesteuerten Chefs. Sie lassen mich meine Arbeit in meiner ganz individuellen Art und Weise erledigen. Sie sind menschlich und einfühlsam und dennoch bin ich mir darüber bewusst, dass Sie mein Vorgesetzter sind. Vielen lieben Dank dafür, wie Sie mich nach Pablos Tod aufgefangen haben und mir nach meiner Auszeitphase einen leichten Wiedereinstieg in mein berufliches Leben ermöglicht haben. Danke für das wertvolle, offene Gespräch kurz nach Pablos Tod. Ich erinnere mich an jede einzelne Minute.

Großen Dank an Ellen Geese, Sabine Scholz und Ilka Brand. Ihr habt euch bereit erklärt, Pablos Buch auf Rechtschreibfehler sowie auf Grammatikfehler zu prüfen.

Auch Anton, unser Hund, hat hier einen Dank verdient. Er musste zurückstecken, als Pablo überraschenderweise in unser Leben kam. Sie wuchsen beide gemeinsam auf. Anton wurde für Pablo zu einem guten und innigen Freund. Noch heute wird er von Pablo von der geistigen Welt aus geärgert. Anton nimmt seine Anwesenheit sofort wahr und ist irritiert, weil er nicht versteht, wie ihm geschieht. Erst heute hat er wieder grundlos in seinem Körbchen gebellt und schaute sich, über sich selbst erschrocken, suchend in der Wohnung um.

Anton ist immer zu Hause und begrüßt uns freudig, wenn wir von der Arbeit in unsere leere, leblose Wohnung kommen. Wir wünschen uns, dass er noch einige Lebensjahre an unserer Seite bleibt.

Einen großen Dank zum Schluss an alle, die uns seit Pablos Übertritt begleiten und zur Seite stehen: Meine Cousine Bettina, die ein sehr großes Herz besitzt und sich für ihr Umfeld aufopfert. Sie stellte Pablos Blumenschmuck für sein Grab zusammen und sie ist immer für ein Gespräch für uns da. Pablos liebevolle Klassenlehrerin Christina Weiß. Sie hat uns ein schönes Erinnerungsbuch an Pablos Schulzeit geschenkt. Pablos Geigenlehrer Martin Rothe. Unsere Hausärztin Dr. Berger Seeliger sowie Tatjana Manz, ihre Arzthelferin. Udo Galm, unser Bestatter. Daniel Bleile, Eliza Veliji sowie Thorsten Groß. Karin und Jürgen, unsere neuen Freunde und Wegbegleiter aus dem Montafon. Alfred und Max, unsere Kurfreunde. Meine Tanten Petra und Gitta. Carolin Grau, herzensgute DSO-Koordinatorin von Baden-Württemberg, sie hat mich leidenschaftlich am Aktionstag Organspende unterstützt und sie hat das Kapitel »Organspende« in diesem Buch auf den fachlich richtigen Inhalt geprüft. Ina und Maria Schmolke, wundervolle Menschen, die wir über den Verein Kiwi e.V. kennenlernen durften. Kim Hiller, unsere junge kreative Steinmetzin, sie hat für Pablo einen einmalig besonderen Gedenkstein gestaltet. Sandy und dem gesamten Mainglück-Team für ihr Engagement mit der unvergesslichen Spendenaktion. Fred, mein Hauptgeistführer, und mein gesamtes geistiges Team. Oma und Opa in der geistigen Welt.

Danke an ALLE! Ihr seid für uns da gewesen, als wir euch am dringendsten brauchtet. Unseren Schmerz könnt ihr nicht nehmen, jedoch lässt er sich durch euch besser aushalten.

Miriam Winkler

Die Autorin Miriam Winkler lebt zusammen mit ihrem Mann und ihren Eltern in einem idyllischen Ort im badischen Odenwald. Ihren Beruf als Ausbilderin in einem großen Automobilwerk übt sie mit großer Freude und Leidenschaft für die Menschen aus.

Der tragische Tod ihres Sohnes bringt sie dazu, sich mit den essenziellen Fragen des Lebens und dem Leben nach dem Tod auseinanderzusetzen. Kann es sein, dass unsere Verstorbenen nur einen Wimpernschlag von uns entfernt sind? Sie erhält deutliche Zeichen ihres Sohnes, bucht einen Jenseitskontakt und beginnt eine Ausbildung zum Medium.

Mit diesem Buch möchte Miriam Winkler die Menschen ermutigen, einen Blick hinter die Schleier zu werfen, ihre Liebsten zu fühlen, mit ihnen zu kommunizieren und sie auch weiterhin an ihrem Leben teilhaben zu lassen.

Carola Körnbach

Als meine Welt stillstand

VERLAG AM
SIPBACH

274

Carola Körnbach

ALS MEINE WELT STILLSTAND

Wir waren eine wunderbare, fröhliche Familie. Meine Jungs haben meinen neuen Mann Uwe sofort gemocht und völlig akzeptiert. Vieles haben wir gemeinsam unternommen, viele Feste gefeiert. Ich dachte, nun würde es mit unserem Leben aufwärtsgehen. Sascha hatte einen tollen Job als Lagerist begonnen und Mischa seinen Traum von der Bundeswehr umgesetzt. Mein Traum von einer wachsenden Familie war in greifbarer Nähe: Ich wünschte mir nichts sehnlicher als Enkelkinder.

Dann änderte sich unser Leben von einer Sekunde auf die andere. Mein Leben stand still. Und seither ist nichts mehr so, wie es war.

ISBN: 978-3-903259-36-2, Softcover mit Klappen, 148 Seiten